JN171486

歴史の転換期

2

Turning Points in World History

378年
失われた古代帝国の秩序

南川高志 編

山川出版社

監修　木村靖二・岸本美緒・小松久男

はしがき

グローバルヒストリーなど世界史を広い視野から多面的に考えようとする動きが活発な今日、最新の学問的な知見を踏まえ、さまざまな時期の「世界」を新しい切り口で提示してみたい——本シリーズはこのような考えに基づいて企画されました。世界の歴史の大きな転換期となった年代を取り上げ、その年代に各地域の人々がどのように生活し、社会の動きをどのように感じていたのか、世界史の共時性に重点をおきながら考えてみることがこのシリーズの趣旨です。

グローバルな視点から世界史像を描く試みは、今日ではすでに珍しいものではなく、本シリーズもそのような歴史学界の集合的努力の一環といえます。ではそのなかで、本シリーズの狙いと特徴はどこにあるのか。このはしがきでは、それをいくつかの面から述べてみたいと思います。

第一に、「転換期」ということの意味についてです。今日の時点から振り返ってみれば、それぞれの時期の「転換」の方向性は明確であるようにみえます。地域により、早い遅いの差はあれ、また独特の特徴はあれ、歴史はある一定の方向に向かって発展してきたのではないか……。しかしこのような見方は、のちの時代から歴史を振り返る人々の陥りやすい、認識上の罠であるともいえます。その後の歴史の動きを知っている私たちからみると、歴史の軌道は自然に「それしかなかった」ようにみえてしまうのです。それでは、「今日から当時の社会を振り返る」のでなく、「当時の社会から未来をみようとする」立場に立ってみたらどうでしょうか。今日の私たちのなかで、数十年後、百年後の世界がどうなっているかを自信をもって予測できる人はほとんどいないと思いますが、それは過去の人々も同様です。

当時の世界各地に生きる人々の生活に即してみれば、彼ら彼女らは「世の中が大きく変わっている」ことを体感しつつも、彼ら彼女らを押し流すこの潮流がどこに行くのか予測できないまま、不安と希望のなかで日々の選択をおこなっていたといえるでしょう。そのような諸地域の人々の具体的経験をかさね合わせることで、歴史上の諸「転換期」は私たちに、今日の視点から整序された歴史の流れに比べてより複雑な、そしていきいきとした歴史の姿を開示してくれるのではないでしょうか。

第二に世界史的な「共時性」についてです。本シリーズの各巻は、それぞれ特定の一年を西暦表示でタイトルに掲げています。これについては、当然疑問がわくことと思います。その前後数十年間、あるいは百年間をみれば、世界各地で大きな変化がみられ、その意味で一定の相互連関を見て取ることができるとしても、そのような転換は特定の一年で一気に起こるものではないだろう。いくつかの地域では大きな転換が起こったとしても、そのほかの地域では起こらないということもあるだろう。とくに、グローバル化が進んだ十九世紀・二十世紀ならともかく、古代・中世についてそうした世界史的「共時性」(シンクロニシティ)を想定することは意味がないのではないか、と。もちろん、本シリーズの編者、執筆者もそうした厳密な共時性を強引に主張しようとしているのではなく、各巻の諸章の対象を、その年のみについて論じているわけではありません。また、世界史上の「交流」や「衝突」など、地域を超えた動きやそれを担った人々を特別に取り上げてそれだけを強調しようとしているのでもありません。少なくとも十八世紀以前において、絶対多数の人々は、自らの生きる地域や国の外で何が起こっているのかをほとんど知らなかったでしょうし、本シリーズの多くの章においては、そのような普通の人々が主人公になるでしょう。それにもかかわらず、特定の年に焦点をあてて世界各地の状況を眺めてみることには、なお一定の意味があるように思われます。それは、当時のそれぞれの地域の人々が直面

していた問題とそれへの対応の多様性と共通性を、ばらばらでなく、広い視野から分析する可能性を開くということです。広域的な気候変動や疫病のように、さまざまな地域が同じ時期に直接に「同じ」問題に直面することもあるでしょう。また、情報や技術の伝播、商品の流れのように、時間差をもちながら世界各地に影響を与えてゆく事象もあるでしょう。なお、問題が類似していたとしても、各地域が同じ対応をするとは限りません。ある地域の対応が隣接した地域の逆の対応を招くこともあるでしょう。類似の状況に直面しながら、ある地域ではそれが既存のシステムを大きく揺るがしたのに対し、他の地域ではほとんど影響を受けない場合もあるでしょう。そのような対応の違いがみられた場合に、それはなぜなのかを考えてみることは、それぞれの社会の特質に対する理解を深めることにも繋がるでしょう。遠く離れた地域で生まれ、相互に何らの情報ももたなかった人々を「同時代人」と呼ぶことは普通はないかもしれませんが、それでも彼ら彼女らがコン・テンポラリーすなわち同じ時のなかに生きていた、ということの面白さを味わってみたいと思います。

第三に「世界史」とは何か、という問題です。今日、グローバルヒストリーという標語を掲げる著作はたくさんありますが、「一国史」の枠組みを超えるという点でほぼ共通するとはいっても、その方法はさまざまです。気候変動・環境や疫病など、自然科学的方法を加味したアプローチによって広域の歴史を扱うものもあります。また、比較史的方法にせよシステム論的方法にせよ、アジアに重心をおいてヨーロッパ中心主義を批判するものもあります。さらに、多言語史料を駆使した海域・交流史をグローバルヒストリーと称する場合もあります。本シリーズは「世界史的」視野をめざしつつも、必ずしもグローバルヒストリーという語は用いず、それぞれの執筆者に任意の方法で執筆していただき、また対象についても自由に選んでいただく方針をとりました。世界史といっても、ある年代の世界をいくつかの

部分に分割してそれぞれの部分の概説を書いていただくというかたちではなく、むしろ範囲は狭くても可能な限りヴィヴィッドな実例を扱っていただくようにお願いしました。したがって、それぞれの巻は、その年代の「世界」を網羅的に扱うものには必ずしもなっていません。その結果、一見したところ、いくつかのばらばらのトピックの寄せ集めとみえるかもしれません。しかし、各巻の諸章の対象を一国あるいは一地域の枠のなかに押し込めず、世界に向けて開かれた脈絡のなかで扱っていただくことも、執筆者の方々に同時にお願いしたところです。「世界」をモザイクのように塗り分けるのではなく、いわば具体的事例を中心として広がる水紋のかさなり合い、ぶつかり合いとして描き出そうとすることが、本シリーズの特徴だと考えています。「世界史」とは、一国史を集めて束ねたものでないことはもとよりですが、「世界」という単一の枠組みを前もって想定するようなものでもなく、むしろ、それぞれの地域に根ざした視点がぶつかり合い対話するところにそのいきいきした姿をあらわすものである、と考えることもできるかと思います。

以上、三点にわたって本シリーズのコンセプトを簡略に述べました。歴史の巨視的な動きも、大政治家、学者から庶民にいたる諸階層の人々の模索と選択のなかで形成されていきます。本シリーズの視点はグローバルであることをめざしますが、それは個々の人々の経験を超越した高みから世界史全体を鳥瞰するということではなく、今日の私たちと同様に未来の不可測性に直面しながら選択をおこなっていた各時代の人々の思考や行動のあり方を、広い同時代的視野から比較検討してみたい、そしてそのような視点から世界史的な「転換期」を再考してみたい、という関心に基づいています。このような試みを通じて、歴史におけるマクロとミクロの視点の交差、および横の広がり、縦の広がりの面白さを紹介することが本シリーズの目的です。

本シリーズの巻別構成は、以下のようになっています。

1巻　前二二〇年　帝国と世界史の誕生
2巻　三七八年　失われた古代帝国の秩序
3巻　七五〇年　普遍世界の鼎立
4巻　一一八七年　巨大信仰圏の出現
5巻　一三四八年　気候不順と生存危機
6巻　一五七一年　銀の大流通と国家統合
7巻　一六八三年　近世世界の変容
8巻　一七八九年　自由を求める時代
9巻　一八六一年　改革と試練の時代
10巻　一九〇五年　革命のうねりと連帯の夢
11巻　一九一九年　現代への模索

各巻には、各章の主要な叙述以外に、「補説」としてやや短い論考も収録されています。各巻の巻頭には、全体像を概観する「総論」を設けました。見返しの地図、巻末の参考文献も、役立てていただければ幸いです。

『歴史の転換期』監修　木村靖二・岸本美緒・小松久男

378年　失われた古代帝国の秩序

総論

失われた古代帝国の秩序

南川高志

大敗したローマ帝国

　イスタンブールから西へ、ブルガリアやギリシアとの国境に程近いトルコ共和国最西端の都市エディルネは、建設者であるローマ皇帝ハドリアヌス(在位一一七〜一三八)にちなんで、アドリアノープル(ハドリアノポリス)の名で呼ばれていた。このアドリアノープルの付近で、三七八年に大きな戦いがあった。戦闘を交えたのは、ローマ帝国の東半分を統治していた皇帝ウァレンスが率いるローマ軍と、ゴート人を中心とする人々の軍である。ローマ軍と戦ったゴート人を中心とする人々は、そのしばらく前に遊牧民フン人の西進によって黒海北岸の居住地を追われて、ドナウを渡ってローマ帝国領に受け入れられていた、いわば難民と呼んで良い集団だった。しかし、受け入れたローマ帝国側の対応が苛酷であったため、人々は憤激し、ついに反乱を起こした。アドリアノープルの戦いは、この反乱軍をローマ皇帝が自ら軍を率いて鎮圧しようとして生じた戦闘である。

　ローマ皇帝ウァレンスはササン朝ペルシア帝国に対抗するために滞在していたシリアのアンティオキアを離れ、コンスタンティノープルへ帰還、さらにこのアドリアノープルに進軍して布陣した。重い武具と携帯品を携えた移動で疲れていたローマ軍兵士たちに、八月の太陽が容赦なく照りつけ、渇きも彼らを苦しめた。午後に始まった戦いは、ローマの正規軍と難民と呼んで良い人々の集団との戦いであっ

たが、両翼のローマ軍騎兵がゴート人の騎兵に破られ、中央部のローマ軍歩兵部隊もゴート人部隊に押され、やがて総崩れとなった。惨敗の混乱のなか、皇帝も負傷して退避したが、逃げ込んだ小屋に火を放たれて焼き殺されてしまった。皇帝以外に、将校クラスだけでも三五人が斃れた。今日の研究者は、この戦いのローマ軍戦死者が一万人から二万人におよんだと推定している。ローマ帝国側の完敗だった。帝国ローマ東半の軍事力は、この時、一時的に壊滅状態となってしまったのである。アドリアノープルの戦いについて記した同時代の歴史家アンミアヌス・マルケリヌスは、「後悔のやむことがない破滅」と書いた。名著『ローマ帝国衰亡史』を著した十八世紀イギリスのエドワード・ギボンも、アンミアヌスを史料としてこの敗北を、ローマ軍がハンニバル指揮のカルタゴ軍に包囲され壊滅させられた第二次ポエニ戦争中のカンナエの戦いを引き合いに出して論じている。

アドリアノープルの戦い以前でも、ローマ軍が外部の部族の軍と戦って敗れたことはあった。また、皇帝が敗死したこともあった。しかし、このアドリアノープルの戦いののち、ドナウ川を渡ってローマ帝国領内にはいった人々が、もはや二度と北へと押し返されることはなくなった。また、移動して来た人々が、それ以前の移住者のように帝国に同化・定着することもなかった。そして、この戦いののちわずか三〇年ほどのあいだに、帝国領内には北や東から続々と人々が移動してきて、ローマ帝国からは国家の統合が失われていった。四世紀末に西と東に分かれたローマ帝国のうち、東の帝国は何とか切り抜けたものの、移動の嵐への対応に失敗した西のローマ帝国は、五世紀の初めには皇帝政府が統治機能を失い、「帝国」であることをやめた。

古代帝国の秩序が崩壊してできた無秩序な空間には、五世紀になると、新しい秩序が少しずつ生まれ

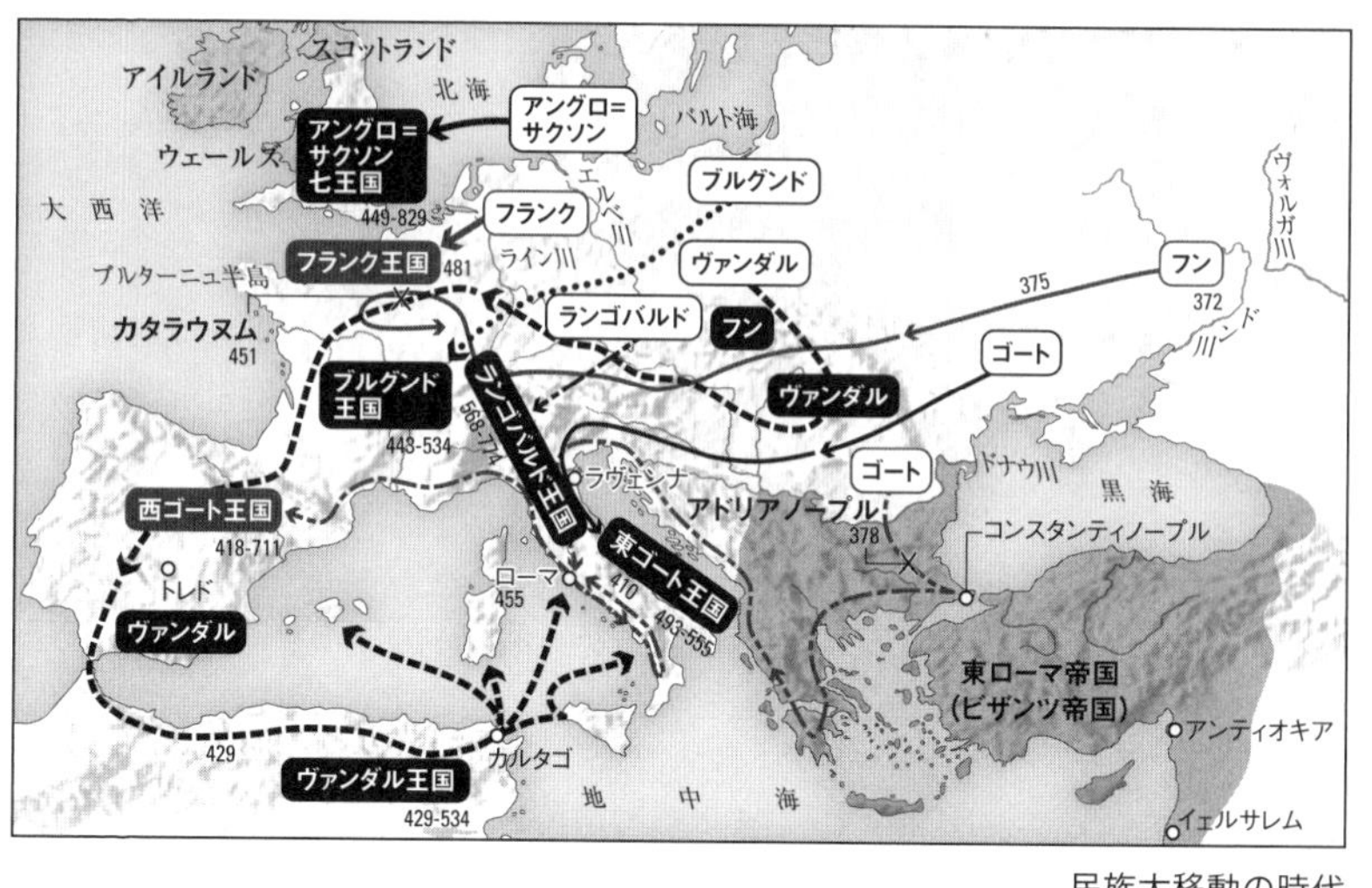

民族大移動の時代

てくる。これが西ヨーロッパの中世世界の秩序である。西ローマ帝国の皇帝政府は四七六年まで残ったが、皇帝をいただいた地方政権に過ぎず、その旧領には移住してきた人々の国がつぎつぎできていった。五世紀の末には、フランク人の王国が新しい秩序の担い手であることをはっきり示すようになる。東ローマ帝国では、皇帝が権力を確保したうえで、五世紀のうちにローマ帝国とは異なる「ビザンツ帝国」の世界秩序をかたちづくっていく。こうして、ローマ帝国の旧領は、西半と東半において独自の歴史的展開を歩むこととなる。アドリアノープルの戦いは、新しい力に古い帝国の秩序が打ち破られ、新秩序の形成へと世界が動く転換点となったと読むことができよう。

東アジアの変動

ところで、ローマと同じように長い繁栄を誇

った漢帝国は、ローマより早く、二二〇年に滅亡した。その後、魏・呉・蜀、三国の鼎立状態をへて二八〇年に再び中国を統一した西晋も、三一六年には滅んでしまった。秦帝国の成立以来、五百年以上にわたって続いた国家統一が失われたのである。

西晋が滅んだ契機は一族の皇帝位をめぐる内乱(八王の乱)にあったが、内乱のなかで兵士として活躍した北方の遊牧民が力を伸ばして各地で蜂起し、ついには永嘉の乱と呼ばれる兵乱を起こして西晋を滅ぼしてしまったのである。この後、華北では匈奴の劉淵の建国に始まる五つの漢民族でない集団(五胡)と漢民族によって建てられた諸国家が興亡する分裂時代となった(五胡十六国時代)。一方、華南では、晋の一族の司馬睿が東晋を建国して、北と対峙することとなった。

北と南に二分された中国に統一の機会があった。華北の統一を成し遂げた氐族の国、前秦の君主苻堅が大軍をもって東晋を攻め、戦いがなされたのである。アドリアノープルの戦いの五年ほど後、三八三年のことであった。現在の中国安徽省で、百万以上といわれる前秦の大軍勢と、わずか八万の東晋軍とがぶつかり合った。淝水の戦いである。大軍を成す前秦軍は、漢民族とほかの諸民族から成る混成部隊であった。

淝水の戦いの結果は、アドリアノープルの戦いとはまったく逆となった。作戦の失敗で混乱に陥った前秦の大軍が敗北を喫したのである。苻堅は逃げ延びたが、将軍の一人だった弟の苻融をはじめとして、前秦の軍は大量の戦死者を出した。この敗北によって、前秦は力を失ってしまった。

この戦いの三年後の三八六年、鮮卑族の拓跋珪が国を建てて勢力を拡大し、四三九年についに華北を統一して五胡十六国時代を終わらせた。北魏である。その北魏は六世紀前半に西魏と東魏に分裂、さら

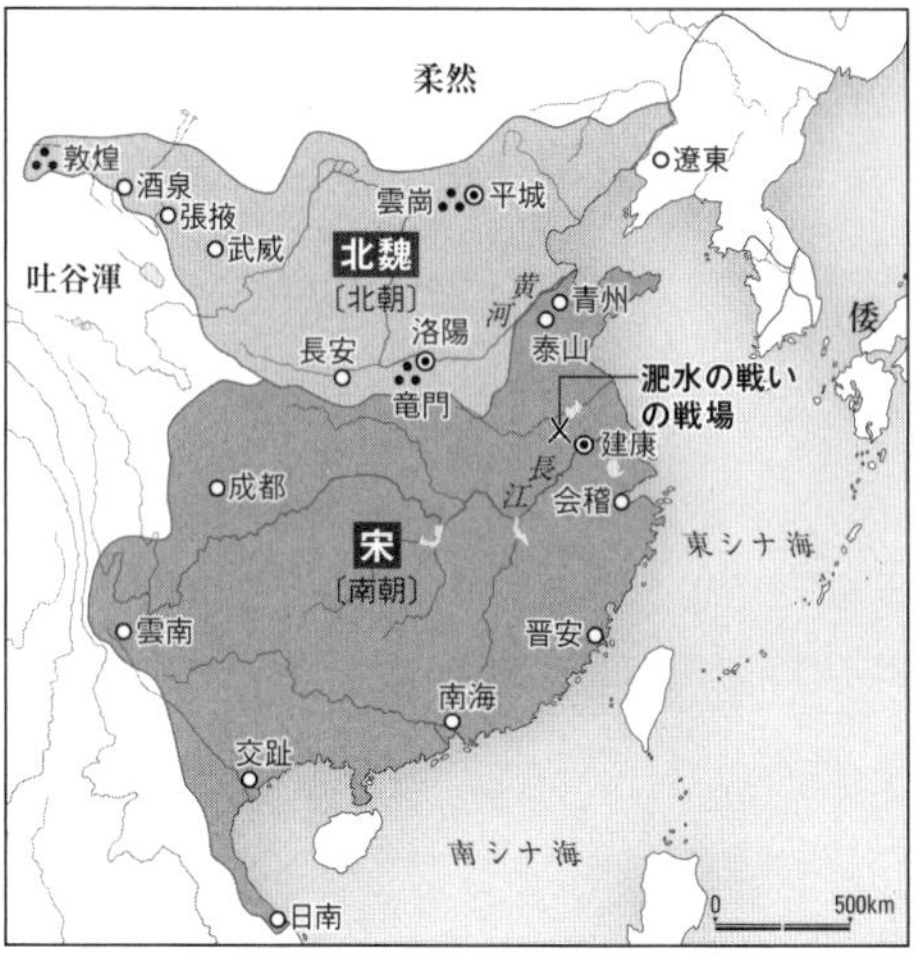

南北朝対立の時代

に北周、北斉と王朝も交代した（北魏以降の諸王朝を北朝と呼ぶ）。一方、淝水の戦いで勝利をおさめた東晋は、しばらくは栄えたものの、やがて弱体化し、四二〇年に将軍の一人、劉裕（りゅうゆう）に滅ぼされた。劉裕は宋を建国し、こののち華南では漢民族の王朝がいくつか交代することになる（南朝）。

こうして、三八三年の中国統一の試みは潰え、華北と華南は王朝が交代しつつ対立を続けた。たんに対立を継続しただけでなく、それぞれに独自の秩序を形成していった。その意味で、淝水の戦いは、統一の機運の高まりから分裂へと歴史の転換を明確化する象徴的な事件であったということができよう。

本書の語る歴史の転換

アドリアノープルで戦ったローマ帝国軍には、いわゆるゲルマン人の兵士も多くいた。また、淝水の戦いで敗北した苻堅の大軍のかなりの部分は漢人の兵士から成っていた。しかし、ぶつかり合った勢力

の主導者は、二つの戦いのいずれにおいても、古代帝国の担い手ないし継承者と、帝国の外から移動してきた新しい勢力である。そして、アドリアノープルの戦いでは、古代帝国の担い手の側が敗北し、淝水の戦いでは外から移動してきた新しい勢力が主導する軍が敗北するという、異なった様相をみせている。だが、いずれもが古代帝国の時のような統一には戻らない、分裂の時代へと移ったことを明示し、また分裂しつつもそれぞれ独自の新しい秩序をその後形成していく起点となったという意味でも共通しているといってよかろう。本書では、この共時性に注目し、洋の東西それぞれをさらに深く観察して、歴史の転換を説明することを試みたい。その転換とは、一口にいってみれば、「古代帝国の秩序の崩壊」ということである。

ローマ帝国と漢帝国は、古代を代表する国家であり、その歴史的性格と展開を理解することは、古代史のみならず、世界史の深部における理解のために極めて重要な意味をもつ。そして、その両帝国の打ち立てた世界秩序が崩壊していく過程については、古代帝国そのものの本質を理解し、その後形成されていった新たな世界の歴史的性格を見通すためにも、ぜひとも深く理解すべきテーマである。

ところで、この「崩壊」の問題を考えるにさいしては、ローマ帝国や中国王朝の政治的・軍事的衰退など、帝国それ自体の変化を考察するのが通常の研究法である。しかし、ローマ帝国の衰退や後漢滅亡後の東アジアの史的展開については、帝国そのものの衰退だけを考えるのでは不十分である。四世紀以降に進んだ古代帝国的世界秩序の崩壊は、四世紀と五世紀にユーラシア大陸全体にわたってなされた人々の移動と密接な関係をもっていたことが知られている。西方ではいわゆるゲルマン人の移動がそれにあたり、東では北方民族の華北進出が該当する。アドリアノープルの戦いと淝水の戦いにあらわれた

共時性には、共通する背景があったのである。本書では、この点を踏まえて、帝国の中核地域だけでなく、帝国の外側、周辺世界の動きを重視して、移動してきた人々に注意をはらいながら古代的帝国秩序の崩壊の説明を試みる。そして、それぞれの地域世界が変わったといわれてきたが、それはどの点で変化したといえるのか、新しく形成されていったと思われる秩序とはどのようなものなのか、広い視野のもとで叙述したい。

ローマ帝国衰亡史

さて、本書は「古代帝国の秩序の崩壊」をテーマとするとしたが、上記の二つの戦いを象徴として看取される歴史の転換は、「古代」から「中世」への移行と同じであると単純にいい切れるだろうか。歴史学界では、ローマ帝国と漢帝国の滅亡が何を意味しているかについては、膨大な研究の蓄積と論争がある。ここでは、そうした歴史解釈の問題を解説し、読者に本文叙述の基礎、あるいは背景を提供しておきたい。

まず「西洋」について。西洋における古代の終わりとは西ローマ帝国の滅亡であると長らく理解されてきた。西洋における古代の終わりを語ることとはすなわち、西半地域におけるローマ帝国衰亡史を語ることであった。その西ローマ帝国の滅亡とされる年は一般に四七六年であるが、この年に生じたできごとは、ロムルス・アウグストゥルスと呼ばれるローマ皇帝が、傭兵隊長オドアケルに年金を与えられて廃位された事件であって、無力な少年皇帝が年金生活に追いやられたにすぎなかった。そのために、このできごとの記録は同時代の史料に印象深く残ることはなく、もはやイタリアにはローマ皇帝はいな

いという認識が、つぎの世紀の東ローマ帝国の作品に記録されるのをみることができるだけである。同時代の人々には、四一〇年のゴート人によるローマ市略奪の方が強烈なできごとであったことは疑いない。また、古代の終わりをより広く帝国衰退という観点からみるならば、例えばコンスタンティヌス大帝による三三〇年のコンスタンティノープル「遷都」に衰退の始まりを指摘する見方がある。三七六年に生じたゴート人をはじめとする諸集団のドナウ渡河や三九五年のローマ帝国「東西分裂」をもって帝国衰退の画期とみる考えもある。

ローマ帝国の衰亡については、十八世紀前半の思想家モンテスキュー以来、ヨーロッパでさかんに論じられてきた。十八世紀後半のギボンの『ローマ帝国衰亡史』は、帝国衰亡の原因を「ゲルマン人」とキリスト教に帰したが、その後の二百年以上のあいだに、衰亡原因についてじつに多くの学説が提出された。一九八四年の時点で、アレクサンダー・デーマントというドイツの研究者が二一〇種類に学説を分類・紹介しているほどである。それらの学説のなかでも本書にとってとくに興味深いのは、ローマ帝国とゲルマン人との関係についての意見である。ギボン以来、ローマ人とゲルマン人は二項対立的にとらえられてきた。そして、ゲルマン人がローマ人の帝国を滅ぼしたという見解には、「文明」をもつローマ人に対して「野蛮」なゲルマン人という理解が前提として存在していた。

しかし、第一次世界大戦直後に公刊されたオーストリア、ウィーン大学の教授アルフォンス・ドプシュの大著は、ゲルマン人が決して野蛮な人々ではなく、ローマ帝国の影響下で文明化していたことを強調し、ローマ帝国とその後のゲルマン人国家との継続性を説いたのである。この学説は、第一次世界大戦を引き起こしたドイツに対する非難を念頭に、「ゲルマン人」を擁護しようとしたものと評されてい

る。一方、第二次世界大戦後の一九四七年、戦争で再びドイツに侵攻されたフランスで、アンドレ・ピガニヨルという学者が、ローマ帝国は天寿を全うしたのではない、暗殺されたのだ、と書き、ゲルマン人侵攻の重大性を強調している。遡って一九二六年に初版が公刊されたロシア人学者ミハイル・ロストフツェフの名著『ローマ帝国社会経済史』は、ローマ帝国の衰亡原因を、帝国を支えた都市の衰亡においている。ローマ帝国の繁栄は、帝国中に存在した都市とその担い手である「都市ブルジョワジー」に支えられていたが、三世紀の軍人皇帝時代の混乱以後、農村の「プロレタリアート」を代表する軍隊が都市を攻撃したため、古代帝国と文明を担った都市ブルジョワジーが衰退して、ローマ帝国は滅亡した、と説いた。この見解は、ロシア革命で故国を去らねばならなかったロストフツェフの経験が反映したものと評されている。このように、ローマ帝国の衰亡は、歴史家が生きる時代を濃厚に反映して語られてきたのである。

「ローマ帝国の衰亡」から「ローマ世界の変容」へ

歴史学界では、一九六〇年代以降、ディオクレティアヌス帝・コンスタンティヌス大帝以降の「後期ローマ帝国」について、新しい解釈が出されるようになった。それまでは、後期ローマ帝国はローマ帝国前期と異なり、膨大な数の官僚と軍隊をもつ専制君主政国家であって、官僚と軍隊を維持するために巨額の財源を必要としたため、住民への課税を強化し、それゆえに人々を土地や組合、身分に縛りつけたと長らく解釈されてきた。人々は職業や居住地を選択する自由を失い、社会はカースト化して、都市では自治を担う都市参事会身分の人々が没落していった。こうした状況が帝国を衰亡へといたらしめ

た、と理解されてきたのである。かような伝統的な解釈について、史料の検証がおこなわれ、皇帝権力のあり方や、都市や都市エリートの状況について批判と新解釈が提出されたのであった。

しかし、一九八〇年代になると、学界のこの問題の扱いは別の次元に移行する。古代の終わり頃のキリスト教について研究していたピーター・ブラウンが、画期的な著書や論文を発表して学界のローマ帝国終焉期の研究のあり方を変え、このブラウンの構想にそくした研究が学界で一気に増えたのである。ブラウンは、ローマ帝国衰亡史として否定的に語られてきた後期ローマ帝国時代を政治事件史から解放して、地中海周辺地域における文化変容の過程としてとらえようとした。そして、宗教や「心のありよう」(心性)、ジェンダーなどの観点を重視しながら歴史像を描き出したのである。「ローマ帝国の滅亡」という政治的事件はもはや重要視されず、「ローマ世界の変容」が語られた。否定的に語られてきたローマ帝国の終焉期ではなく、二世紀から八世紀くらいまで継続する、古代でも中世でもない、独自の積極的な価値をもつ「古代末期」という歴史概念が設定され、その時代が叙述された。

「古代末期」という歴史概念自体は十九世紀末から存在したが、旧来の時代区分にあてはまらないこのブラウン的「古代末期」のもつ歴史叙述・歴史研究の魅力は多くの人々を引きつけた。一九九〇年代になると、ヨーロッパ科学財団のプロジェクトでも「ローマ世界の変容」の研究が実施され成果をあげた。もはや「ローマ帝国の滅亡」は語られないテーマとなったのである。

再び「ローマ帝国の滅亡」へ

ブラウン的「古代末期」構想による研究は多くの成果をあげたが、一九九〇年代後半になると、しだ

いに疑問も呈されるようになった。政治史的な意義やそれに関する議論を遠ざけ、変化よりも連続をひたすら重視する姿勢が批判されたのである。かつての「ローマ帝国衰亡史」的な解釈では、古代ギリシア・ローマ的な文化(古典古代の文化)がローマ帝国末期に衰退していくと理解されていたが、ブラウン的な「古代末期」論では、そのように解釈されていない。文化の優劣をつけない考え方が基礎にあるからである。そうした考え方についても、現代世界における多文化主義的傾向の進展と関連するとみなされた。このブラウン的「古代末期」論と並んで、ローマ帝国領内に移動してきた人々についての新しい学説も提唱されたが、それは、移動してきた「ゲルマン人」が暴力的でローマ帝国に対して破壊的活動をおこなったと従来解釈されてきたことを批判し、移動してきた人々は決して暴力的、破壊的ではなく、むしろローマ帝国に「順応」したのだと主張するものだった。この新解釈も現代世界の動向を反映したものと理解された。

二十一世紀にはいると、ブラウン的「古代末期」の政治史を重視しない姿勢を批判するかのように、「ローマ帝国の滅亡」のもつ世界史的意義を強調する書物が公刊されるようになった。強勢を誇ったローマ帝国が急速に崩壊したことを叙述しつつ、その原因としてフン人やゴート人の移動の重要性を鮮やかに描き込んだ書物や、ローマ帝国の滅亡が人々の日常生活にまでいかに大きな変化をもたらしたかを考古学的な証拠から明らかにした書物などが出版され、注目されたのである。これらの出版や注目は、二〇〇一年に生じた「九・一一」事件やその後の世界情勢と結びつけて理解される。二十一世紀初頭においても、ローマ帝国衰亡史はなお同時代の政治に影響されているのである。ともあれ、ローマ帝国終焉に関する議論は、再び「ローマ帝国の滅亡」を取り戻したのである。

本書で描く「西洋」の古代帝国の終焉は、以上に述べたような学界の動きを踏まえたものである。本文では、まずローマ帝国が達成した世界秩序とは何であったか解説されたうえで、それがいかにして崩壊していったかが、政治史を軸にしてたどられる(一章)。ついで、ユーラシア西部世界に新しく秩序を打ち立てることになるフランク人の王国とその社会が、外部世界からローマ帝国へ参入する時点から始まって解説される(二章)。さらに、ローマ帝国東部ではゴート人からフン人にいたる外部勢力との対応でどのような世界が形成されていったのか、「国家大」と「中核都市コンスタンティノープル」と二つの水準で観察した結果から叙述される(三章)。古代帝国の秩序の崩壊から新秩序の形成まで、具体的な次元で説明されることで、転換期の実相が浮かびあがるだろう。

中国史の「古代」?

つぎに「東洋」について説明したい。わが国の歴史学界では、中国史の時代区分について激しい論争があった。とくに、後漢までを古代(上古)、その後の分裂の時代と隋唐時代を中世、そして宋以降を近世と時代区分する学説と、隋唐までを古代、宋から清までを中世、それ以降を近代とし、「近世」をおかないという時代区分法が対立したのである。この論争に照らせば、本書で扱う後漢の滅亡以降の分裂時代については、中世かそれとも古代のままかという解釈の違いが生じるのである。唐の時代までを古代とし、その後を中世と考えようとする研究者は、唐の時代までを奴隷制社会であると見、その後を封建農奴制社会であると考える唯物史観の歴史理解に立脚していた。一方、後漢までを古代、唐までを中世とみる考え方は、中国史の発展にはヨーロッパ史とは異なる独自性があるとし、とくに中国社会に十

世紀前後に大きな変化があって中世から近世へと移行し、近代化が始まったと考えるものであった。

漢帝国が滅んだ後の分裂の時代、政治権力は北と南に分かれたが、どちらにおいても国家の人口の大部分は漢人だった。そして、その漢人の社会では、高級官僚を出した有力者の家柄を「貴族」と呼び、貴族社会が形成されたといわれる。この貴族と皇帝との関係についても学界では見解が分かれた。後代に比べてこの時期の貴族が皇帝に対して強い力をもつとする見方と、皇帝権力のあり方はそれ以前とこの時代も変わっていないとみる考え方が存在している。貴族が後漢末以来の社会で活躍した地方の名望家に由来する存在であると理解するか、たんなる官僚であるとみるかについても、学説は対立している。

このように、本書の課題となる時代の東アジアは、時代区分はいまや語られなくなったものの、社会の仕組みなど基本的な問題について、定説に基づき描き出すのが容易でない時期なのである。本書では、かつての論争が扱った次元にそって問題を取り上げたり時代を記述したりするのではなく、漢帝国の滅亡が長らく続いてきた統一国家的な「古代帝国的秩序」の終わりであるという見方に立ち、転換の時代を活写したい。四章では、淝水の戦いの詳細な叙述から始めて、後漢滅亡後の中国が変化していくさまとその意義とを論じる。五章では、東晋と南朝を中心におきながら、新たな国家と社会を築いていこうとする華南の動きを解説していくことになる。

移動して来た人々

さて、本書は、古代帝国的秩序の担い手であった人々だけでなく、新たにその世界に参入した人々を

も重視しつつ時代像を描くことにしているが、その新しい人々とはどのような集団だったのだろうか。

歴史の担い手を考えるために史料を参照する際、私たちは自民族中心主義的な史料の記述に頻繁に出合う。中国を文明の中心と考える見方(華夷思想)は、その代表的な考え方である。自民族中心とまでいわなくとも、人は自分自身が親しんでいる世界の価値観に従って周囲の人々をとらえ、記述してきた。そのために、描かれた人々の実相を史料から探るのは大変困難な作業である。ここでは、読者に本文叙述の背景を知ってもらうために、本書で重要な記述対象となる「ゲルマン人」について解説しておこう。というのも、古代の終焉期は、諸集団の大移動という時代であったために、「民族」の起源をこの時代に求めることが現代にいたるまで頻繁になされてきたからである。

西洋古代史の研究にあっては、利用できる文学作品や碑文などのほとんどは、古代ギリシア語とラテン語で書かれている。そのため、ギリシアやイタリアなど地中海周辺地域に生きる人々の知識や価値観に偏ってしまっている。例えば、ヨーロッパ中央部に住んでいて、のちにローマ人に征服されることになるいわゆる「ケルト人」は、今日では言語系統でケルト語系と分類される言語を話す人々と定義することが可能であるが、古代ではそのような学問的知識があったわけではないので、ギリシア人やローマ人は彼らを「ケルトイ」や「ケルタエ」という名で「北の方に居住する野蛮な人々」の意味で呼んでいた。そのために、古代でそう呼ばれた人々の集団には、今日の言語分類に基づくカテゴリでは「ケルト人」には数えられない人々も含まれている。

「ゲルマン人」もそうした事例に属する。古代ギリシア人・ローマ人から「ゲルマノイ」「ゲルマーニー」という言葉で呼ばれた人々は、ローマ帝国のフロンティア属州や一般に「自由ゲルマニア」と呼ば

れる属州外の広大な地域に居住していたが、彼らがまとまって「ゲルマン人」と分類され呼ばれていたわけではなかった。自分自身を「ゲルマン人」と称した者もいなかっただろう。彼らは自身を、所属する小さな集団の名称で認識していたに違いない。ゲルマノイやゲルマーニーを日本語に訳すなら、後世に特定の価値観を与えられた「ゲルマン人」よりも、住地の名で「ゲルマニア人」と書く方が正確と思われる。前一世紀のカエサルが『ガリア戦記』のなかで「ゲルマン人」と呼んだ人々は、当時いわゆるゲルマン語系の言語を用いていたとは今日考えられていない。

彼ら、とくにローマ帝国領の外に住む人々は、ローマ人から文明の外にある未開の野蛮人とみなされていた。しかし、外の人々に対してローマ帝国は開かれていた。商取引はおこなわれ、ローマ人の経済活動はライン川、ドナウ川を越えて自由ゲルマニアの内部までおよんでいた。また、ローマ帝国最盛期、ゲルマニアの人々はしばしばライン川やドナウ川を集団で越えて帝国領にはいり、属州に定着して、やがて「ローマ人」になったのである。

こうしたゲルマニアの民が、ローマ人に敵対する他者「ゲルマン人」になったのは、四世紀の終わり頃、帝国領内にゴート人をはじめとする人々がはいって、帝国の担い手と対立するような緊迫した時代となってからである。その重要な契機となったのが、本書冒頭に記述したアドリアノープルの戦いであるといって良いだろう。

近現代の「ゲルマン人」解釈

しかし、「ゲルマン人」に独自の積極的な意味を与えたのは、近代ヨーロッパであった。現在のドイ

ツやイギリスにあたる地域は、ルネサンス時代にローマ帝政期の歴史家タキトゥスの作品が発見されたことによって、初めてその歴史をラテン語で獲得した。とくに、ドイツではタキトゥスの『ゲルマニア』を読解し、古代のゲルマニア人をローマ人と異なる、自由で純朴な民と讃えるようになった。十八世紀になると、六世紀の歴史家ヨルダネスが描く『ゴート人の歴史』を基にした考古学的な調査も始まった。十九世紀のナショナリズムの時代には、フランスとの対抗上、「ドイツ人」の歴史と「ゲルマン人」の歴史とがかさね合わせられるようになった。国民国家ドイツにとって古代のゲルマン人の歴史は非常に重要なものとなったのである。ゴート人は、スカンディナヴィアの故地からポーランド・バルト海域・ウクライナへ移住し、さらにローマ帝国領へと移動したと論じられたが、二十世紀にはいり、ゲルマン民族の純血と優秀さを説くナチスがドイツの政権を握ると、ゴート人の移動した地は「ゲルマン人の生活空間」として外交政策に組み込まれてしまった。

第二次世界大戦終了後、ナチスのゲルマン至上主義が引き起こした惨劇を克服するために、「ゲルマン人」の歴史の見直しについて、政治だけでなく学問においても努力がなされた。ゴート人が北ヨーロッパから集団の一体性を保持して長距離を移動したという考え方、血縁集団のようなものであったとの見方はされなくなった。また、移動した民には支配者の正統性にかかわる伝承を保持する核のような存在はあったが、集団自体は離散や集合を繰り返して形成されていったものであるとも考えられるようになった。ゴート人は、当初から「西ゴート」「東ゴート」という別々のアイデンティティをもっていたわけではなく、ローマ帝国領内にはいってさまざまな経験をへたのち、そのアイデンティティを獲得したと今日みなされている。フランク人もアラマンニ(アレマン)人も統一的な部族集団ではなく、さまざ

まな小集団からなる混成部族にすぎないことが定説になっている。ローマ人は三世紀から「フランク人」という呼称を用いているが、そう呼ばれている人々はもちろんのこと、おそらくローマ人自身も「フランク人」が同質のまとまった集団とは考えていなかったと現在では認識されているのである。しかし、こうした研究上の進展がみられたにもかかわらず、古代の終焉期に発する「民族」起源をめぐる議論は、二十世紀後半でも現実政治の舞台で主張され、ユーゴスラヴィアの内戦など実際の戦争にもかかわることになった。

共時性を超えて

本書が扱う時代、現在の時点から振り返ってみれば、統一から分裂へと大きな転換期であったことは容易に理解できるが、当時生きた人々にとって、時代の一大転換と実際に感じられただろうか。この点を正確に探り出すことはたやすい作業ではない。だが、それまで長らく当たり前と思われていた政治や社会の仕組みが失われ、長く続いてきた日常生活のかたちを継続することが難しくなる局面が多発したことは、当時の史料からみても間違いない。社会を混沌と混乱が支配したことも、おそらく疑いないだろう。紀元三、四世紀頃までのユーラシア大陸の西と東で、この「それまで長らく当たり前と思われていた政治や社会の仕組み」を実現していたのが古代帝国だった。そして、空気のように当たり前になっていた古代帝国的秩序という日常の枠組みがしだいに崩壊していく過程、そしてそこから新しい枠組みを構築していく過程を、以下で具体的にみていこう。

東西における古代帝国の崩壊はともに、外部世界の人々の移動と大きな関係があった。このために、

西でも東でも、人々は同じような課題や困難に直面したかもしれない。もちろん、本書で扱う時代、ユーラシアの西と東を直接結ぶものは、陸路と海路の交易ルートが知られるものの、政治的な動きの連関は知られていない。西に大きな影響をおよぼしたフン人と東の匈奴との関係は、現在でも不明のままである。したがって、西と東のできごとを直接結びつけることはできない。しかし、読者には、一〜三章で解説される世界の動きと四〜五章で描かれる世界の動きのあいだに、差異とともに共時性、そして共時性以上の共通点を見出していただければと思う。同じ時を生きた人々が同じような課題と格闘をした跡が見出せるかもしれない。差異の確認は歴史を学ぶ基本であるが、東西世界の共通点を見出すことを通じて、人は世界史の醍醐味を味わうことができるからである。

一章　ローマ的世界秩序の崩壊

南川高志

1　ローマ的世界秩序

最盛期ローマ帝国の姿

紀元前二世紀中葉に地中海周辺地域を制圧して帝国となったローマは、さらに拡大を続けるとともに、国内の政治体制を都市国家的な共和政から帝国に見合ったかたちへと変えていった。前三一年、政敵アントニウスとの戦いに勝利してローマ国家唯一の実力者となったオクタウィアヌスは、内乱中に保持した軍指揮権をいったん国家に返還したものの、元老院から多数の属州の統治を委ねられて軍指揮権を再び確保した。そして、管轄する諸属州に自身の代理人を総督や軍団司令官として送り込み、ほどなく元老院が管轄する属州の総督の人事権も手に入れて、帝国領全体の統治権を手にしたのである。国家最高の公職である執政官や神聖不可侵の護民官など要職の権限を、その職に就かずとも保持するようにもなった。さらに、国家宗教の最高神官職にも就いた。こうして、ローマは前一世紀後半に、前六世紀末の共和政創始時以来忌避してきたはずの王政と実質的に変わりない一人支配に行き着いたのである。オクタウィアヌスは、前二七年に元老院からアウグストゥスの尊称を得た。このアウグストゥスによる政治は、表向きは共和政の再興を謳ってはいたが、強大な権限と抜きんでた権威をもつ彼による独裁政

治であった。プリンケプス(元首)たるアウグストゥスによる政治、「元首政」の始まりをもって皇帝政治の成立、ローマ皇帝の誕生といって良いだろう。帝国化したローマ国家が皇帝、そして皇帝政治を生み出したのである。

以後、約二世紀間にわたって、ローマ帝国が地中海周辺やヨーロッパ中央部、そして中東など広大な地域で安定した統治をおこなった。一般に「ローマの平和」と呼ばれる帝国繁栄の時代である。ここに実現したローマの世界支配体制を、「ローマ的世界秩序」と呼んで差し支えないだろう。この書物において取り上げる古代世界の大きな変化とは、西方においてはまさにこのローマ的世界秩序が崩壊していく事態である。それゆえ、この「ローマ的世界秩序」とはどのようなものであったかを具体的に説明しておこう。

共和政の内乱をへてアウグストゥスが築き上げた新しい政治体制、すなわち皇帝政治は、古代にはまれな七十七歳という彼の長命もあって、ローマ社会に急速に根づいていった。そして、文武の権限を独占したアウグストゥスの地位は、彼の私的相続人に受け継がれ、「王朝」ができあがった。一世紀後半には皇帝位を争う内乱が生じ、皇帝を輩出する家系はアウグストゥスの家系から他の家系へと移ったが、皇帝を中心とする政治体制そのものはとどまることなく発展し続けた。二世紀の前半になると、治世の長い皇帝が連続して統治し、国内の政治や社会も安定した。対外的にも強勢を誇って、ローマ帝国は最盛期を迎えることになる。一般に五賢帝時代と呼ばれる時期である(九六〜一八〇年)。

五賢帝の時代、ローマ帝国が統治する地域は、北はブリテン島から南はエジプト南部、西はモロッコ、東はイラクにまで広がっていた。地中海周辺地域を越えて、アルプス山脈の北に大きく拡大し、海

最盛期のローマ帝国（2世紀初頭）

を越えてブリテン島を領有、ドナウ川の彼岸、現在のルーマニアにあたる地域にも属州ダキアを設立した。ライン川の西岸の属州ガリアや属州ゲルマニア、そしてドナウ沿岸の諸属州には数多くの都市ができて、地域の人口も増えた。ローマはもはや「地中海帝国」ではなく、世界帝国と呼ぶにふさわしい内実を備えたのである。

このようにローマ帝国が巨大化していく過程で、国家と社会の基本要素が大きく変化した。何より、帝国の担い手たる「ローマ人」の意味が変わったのである。イタリア半島中部の一都市から始まったローマ国家の発展は、つねに故地ローマ市を原点とし、その歴史を確認しつつ進んだが、領土の拡大過程で、さまざまな機会にローマ市の市民権をイタリアの他都市の住民に授与し、ローマ市民を増やした。ローマ市民権

を有するという意味での「ローマ人」の数はしだいに増え、とくに前一世紀の初めには、同盟市戦争の結果、イタリア半島内の諸都市にローマ市民権が一挙に与えられた。その後も、カエサルのガリア遠征など征服活動に絡んで市民権授与政策は継続し、皇帝政治の時代になると、ローマ市民権保持者としての「ローマ人」は属州にも多数存在するようになる。故地ローマ市やイタリアからも遊離した、普遍的な意味をもつ「ローマ人」が、帝国の支配者側の構成員となったのである。

ローマ帝国と戦い征服された地域でも、属州として統治されるなかで人々はローマ風の制度や生活になじむようになり、ローマ市民権をもつ者もあらわれた。ローマ風の都市がつくられたり、旧来の部族国家の首邑がローマ風都市に変化したりするなど、都市化の進展は著しかった。やがて属州都市の有力者が帝国の政治支配層に参画することも珍らしいことではなくなり、二世紀前半には皇帝位に即く者まであらわれた。先に述べた五賢帝のうちのトラヤヌス帝以降の四名までもが、属州家系出身である。家系や国家の歴史と伝統に敬意をはらいつつも、実際には出身地がどこであれ「ローマ人」らしく振る舞うことのできる者が帝国の支配者側の構成員であり、そのうちの有力者が統治をおこなうのが最盛期ローマ帝国の政治体制であった。

服従・協力・共犯

皇帝政治が安定した時期、ローマ市の皇帝政府から行政や軍事のために元老院議員や騎士身分の者たちが帝国各地に送られたが、属州に派遣された今日の官僚のごとき公職者の数は驚くほど少なく、三百名ほどにすぎなかった。この少ない数で、最盛期のローマ帝国の広大な支配領域の統治を十分はたせた

のは、属州に所在する都市の自治のおかげであり、その都市を主導する現地の有力者のおかげだった。ローマが帝国化し、さらに帝国として確立していく過程で、ローマとのあいだで激しい戦闘や殺戮が生じた地域の悲惨さはこの上ないものがあったが、それでも皇帝政治の時代になると、被征服地の状況も変わり始めた。征服地でも人々はローマ風の制度や生活になじむようになったのである。ローマ風の都市がつくられたり、旧来の部族国家の首邑がローマ風都市に変化したりするなど、帝国のとくに西半で都市化の進展は著しく、帝国の東半、とくにギリシア人都市の多い地域では古典期・ヘレニズム時代以来の都市も繁栄を継続していた。ローマはこうした都市を行政の単位とし、都市の有力者にその都市政治を主導させた。都市の有力者も、ローマ帝国の後ろ盾を得て、都市における支配の力を強めた。ローマと都市有力者は、帝国支配の共犯となったのである。

都市は帝国の要請で税の徴収や徴兵に協力するだけでなく、自治をおこない、公共建築物を建てて都市市民の生活環境を整えようと努力した。帝国の西半地域、とくにガリアやイベリア半島南部、北アフリカでは、格子状の都市プランに基づき、フォルム(広場)やバシリカ(公会堂などとして使われる公共建築物)などローマ風の建築物を備えた都市が叢生(そうせい)したが、たんに外観だけでなく、ローマ市の民会、元老院、執政官などの公職者の制度をモデルとして、民会や都市参事会、そして二人役(ドゥオ・ウィリイ)など都市公職者も設けられた。都市の人々はラテン語、ローマ風宗教、ローマ法に親しむようになり、ローマ風生活様式も定着するようになって、公共浴場や円形闘技場など、イタリア半島の都市と変わらぬ娯楽も広まるようになった。また、ローマ風の生活をすることが「文明」であるという考え方が流布し、ローマ帝国の統治は人々を文明生活へと誘うものと理解された。属州の人々もしだいにローマ人の

生活様式を取り入れ、ローマ人として生きることに魅力を感じるようになり、さらに「ローマ人らしく」あることの実践を通じて社会的な上昇を実現し、また期待したのである。

こうして、最盛期のローマ帝国の支配はたんなる武力による強制ではなく、被征服者の合意をともない、その協力のもとで実践されていたのである。帝国統治の様式や実態がそうした方向に向かって実現していったのは皇帝政治成立の後であり、とくに後二世紀であった。これがローマ帝国内で実現した「世界秩序」といって良いだろう。しかし、こうした帝国のあり方には、二つの重要なポイントがあった。一つ目は、帝国支配に同意を与え、協力関係にはいったのは、あくまでも都市の有力者がおおかただったことである。二つ目は住民の意識である。すなわち、広大な帝国が統合され続けるのは、住民がローマ帝国の統治システムを承認、評価し、そのシステムのなかで「ローマ人として」生きることに価値を見出す、あるいはローマ統治のもとで生活の安泰や向上を望むことができる、そうした場合に限られたことである。

ローマ帝国の内と外

以上に述べたのは、ローマ帝国の内側で実現した「世界秩序」であった。では、帝国の外に目を向けてみると、「ローマ的世界秩序」とはどのように映っていたのだろうか。

最盛期のローマ帝国は、広大な領土を属州として編成し統治していた。その帝国領について、一般に歴史書や世界史教科書には、ライン川・ドナウ川を自然国境とし、人工的な防壁をも築いて属州を守っていた、と書かれている。また、歴史地図をみると、ライン・ドナウの両大河やブリテン島のハドリア

ヌスの長城などをローマ帝国の「国境線」と示しているのが普通である。しかし、実際のローマ帝国には、軍隊の駐屯線はあっても他者を排除する今日でいうような境界線としての「国境」はなかった。

そもそもローマ人の考えでは、人の住む世界は限りなくローマ人が支配するべきものであり、帝国領には「境」がなかった。一般にいわれる帝国領とは、ローマ人が属州として統治するのが都合良いところ、というにすぎないのである。実際、ライン川もドナウ川も、現在のイギリスやドイツに築かれていた防壁も、帝国の内と外を遮断する壁ではなかった。平時には帝国の外と内でヒトとモノが行き来し、その行き来がローマ帝国の統制下でおこなわれるようにローマ軍が駐屯し管理していたのである。ローマ帝国の生活様式や経済活動は軍隊駐屯線をはるかに越えて広がっていた。例えば、ライン川の二〇〇キロ東側のゲルマニアまで、ローマの生活用品や貨幣が発見されている。帝国領とその外側との境は「線」ではなく「地帯」であり、また平時は外部の人々を排除する壁ではなかったのである。

ローマ帝国の住民が交易活動のためにライン川・ドナウ川付近の軍隊駐屯線を越えてゲルマニアにはいり、一方ゲルマニアからは帝国領内へ移住する人々がいた。皇帝政治開始後、帝国領内への移住はしばしば大集団になることがあったが、帝国は受け入れ、移住した人々は定着し、ローマ帝国住民として生活するようになった。アウグストゥス治世に五万人のゲタエ人がドナウ川河口近くの属州モエシアに受け入れられており、次のティベリウス帝も四万人のゲルマニアの人々をガリアに受け入れている。一世紀中葉のネロ帝時代、属州モエシアの総督は一〇万人もの人々を属州に移したと碑文に刻まれている。こうした人々の移住後の生活を跡づける史料は残されていないが、最盛期のローマ帝国の史料には移住者の大きなトラブルがあったことが記録されていないので、時間はかかったであろうが定着し、帝

国住民として暮らすことができるようになったとみて良いだろう。こうして、最盛期のローマ帝国が実現したローマ的世界秩序は、帝国の内部だけでなく、外部世界に対してもその構成員資格を開くものだった。ローマ人は国家の歴史性を大切にしつつも、帝国外の住民を出身地の違いで排斥するようなことはなかったのである。自らを「文明」の民と性格づけていたローマ人は、帝国の外の民を、文明を知らぬ「野蛮人」とみなしたが、戦時でない限り、そうした人々を峻別し他者として排斥していたわけではなかった。ローマ人がつねに「他者」として位置づけていたのは、古典期ギリシアの時代からそのような認識で理解されてきたオリエント世界、ペルシアやパルティアであり、ゲルマニアの民ではなかったのである。

混乱と再建の時代

さてローマ帝国は、五賢帝の最後マルクス・アウレリウス帝(在位一六一～一八〇)の時代に外部部族による属州への侵攻に苦しみ(マルコマンニ戦争)、同帝の死後、とくに一九〇年代には政治が乱れて内乱を経験することにもなった。三世紀にはいると、ライン川・ドナウ川のフロンティア地帯では外部から侵攻が増加し、帝国の東のフロンティア地帯でもパルティア王国にかわったササン朝ペルシアの攻撃に晒されるようになった。こうした状況が軍隊による皇帝廃立を招いて、皇帝がつぎつぎと交代することになり、それまでのような連続的な帝国運営が不可能となった。皇帝位にも、元老院議員階層に属する社会的エリートではなく、一兵卒からのたたき上げの軍人が登位することが多くなった。軍人皇帝時代といわれるゆえんである。こうした政治的危機の影響で経済活動も不振に陥り、帝国領の多くの地域

が混乱に陥った。とくに、二六〇年に属州ガリアや属州ゲルマニアで生じた反乱は「ガリア帝国」と呼ばれる分離国家に発展し、帝国の東部でも二六〇年代に隊商都市で知られるパルミュラが勢力を拡大して、これも事実上ローマ帝国から分離した。

こうした事態に対して、軍人皇帝時代の後半、数代にわたって皇帝たちが外部からの侵入者を撃退し、また分離国家を形成していた勢力を攻めて帝国の統一を回復する努力をした。その仕上げをしたのが、ディオクレティアヌス帝(在位二八六～三〇五)である。ディオクレティアヌス帝は帝国領全体を単一の皇帝権のもとに統一するとともに、財政を立て直す改革を断行し、対外的にも攻勢に出て、ローマ帝国の威望を取り戻した。三〇五年、彼は自発的に退位し、その後しばらく皇帝位をめぐる混乱が続いたが、三二四年にコンスタンティヌス一世(以下、コンスタンティヌス大帝と記す)が再び帝国統一を回復した。さらに大帝は、各地に遠征してはローマの声望を高める努力をした。

コンスタンティヌス大帝が三三七年に世を去ると、三子が帝国を三分した。コンスタンティヌス大帝は、長らく迫害されてきたキリスト教を公認するとともに教会を支援したが、ローマ国家にとって重要なことは、三人の息子たちをキリスト教徒として育てたことであった。これにより、ローマ帝国はキリスト教徒の皇帝をいただく国家となったのである。

三分されたローマ帝国は、兄弟間の争いや皇帝位簒奪(さんだつ)事件の後、三五四年にコンスタンティウス二世帝が単独の皇帝となった。彼は父コンスタンティヌス大帝の築いた強いローマ帝国を維持するために腐心したので、大帝が築いた政治体制はいっそう強固なものとなった。皇帝はほかの政治支配層から遊離した神聖な存在となり、そのもとで寵を受けた一部の有力元老院議員や官僚、そして宦官が政府を動か

す体制が発展したのである。対外的にも東ではササン朝ペルシアに対抗して支配地を維持し、西では副帝に任じたユリアヌスを通じて良くライン川方面のフロンティアを統制した。帝国の国力自体はコンスタンティヌス大帝の死後も決して衰退してはいなかった。

ユリアヌス後の世界

このコンスタンティウス二世に対して、副帝としてガリアを統治していたユリアヌスが三六〇年に反乱を起こしたが、翌年コンスタンティウス二世の急死により、全面的な内戦にはならずにユリアヌスは皇帝となった。コンスタンティノープルにはいった彼は、宮廷の簡素化に努め、宦官の力を抑えようと試みたが、すでに前皇帝のもとでできあがっていた政治のスタイルと宮廷の様式を改めることは容易でなかった。

また、ユリアヌス帝は、勢力を強めたキリスト教から離れてギリシア・ローマ風伝統宗教に帰依したが、キリスト教徒を迫害することはしなかったものの、それまで皇帝たちがおこなっていたキリスト教の保護・支援をやめ、伝統宗教の行事、とくに神々と交信するために犠牲獣を捧げる儀式などを重視した。これが、彼がのちに「背教者」と呼ばれることになる行動である。しかし、その試みは、彼独自の哲学思想と信仰の考え方ゆえに、キリスト教徒を怒らせただけでなく、伝統宗教の信仰を保持する人々も困惑させた。対ササン朝ペルシア遠征を敢行したユリアヌスは、三六三年六月、敵領深くはいり込んだティグリス河畔のマランガでの戦闘で斃(たお)れた。後継皇帝にはキリスト教徒のヨウィアヌスが選ばれたので、ユリアヌスのめざした伝統宗教への復帰の試みは消滅した。

新皇帝ヨウィアヌスはササン朝に譲歩する講和を結んで遠征を取りやめ、帰還の途に就いた。ユリアヌスの戦死とこの講和・帰還は、ローマ軍の敗北と帝国東部フロンティア地帯での劣勢のイメージを与えがちだが、ユリアヌス死後のローマ帝国が対外的にただちに衰退したわけでは決してない。ユリアヌスの遠征の不成功で失われたのは、ティグリス川の東の支配地とメソポタミアの若干の都市や砦だけだった。また、ユリアヌスは副帝時代、ガリアでアラマンニ(アレマン)人などといくども戦ってローマの力を誇示する作戦をおこない、おおむね成功したので、帝国西半のフロンティアは完全にローマの統制下にあった。ローマの対外的な力は衰えているわけではないのである。

ユリアヌス戦死後に即位したヨウィアヌスは三六四年二月に急死し、ウァレンティニアヌス一世(在位三六四〜三七五)が即位した。ドナウ沿岸属州のキバラエで生まれた彼は、軍人としての経験をかさねた人物で、小アジアのニカイアで即位すると帝国西部へ移り、副帝時代のユリアヌスが管轄していた帝国領西半の統治を受け継いだ。ライン川のフロンティア地帯でまずアラマンニ人、ついでフランク人やサクソン人と戦って勝利をあげた。三六七年、ブリテン島で諸部族が共同謀議したかのような侵攻事件が発生してロンドンなどが占領された時は、将軍テオドシウス(のちの皇帝テオドシウス大帝の父親)を派遣して、すみやかに外敵を打ち払って属州の秩序を回復させた。クァディ人とサルマタエ人がドナウ沿岸の属州パンノニアに侵入すると、これにもただちに対応した。頻繁に生じた外部部族の侵攻にもウァレンティニアヌス一世は機敏に対処している。三七〇年代なかごろまで、ライン・ドナウのフロンティアはローマの統制下におかれており、帝国の威信は揺らいではいない。

ところで、このウァレンティニアヌス一世帝は、即位にあたって思い切った処断をくだしている。即

位の一カ月後に、帝国領の担当を東西に二分し、東半分について弟ウァレンスを共治帝として統治を委ねたのである。ウァレンスは兄帝より七歳ほど年少で、ユリアヌス帝とヨウィアヌス帝のもとでプロテクトルという軍事エリートのポストに就いていた。兄弟は軍隊や役人、そしてそれにかかわる財務(税収入)も二分したが、三六五年の年初、一緒に執政官職に就き、帝国の統一と連携を確認した。その後、三六八年、三七〇年、三七三年にも二人で執政官職に就任している。統治は東西で分担しているが、ローマ帝国は一つというわけである。

ウァレンスはコンスタンティノープルを拠点として統治を始めたが、統治開始からまだ時をへていない三六五年九月、ユリアヌス帝の親族を名乗り、実際にユリアヌス治世に重職に就いていたプロコピウスの反乱に遭った。コンスタンティノープルを不在にしたあいだにプロコピウスが皇帝を宣言して、首都を乗っ取ってしまったのである。翌三六六年五月に反乱軍をくだして帝国東半の統治権を回復したが、史書はウァレンスの統治者や軍司令官としての能力が低いように叙述している。それでも、この事件以降、ウァレンスはゴート人やササン朝ペルシア帝国と戦うなど、三七〇年代なかごろまで精力的に活動している。ローマ帝国は、三七〇年代半ばまで、東西において対外的に強勢であり、威信と威望を保ち続けていたのである。

2 三七八年の激震

新しいローマ人、新しいローマ軍

弟のウァレンス帝が反乱を制して本格的に帝国東半の統治にあたろうとしていた頃、帝国西半で兄のウァレンティニアヌス一世帝は長子グラティアヌスを自分と同じ正帝の地位に就けた。三六七年のことで、グラティアヌスはまだ八歳の少年だった。ウァレンティニアヌス一世は三七〇年代前半、ガリア北部のトリーアにこの幼帝をおいてドナウ川流域の治安の保全に努力した。しかし、三七五年、現ブダペストの北西にあったブリゲティオの地で急死し、十六歳になっていたグラティアヌスが、帝国西半の皇帝の地位を継承した。ところが、前線でウァレンティニアヌス一世帝と行動をともにしていた軍隊が、皇帝の別の子どもでまだ四歳のウァレンティニアヌス二世を正帝に推戴したのである。この行動を起こし、グラティアヌス帝やウァレンス帝に認めさせたのは、軍を背景にもつ実力者、メロバウデスであった。彼は、グラティアヌス帝の統治下でも権力を握り、二度も執政官に就任している。このメロバウデス、じつはフランク人であった。

三世紀の危機の時代に、皇帝たちの多くはドナウ南岸からバルカン半島にかけての帝国属州の出だった。軍人皇帝時代に即位した皇帝たちには、このイリュリクム地方の下層出身者が多かったのである。それはコンスタンティヌス大帝の家系も同様だった。この点では、四世紀後半のウァレンティニアヌス一世の家柄も同じである。しかし、ディオクレティアヌス帝治世以前の三世紀とコンスタンティヌス大

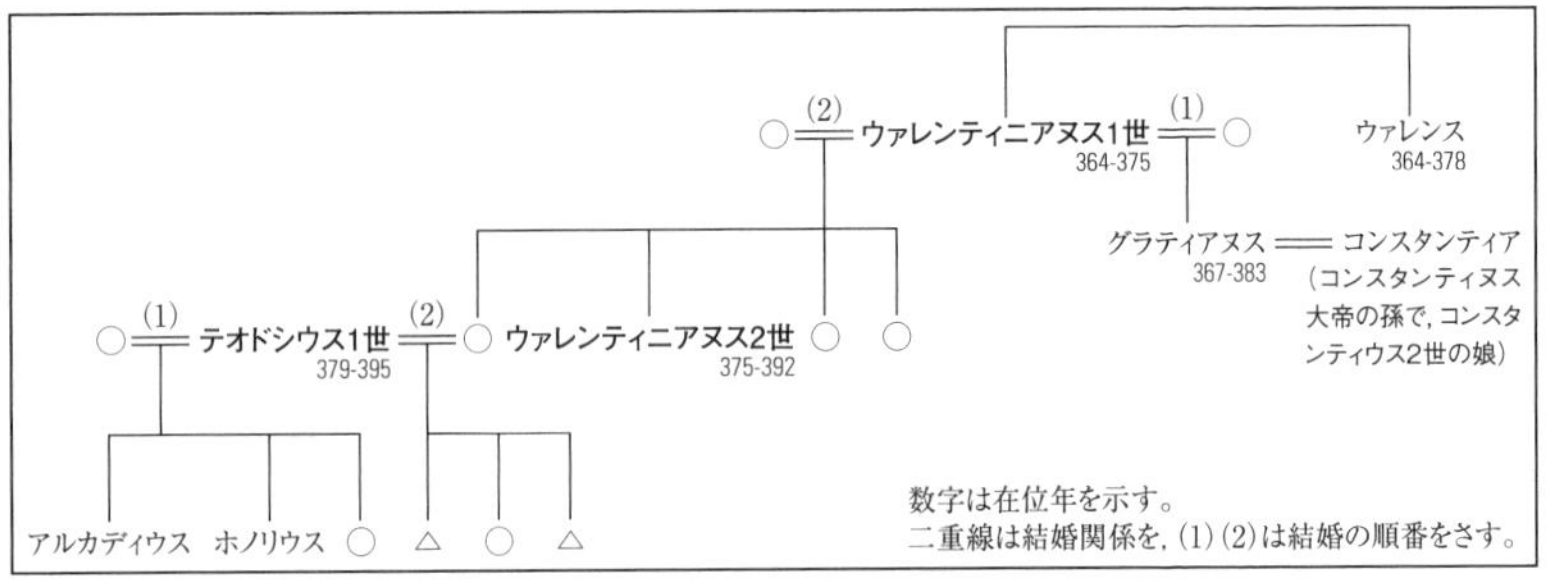

ウァレンティアヌス１世とテオドシウス１世(大帝)の家族関係

帝以降、とくにこのウァレンティニアヌス一世帝時代とは、決定的に異なる点があった。それは、皇帝のもとでローマ軍の中枢を成す人材や軍の構成が大きく変化したことである。

帝国のフロンティアの属州では、三世紀にはいるとライン川の東やドナウ川の北から外部部族の侵入が、それ以前に比べて頻繁に生じた。侵入した部族集団は、タキトゥスの作品『ゲルマニア』に記された部族とは異なるものであった。とくに、そのなかでもアラマンニ人は、ライン川とドナウ川の上流地帯にあったアグリ・デクマテスと呼ばれるローマ帝国の領土にはいり込んで定着し、この地をアラマンニアの名で呼ばれるような地域に変えてしまった。ゴート人は二五一年、撃退せんとするローマ軍と戦って、皇帝デキウスを敗死させた。フランク人もライン川下流地帯で活動し始めた。

四世紀になると、これらの部族はたんにときどき侵入するだけでなく、ローマ帝国領内に定着して、ローマ帝国住民として暮らすようにもなった。前節で述べたように、すでに一〜二世紀の帝国最盛期にもライン川やドナウ川を渡っての人々の集団的な移住があったが、四世紀になると、皇帝が外部部族を組織

的に定住・植民させ、軍事奉仕させせようとした。これによって、帝国内に暮らし始めた者たちは「ラエティ」と呼ばれた。また、ローマとのあいだに同盟関係を結んで帝国領内にはいり、自治を得て暮らし、独自の指揮権のもとでローマ軍兵士として戦う人々も、四世紀のコンスタンティヌス大帝治世からみられる。「フォエデラティ」(同盟部族)と呼ばれる部族や軍隊である。軍隊こそは彼ら外部部族に求められたもっとも重要な職場であり、ライン・ドナウのフロンティア地域においてその比重を増していった。

コンスタンティヌス大帝の治世、これらの部族の出身者から成る部隊が皇帝のそば近くにいたことが知られている。そもそもコンスタンティヌスがブリテン島ではじめて皇帝を名乗った三〇六年、この行動を推し進めたのはアラマンニ人の長クロクスなる者だった。コンスタンティヌスが単独皇帝位をかけてリキニウスと戦った三二四年、その軍を勝利に導いた軍の指導者に、フランク人のボニトゥスがいた。古代の史書は、コンスタンティヌス大帝が「蛮族」を執政官位に就けるほどに優遇したと記すが、これは執政官就任者を調べると、外部出身者らしい名前を見出せないので、誤りかもしれない。しかし、五世紀の歴史家ゾシモスがコンスタンティヌス大帝の軍事力を支えたのが、「ゲルマン人」「ケルト人」「ブリトン人」と記したのをみる時、それは古代末期の歴史家の偏見を指摘するだけではすませられない重みがある。実際、三一二年にマクセンティウスを打倒してローマ市へはいったコンスタンティヌス大帝は、皇帝警護の禁軍「スコラ部隊」を新たに創設したが、それは「ゲルマン人」によって構成されていたことが知られている。コンスタンティヌス大帝はディオクレティアヌスの辺境守備軍強化政策をやめて、皇帝とともに移動する機動軍を大規模化したが、そのエリート機動軍の兵士も外部部族出

身者で構成されていた。帝国政治における軍隊のもつ重みが増すにつれ、エリート部隊の外部部族出身軍人が皇帝側近として力をもつようになるのは当然であった。

そうした結果、帝国大の政治的事件にも、その影響があらわれてくる。大帝の末子であるコンスタンス帝が帝位を簒奪された三五〇年の事件の首謀者マグネンティウスは、コンスタンス帝の軍司令官の一人で、父はブリテン島の人、母はフランク人といわれる。先述したラエティの出である。また、三五五年にコンスタンティウス二世帝に反乱を起こした将軍シルウァヌスについても、父はすでに言及した、コンスタンティヌス大帝の将軍として活躍したフランク人のボニトゥスであり、母も「蛮族出」と史料に記されている。

さらに外部部族の出身者を登用した統治者は、コンスタンティヌス大帝の甥のユリアヌス帝であった。ユリアヌスはガリアを統治した副帝の時代、アラマンニ人やフランク人といくども戦い、またフランク人の一部をライン川河口地帯に移住させているが、一方では部下にも外部部族の出身者を登用し、昇進させた。フランク人のネウィッタやアラマンニ人のアギロなど、顕著な例である。コンスタンティヌス大帝の時代以降に確立されていった機動軍中心のローマ軍の体制において最高級ポストは総司令官(マギステル・ミリトゥム)だったが、四世紀末までに確認される総司令官就任者四四例の半分が、外部部族の出身者であった。こうした流れに、先に述べたグラティアヌス帝治世に権力を握ったフランク人メロバウデスも位置づけられるのである。メロバウデスの後にも、バウト、リコメル、アルボガストなど、続々フランク人が総司令官となり、彼らは名誉顕官の肩書きも得るようになった。こうして、四世紀後半には、帝国外部にルーツをもつ軍人が軍の最高司令官職を担っていたのである。

ゴート族の移動とアドリアノープルの戦い

さて、ウァレンティニアヌス一世帝の急死により帝国西半で動揺が生じていた三七五年、帝国東半でも皇帝を悩ます難題が生じていた。はるか東から移動して来たフン人の脅威から逃れようと、黒海北岸の住民が数多く、ローマ帝国のフロンティア地域に集まって来たのである。避難民はおもにゴート人やアラニ人であった。ゴート人のうち、アラウィウスに率いられた人々は、東のローマ皇帝政府に使者を送り、ウァレンス帝にドナウ南岸の属州トラキアへの受け入れを願った。そして、受け入れられたら兵士を提供する約束を申し出た。これまでも外部部族の受け入れはなされてきたのであり、ウァレンス帝はこれを許可した。新しいローマ軍の供給源と皇帝には思われたであろう。

三七六年、アラウィウス率いるゴート人を中心とする集団がドナウ川を渡ってトラキアにはいった。しかし、そこで彼らを迎えたローマ軍の司令官は、難民である彼らに苛酷な取り扱いをした。食糧や割り当て地を求めて移住してきた人々を押しとどめて、高価で食糧を買い取らせるなど、無謀な対応をしたのである。さらに、人々のあいだに不満と怒りが漲る(みなぎ)ようになると、その指導者をとらえようとした。ローマ側のしかけた罠から逃れたゴート人の指導者フリティゲルンは、ローマ人の不実を仲間に知らせ、南進してくる諸集団に連帯を呼びかけた。難民は戦闘集団を成し、暴徒化したのである。

移住者の統制に失敗したローマ軍の司令官らは、戦闘態勢を整えつつあるゴート人らを撃破しようと出撃したが、フリティゲルン指揮下の軍隊に敗れて逃走した。これによって、ドナウ川下流のフロンティア地帯を管理するローマ軍はいなくなり、外部から属州へ移住者集団が何の統制も受けずにはいれるようになった。人々はフリティゲルンの軍に加わり、やがてフン人やアラニ人まで加勢するようになっ

た。

　東のササン朝帝国との交渉にあたっていたウァレンス帝は、三七八年にはコンスタンティノープルに戻り、北方での騒動の鎮圧に向かった。そして、コンスタンティノープルの北西にあるアドリアノープルに布陣したローマ軍は、三七八年の八月九日、夏の暑い日にゴート人の軍隊と激突したのである。この戦いの結果は、本書の冒頭「総論」で書いたとおりで、ローマ軍の完敗であった。皇帝が殺害され、指揮官クラスの軍人も多数戦死し、東のローマ帝国軍は壊滅状態になったのである。

　叔父ウァレンス帝が殺害され帝国東半のローマ軍が壊滅した報に接し、西のグラティアヌス帝はただちにこれに対して行動した。といっても、十九歳の彼が直接動いたのではなく、スペインにいたテオドシウスという三十過ぎの男に任せただけである。テオドシウスは三七九年に即位し(以下では、テオドシウス大帝と呼ぶことにする)、早速行動を開始した。彼は幸運だった。アドリアノープルで勝利したゴート人の軍隊は、その後コンスタンティノープルをめざすも失敗して弱体化した。そこをテオドシウス大帝は個別撃破して、勝利をおさめたのである。しかし、ドナウ川の北へ押し返すことは不可能であり、三八二年、皇帝はゴート人を「フォエデラティ」(三四頁参照)として属州に受け入れた。この三八二年のテオドシウス大帝の措置を、ローマ史研究者は長らく重視してきた。帝国内にゴート人の分離国家ができたと解したのである。しかし、史実に照らせば、同盟部族としての受け入れは特別な措置とは当時考えられなかったであろう。先例があったし、そもそも西を統治するグラティアヌス帝が、ゴート人をしばらく前に属州パンノニアに同盟部族として受け入れたばかりだったからである。この後、移住者たちは定住の方向へと進めば、従来と違いはなかった。

だが、アドリアノープルの戦いを境として、事態は変わってしまった。その変化は二つある。一つは受け入れた人々が定住せず、再び移動を始めたこと。もう一点は、敗北を機にローマ帝国の内部で、外部から政府や軍に参入したり移住したりした人々に対し、これを敵視する動きが顕在化してきたことである。これらは、前節で述べた「ローマ的世界秩序」の破綻を示している。では、次節でその世界秩序崩壊の経過を説明することにしよう。

3　帝国領西半における統治体制の崩壊

テオドシウス大帝の時代

ゴート人を受け入れてのち、テオドシウス大帝の動きは鈍くなった。コンスタンティノープルからなかなか出ようとしない。ゴート人を受け入れた翌年の三八三年、テオドシウスを皇帝に任じた西のグラティアヌス帝が帝位を簒奪され、殺害される大事件が起こった。簒奪者のマグヌス・マクシムスはテオドシウスに帝位を承認するように要求し、テオドシウスはそれを認めた。テオドシウスは動かなかったのである。

三八七年、マグヌス・マクシムスはグラティアヌス帝の異母弟であるウァレンティニアヌス二世の統治するイタリアに侵入した。そのため、幼いウァレンティニアヌス二世はテオドシウスのもとへと逃亡した。ここでようやくテオドシウスは軍を起こした。そして、マグヌス・マクシムスと戦い、勝利した

のである。ところが、勝利をおさめると、ウァレンティニアヌス二世帝に帝国西半の統治権を戻し、テオドシウス自身は再びコンスタンティノープルに引っ込んでしまった。

三八〇年代、ローマ帝国西半では、グラティアヌス帝の統治下でも、グラティアヌス殺害後のウァレンティニアヌス二世の統治下でも、外部部族出身の軍人が政権中枢で権力を握った。前節でいくどか言及したメロバウデスが皇帝を操り、三八〇年に総司令官になったフランク人出のバウトも、三八五年には執政官になって、のちに娘エウドクシアをテオドシウス大帝の長子アルカディウスに嫁がせている。三八四年に執政官になり、三八八年に総司令官になったフランク人出のリコメルも実力者で、その甥のアルボガストも、三八八年にバウトにかわって総司令官となった。皇帝たちが彼らを重用していたのである。しかし、アルボガストが事件を起こした。

三九二年の五月、アルボガストと対立した皇帝ウァレンティニアヌス二世が、属州ガリアのヴィエンヌで死体となって発見された。八月になってアルボガストは、修辞学者のエウゲニウスなる者を皇帝に擁立した。エウゲニウスは伝統宗教を奉じる人物で、キリスト教徒皇帝によって元老院から撤去されていた勝利の女神の像を元に戻した。この事態をコンスタンティノープルのテオドシウス大帝は容認しなかった。軍を率いてエウゲニウス・アルボガスト軍と戦うために、コンスタンティノープルを出たのである。三九四年九月、両軍はイタリアの北、フリギドゥス河畔でぶつかり、テオドシウスの軍隊が勝利した。「蛮族出」の指導者アルボガストの率いる軍をテオドシウスは破ったのであるが、テオドシウス軍の勝利のために最前線で戦ったのも、実はゴート人の軍隊だった。もはや軍事は「新しい軍隊」の力を借りねばローマはやっていけないようになっていたのである。

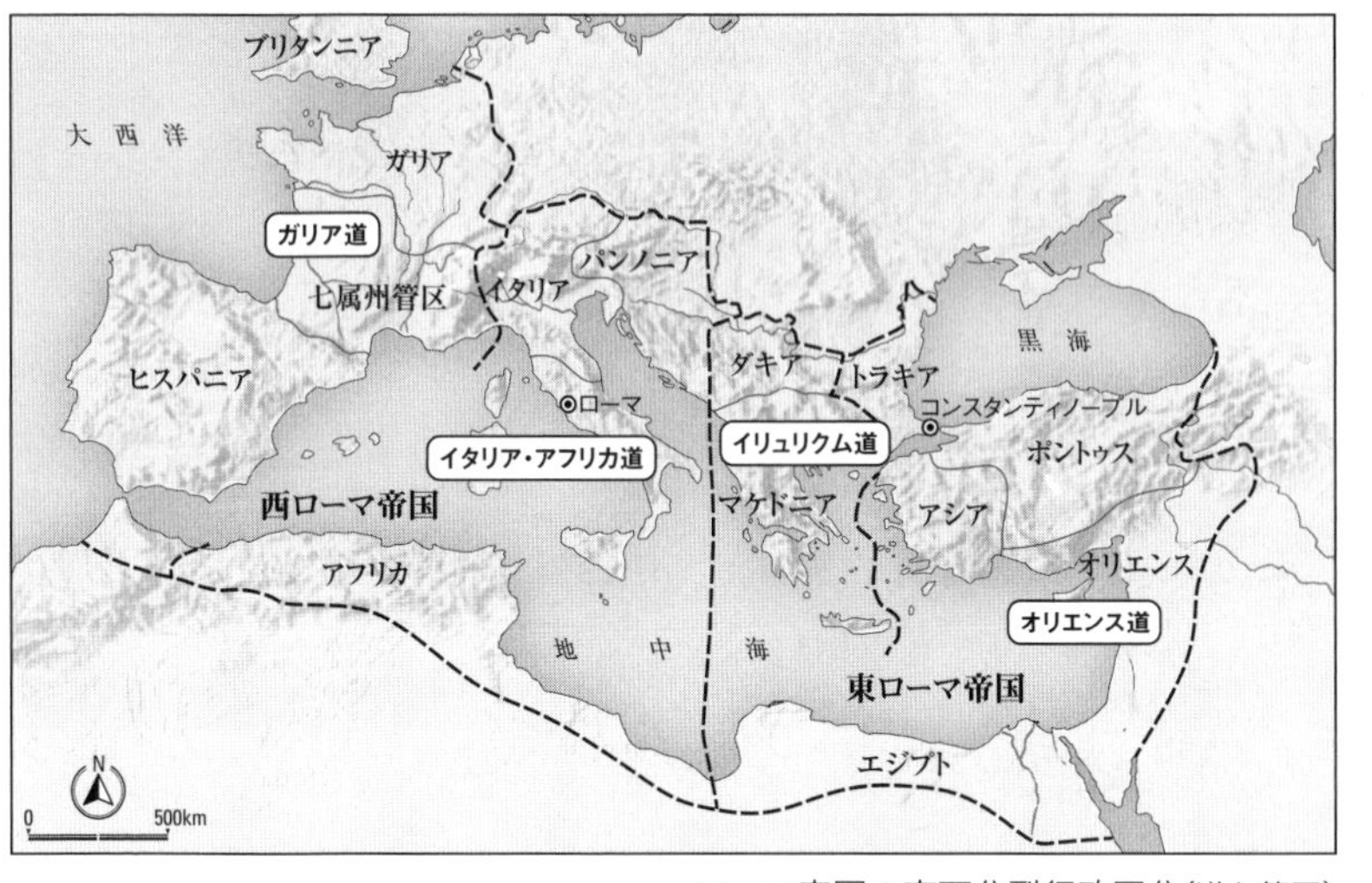

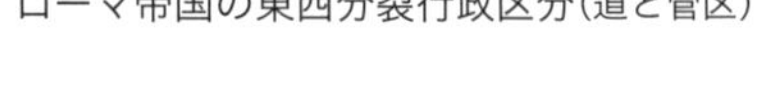
ローマ帝国の東西分裂行政区分(道と管区)

フリギドゥス河畔の戦いの勝利によってローマ帝国を久しぶりに単一の皇帝権のもとにおいたテオドシウス大帝は、共同皇帝にしてあった次子ホノリウスを北イタリアのミラノに呼んだ。そして、三九五年一月に世を去った。コンスタンティノープルには早くも三八三年に共同皇帝になっていた長子アルカディウスがおり、ローマ帝国の皇帝権はテオドシウス大帝の二子で分割して継承されることとなった。帝国を東西に分けて統治することは三世紀以来の先例があり、四世紀後半には常態化していたため、驚くべきことではなかった。また、法制度上は帝国が分離しているわけでもなかった。だが、まもなく、東西両皇帝政府のあいだで問題が生じ、対立が深刻化して、両者はもはや戻りえない分裂の状態にいたってしまう。

動き出したゴート人

テオドシウス大帝の二子が皇帝として統治するようになった二つの領域を、本章でも慣用どおり、東ローマ帝国と西ローマ帝国と呼ぶことにしよう。東ローマ帝国の皇帝アルカディウスは十七歳、西ローマ帝国の皇帝ホノリウスが十歳という若年であったから、必然的に皇帝を支える側近が大きな力をもつこととなった。東の皇帝を支える重臣はガリア出身の官僚ルフィヌスであり、西の皇帝を支える重臣はスティリコであった。スティリコは、母親はローマ人であったが、父親がヴァンダル人であった。しかし、彼は外部世界のルーツをもつものの、ローマ軍の総司令官になっただけでなく、テオドシウス大帝の姪のセレナを妻とし、娘をホノリウス帝に嫁がせてもいた。皇帝家の縁者で、西の皇帝の義父だったのである。スティリコには、テオドシウス大帝から二子を託された唯一の補佐人との意識もあっただろう。その彼は、東西の帝国の境界地域にあたるマケドニア・ダキア地方が西のホノリウス帝の統治権下、西ローマ帝国に帰属するべきものと考えており、東の政府より取り戻そうとした。これが、たんなる領土争いを超えて、ゴート人を巻き込む激動へと繋がることになる。

ゴート人は、テオドシウス大帝治世の最終段階、フリギドゥス河畔の戦いでローマ軍の最前線で戦い、大きな損害を出した。ローマ帝国の扱いに不信感をいだいた彼らは、三九五年のうちに移動を始め、アラリックの指導のもとで南へ向かい、ギリシアを荒らした。ドナウ渡河以前は半農だった彼らも、定住を捨て移動を始めると、生きるために略奪を始めたのである。この事態に、西の政府の指導者スティリコは軍を率いてギリシアに向かい、東の帝国の軍もあわせて、ギリシア北部でゴート人を討とうとした。ところが、作戦実行の直前、アルカディウス帝の命令で東のローマ軍は帰還、スティリコに

も帰還するように命令が出された。スティリコはこの命令にやむなく従った。アルカディウス帝に軍の帰還の命令を出させたのは、境界領域の問題で対立していた東ローマ帝国の官僚ルフィヌスであった。スティリコはルフィヌスと対立する東ローマ帝国宮廷の宦官エウトロピウスと結んで、ルフィヌスを暗殺させた。

アラリック率いるゴート人集団は、三九七年になるとギリシアを北上した。スティリコは再度軍を東へ向けてアラリックのゴート人集団を攻撃しようとしたが、再びアルカディウス帝の命令が出て、帰還せざるをえなくなった。ルフィヌスにかわって権力を握った宦官エウトロピウスが、皇帝に帰還命令を出させたのである。加えて、エウトロピウスはコンスタンティノープルの元老院にスティリコを「国家の敵」と宣言させ、一方でゴート人の指導者アラリックに東西両帝国の境界領域の統治権を委ね、イリュリクム地方の総司令官に任命したのである。こうして、東西の両ローマ帝国は四世紀の終わりに、決定的な対立状態に陥った。

このような状況下で、アラリックは、イリュリクム地方を搾取した後、イタリア方面へと向かった。そして、四〇一年の秋、北イタリアにはいり、ミラノを包囲した。スティリコは兵士を各地から集めてこれに立ち向かい、四〇二年のポレンティアの戦いとヴェローナの戦いでアラリックの集団を撃破した。この後しばらくアラリックの動静は史料には見出せなくなる。

ところが、まもなくスティリコに新たな敵があらわれた。ゴート人の別の一派がラダガイススに率いられて北イタリアへ侵入したのである。古代の史書は、このラダガイススの軍にはゴート人だけで二〇万人、総勢では四〇万人もいたと伝える。にわかに信じ難い数字ではあるが、ラダガイススの率いた軍

西ローマ帝国の指導者スティリコと妻子のレリーフ
モンツァ大聖堂(イタリア)所蔵

出典:南川高志『新・ローマ帝国衰亡史』岩波書店をもとに一部改変

ゴート人の移動とラダガイスス

の多さ、そしてゴート人以外も加わった多様な人々の集団だった点には注目すべきだろう。スティリコは、この大軍をも退けた。彼はローマ軍だけでなく、フン人やアラニ人なども加えた連合軍でラダガイススの集団を迎え討ち、勝利したのである。

しかし、ラダガイススの軍はイタリアの北にとどまり、イタリアへの脅威は残った。ミラノにあった西ローマ帝国の宮廷は、ゴート人集団の侵入の危険を避けて、四〇二年にすでに要害の地ラヴェンナに移動していたが、イタリアを守るためにスティリコは必死になった。イタリアの外、とくに北の地からローマ軍を集めたのである。だが、この施策は西ローマ帝国の西方属州支配を根本から突きくずしてしまうことになった。属州の治安維持と防衛という、ローマが「帝国」として支配するためのもっとも重要な施策を放棄したからである。

ガリア大侵入と西方における帝国支配の崩壊

四〇六年の大晦日、ヴァンダル人、スエウィ人、アラニ人らの集団が、現在のドイツ、マインツ市付近で凍結したライン川を渡り、ローマ帝国領に侵入した。スティリコに呼び返されていたため、このフロンティア地帯を管轄するローマ軍はほとんど空っぽ状態であり、侵入した人々は先住のフランク人を退けて北へ、南へと進んだ。ライン川沿いの大きなローマ都市であったマインツ市は破壊され、属州ガリア北部の中心地トリーアや多くの都市が荒廃し、ウィッラ(農業屋敷)も略奪され、焼き討ちに遭った。さらに、ブルグンド人やアラマンニ人もライン川を渡って属州に侵攻し、ストラスブール市などが被害に遭った。この諸部族のガリア大侵入によって、ローマ帝国はその西半における属州統治能力を一

挙に失いかけたのである。

同じく四〇六年、最北の帝国領であるブリテン島においても西ローマ帝国の皇帝政府に従わぬ動きが生じた。二人の人物がつぎつぎと皇帝に推戴されては殺害される事件が生じた後、三人目に推戴された人物は、殺されずに軍をまとめ、四〇七年に大陸に渡った。この人物、コンスタンティヌスは、ブリテン島と大陸属州の連絡を確保するという目的で大陸に移り、南フランスまで進んで、コンスタンティヌス三世としてアルルに本拠をおいた。軍はさらに進んでスペインも押さえた。ところが、彼が留守にしたブリテン島で残してきた部下が追い出され、島のローマ属州は大陸のコンスタンティヌス三世の命令を聞かなくなった。ラヴェンナの皇帝政府はブリテン島に配慮する余裕などなかったので、島には皇帝権力はおよばなくなった。四〇九年、ブリタンニアはついに帝国から離反することになってしまったのである。かくして、アドリアノープルの敗戦以来、わずか三〇年間で、ローマは帝国西半のおもな地域で統治能力を失った。

このような外部からの集団の怒濤のような移動は、皇帝政府の施策にも甚大な影響をおよぼした。西ローマ帝国の皇帝権力代行者といって良いスティリコは、ゴート人の指導者アラリックを二度撃退したが、東西両帝国境界地域の取得のために、今度は彼を味方に取り込もうとした。しかし、ラダガイススの侵入やガリア大侵入への対応から作戦が遅れ、アラリックを怒らせることになった。アラリックを味方にしておきたいスティリコは、その要求に応じて、金四〇〇〇ポンドという巨額の賠償金をアラリックに支払った。しかし、このことがスティリコに対する西ローマ帝国内の疑念や不満を呼び、四〇八年になると、でっち上げられた反逆罪で彼は処刑されてしまう。その年の暮れには、スティリコの妻でテ

オドシウス大帝の姪であるセレナも処刑された。西ローマ帝国皇帝政府は、いくども押し寄せた国難を退けた指導者を、自らの手で葬り去ってしまったのである。

スティリコ亡き後の皇帝政府は、イタリアにはいったアラリックと交渉をかさねたが、その浅い情勢の読みと稚拙な外交はただアラリックを怒らせただけで、何の解決も見出せなかった。その結果、アラリック率いるゴート人中心の集団は、四一〇年八月、ついにローマ市にはいり、三日間にわたり殺戮・略奪を働いた。ローマ市はこの当時、最盛期の一〇〇万人に比べると人口は半減していて、政治的な重要性も減じていたが、それでも歴史に彩られた大都市であり、何よりローマ国家の象徴的な存在であった。その占領・略奪は、古代世界の各地に伝わり、はかり知れないほど大きな衝撃を与えたと考えられる。

他者としての「ゲルマン人」の成立

西ローマ帝国の内外でこのような激しい動きが続いていた頃、東の帝国でも注目すべき事件があった。西のスティリコと対立した東の宦官エウトロピウスが三九九年に失脚し、ゴート人の将軍ガイナスが一時権力を握ったが、翌年には彼も失脚した。その彼がコンスタンティノープルを退去する時に、配下のゴート人の兵士たちが七〇〇〇名も、コンスタンティノープル市の人々に殺害される事件が生じたのである。同じような事件が、その後西ローマ帝国でも生じた。四〇八年にスティリコが処刑された後、暴徒化したローマ軍兵士が同盟軍の兵士の家族を多数殺害するという事件が発生したのである。怒った同盟軍兵士たちは、ローマ市をめざすアラリック率いるゴート軍に加わった。

　これらの事件は、コンスタンティノープルやローマ市という元老院が設置された、伝統的な政治支配層たる元老院議員が居住する大都市で生じた。ローマ帝国は長らく外部の人々を受け入れ、移住者たちは帝国の住民として同化した。帝国は彼らを軍事力として利用し、移住者にとっても軍事奉仕は帝国民として定着し社会的な上昇を遂げるための大きな回路であった。そして、四世紀後半には外部部族の軍隊の増加や軍指揮官の帝国政治への進出が大幅に進んだ。このため、そうした傾向を受け入れ、彼らを積極的に登用しようとする人々と、それに反発する人々が皇帝政府の内外に生み出されていた。そうした対立する状況は、アドリアノープルの戦いによるローマ皇帝軍の敗北によって著しく影響を受けたと考えられる。三九五年、外部勢力を積極的に登用し姻戚関係まで結んできたテオドシウス大帝の死去は、帝国の上層市民の一部に醸成されてきた外部勢力排斥の思想を一気に現実化することに結果した。そして、現実を深く読み解けない、単純で過激なだけの考えへと発展していき、周囲の無責任な支持を得て無謀な行動へと向かったのである。上記の二つの事件には、それぞれ固有の発生原因を指摘して、「ゴート人」と直接結びつけるべきでないという学説もあるが、ゴート人というエスニシティに結びつけなくとも、四世紀末から五世紀はじめの帝国に広まった外部部族に反発する思潮や動きを見逃すことはできない。

　四世紀の終わり頃から五世紀にかけて記されたさまざまの弁論や書簡には、外部部族を「われわれローマ人」とは異なる「他者」と認定し、彼らを「野蛮人」として差別したり排撃したりしようとする思潮を示す記事がみえる。外部部族を「野蛮人」として差別する考え方は、四世紀に成長著しいキリスト教の聖職者にもみられることが知られている。もっとも過激な主張として今日知られているのは、キュ

レネのシュネシオスという人物が、コンスタンティノープルでおこなった演説であろう。北アフリカのキュレネ市の上層市民であるシュネシオスは、三九九年から四〇二年まで、キュレネの使節としてコンスタンティノープルを訪れた。ここで彼が展開した「君主論」には、スキュタイの兵士をローマ軍から追い出すように説かれている。彼がいうスキュタイの兵士とはゴート人を指す。シュネシオスは、蛮族の兵士だけでなくその司令官も除くべきだという。そして、「ローマ人」の軍隊をつくり、スキュタイ人には古代スパルタのヘイロータイ(ヘロット)のように耕作させせよ、というのである。

これまで帝国の外部、ゲルマニアからきて「ローマ人」になることがあった人々「ゲルマニア人」は、いまや「ローマ人」とは区別される「他者」としての「ゲルマン人」とされたのである。ローマ的世界秩序が実現していた時代、ローマ軍が駐屯するフロンティアは「地帯」であって「線」ではなく、そこより外の住民を排除する「国境線」ではなかった。しかし、アドリアノープルの戦い以降の急速な動きは、外の民を他者としてしまったのである。外部世界の人々を排除せんとする思想は、同時に過去の戦勝など歴史となった「ローマ」の栄光を高く掲げる動きをともなっていた。現実の不利な状況を糊塗し、過去の栄光にこだわる保守的で単純な排他思想が表明されるようになったのであるが、これは最盛期のローマ帝国が実現した世界秩序とは相容れない考えや態度だった。予想を超えて進む現実の速さについていけなくなった人々のうめき声と読むこともできるかもしれない。しかし、そうした偏狭な思想を無視するかのように、四一〇年のローマ市占領・略奪以降も、帝国西半では「ローマ的世界秩序」の崩壊が急速に進んでいった。

ゴート人の定住化とガリアの荒廃

移動してきた人々の集団は、スティリコを失って弱体化した西ローマ帝国の旧支配領域を遠慮なく移動し続けた。ゴート人の集団は、ローマ市を略奪した後、移動を続けた。彼らにとってもっとも重要なのは生きる糧、つまり食糧、あるいは食糧を生産できる定住地であった。イタリアを南下したが、シチリア渡航に失敗してまもなく、指導者アラリックは死去。弟のアタウルフが指導者となって今度は北へ、そして西へと移動し、四一二年ガリアにはいった。そして、四一三年には南フランスのナルボンヌを占領して本拠とし、翌四一四年になると、アタウルフはローマ市略奪以来捕虜としてつれてきていた西ローマ皇帝ホノリウスの妹ガラ・プラキディアと結婚した。

しかし、スティリコの死後に西帝国の総司令官に任じられていたコンスタンティウスの率いる軍に海上封鎖されて、ゴート人たちは飢餓に陥り、スペインへ移ったが、食糧事情は改善せず、まもなく指導者アタウルフは殺害された。かわって指導者になったウァリアは、コンスタンティウス将軍と講和して、ガラ・プラキディアをローマ側へ戻し、ヴァンダル人を攻撃するかわりに食糧供給を受ける約束をした。ゴート人は約束を守ってヴァンダル人の一派であるシリング・ヴァンダルを滅ぼし、アラニ人も攻撃した。このために、西ローマ皇帝の政府は、ウァリア率いるゴート人がガリアに移り、ガリア南西部のアキテーヌの地に定住することを認めた。ここで彼らは耕作を始め、定着できるように暮らし始めたのである。この定住は、同盟部族としての定住ではあったが、独立した国家といって良かろう。この段階で、移動をかさねたゴート人の一派が、他のゴート人集団とは区別されるエスニシティの独自性を確保し国家を築いた、と近年のゴート史研究は指摘する。

ゴート人はこうして定住地を確保したが、他の諸集団は落ち着かなかった。旧西ローマ帝国領内の各地は、引き続き混乱を極めた。四〇六年末の大侵入以来、ガリア各地では多くの都市が破壊され、ローマ的生活が華やかに実現していたウィッラも焼かれた。人々は命を失い、あるいは財産を奪われ、家を焼かれて、二世紀頃の同じ地域での暮らしとは激変した事態となった。大土地所有者はガリア南部、そしてイタリアへと逃れたが、多くの住民は逃亡することができず、押し寄せた集団と個別に対応して生き延びる道を探るか、力を合わせて自衛をはかるしかなかった。何より都市の有力者たちが逃亡したり指導的な役割をはたせなくなったりしたことが、地域の生活のあり方を根本から変えることになった。

都市の有力者は長らく、ローマ皇帝政府と地域支配の点で「共犯」関係にあった。しかし、四世紀以降、国家の財政を維持するための税収確保政策は、都市有力者の負担を急速に増した。それでも、都市支配と地域防衛のために帝国の後ろ盾を必要としている都市の有力者は、徴税などの責任を負い続けた。だが、いまやフロンティアを統制する軍がいなくなり、防衛も治安の保全も保証されなくなって、皇帝の政府から支援が受けられなくなった以上、災禍をまぬがれた地域でも、もはやローマ皇帝の政府と結びついている必要はなくなった。「ローマ的世界秩序」の要である都市有力者との関係は失われたのである。

西ローマ皇帝政府も無策ではなく、ゴート人の定住を認めた年に、かつての属州会議を想い起こさせるような年一度の集会を、ガリアを統治する道長官の所在地アルルで開かせるようにした。公職者や都市の有力者を集め、道長官もガリアの有力者から選んだ。しかし、こうした動きは、ガリア住民の団結を強めても、人々のローマ離れを押しとどめることはできなかった。しかも、流動化する社会のなか

で、他所から避難してきた「ローマ人」有力者層が非道をおこない元の住民を苦しめるような事態も発生した。四四〇年頃に書かれたマルセイユ司祭サルウィアヌス『神の支配について』が、人々を苦しめる「ローマ人」の不正を告発していることは有名である。「ローマ人」であることに価値があると認められない、また「ローマ人」であってもとくに良いことがあるわけではない、そういう時代になってしまったのである。こうした困難な事態に、皇帝政府の役人や都市の有力者にかわって地域の指導者になったのが、キリスト教教会の聖職者である。

ガリアをはじめとするライン以西の旧西ローマ帝国、そして四二九年のヴァンダル人の渡航後には、北アフリカのローマ属州も、それまでの都市の繁栄と暮らしを失っていった。イタリアもまたこの激動に巻き込まれていった。ラヴェンナの西ローマ皇帝政府は、侵攻する諸集団の動きに脅かされながら、イタリアとわずかに残った領土、そして皇帝としての権威を守るのに精いっぱいとなった。ところが、最初に移動してきた集団による事件が発生し皇帝が戦死する大敗を喫した帝国の東半、東ローマ帝国では、やがて混乱に歯止めがかかった。しかも、先に紹介したキュレネのシュネシオスの激烈な反ゴート人演説の後、ゴート人が西に移動してしまってからは、「ゲルマン人」に対する反発が希薄になっていったことが知られているのである。外部勢力との対応の点でも、ローマ帝国の西半と東半とでは異なる歩みを始めたのであった。それでは、この東ローマ帝国の説明は三章に委ね、本章では最後に、ローマ的世界秩序が崩壊したのちの西方地域の動きをみることにしたい。

4 帝国支配消滅後の世界

西方における帝国支配崩壊後の世界

五世紀にはいって一〇年間ほどのうちに、ローマはその領土の西半における帝国支配をやめたが、ローマ皇帝をいただく国家は五世紀後半まで継続する。本シリーズ第一巻で詳しく解説されているように、ローマが帝国となったのは前二世紀のことで、共和政の時代であり、ローマ皇帝が出現する前の時期だった。帝国化したローマが皇帝を生み出したのである。そして今、ローマは西方で支配の力を失い帝国であることをやめ、ローマ皇帝だけが取り残されてしまった。しかし、その皇帝の存在ゆえに、ローマは幻の帝国としてさらに命を繋いでいく。本節では、幻になってしまったローマ帝国の歴史的展開をみていこう。

西ローマ皇帝が主宰する政府では、ゴート人と講和して成果をあげたコンスタンティウス将軍が、四一七年、ゴート人から取り戻したガラ・プラキディアと結婚して、四二一年には皇帝ホノリウスの共同皇帝となった。しかし、このコンスタンティウス三世帝はまもなく病死し、兄のホノリウス帝と関係を悪くしたガラ・プラキディアは、コンスタンティウス三世とのあいだにできた子ウァレンティニアヌス三世とホノリアをつれてコンスタンティノープルに逃亡した。四二三年、ホノリウス帝が世を去ると、上級官僚のヨハンネスが西の皇帝に推戴されたが、東ローマ皇帝のテオドシウス二世が軍隊を送ってガラ・プラキディアとその子を西帝国に戻し、テオドシウス王朝を再興しようとした。そのため、ヨハン

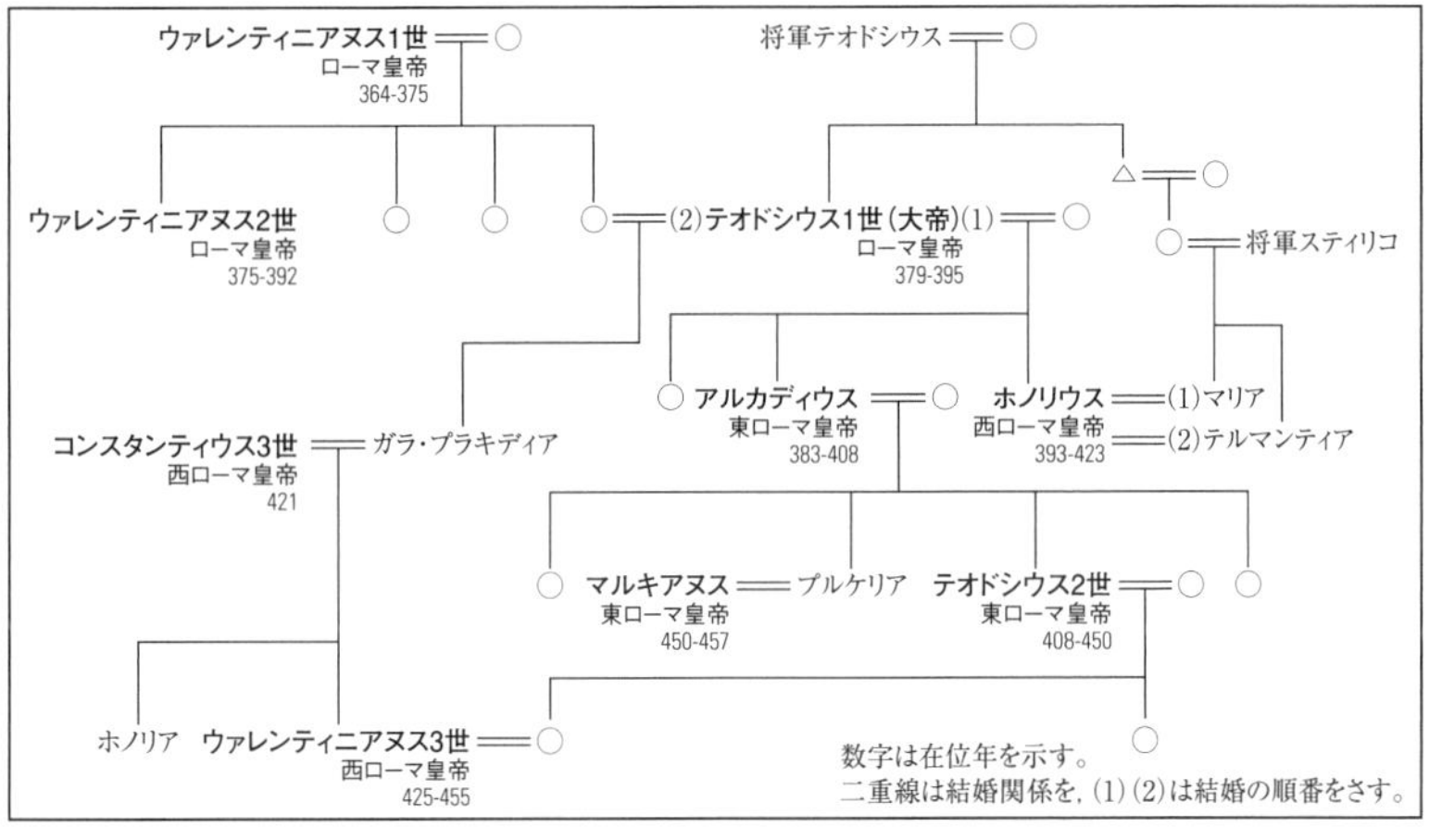

テオドシウス朝の皇帝たち

ネスは帝位を追い落とされ処刑されてしまった。

四二五年、ウァレンティニアヌス三世が西ローマ帝国の皇帝となったが、わずか六歳の少年であり、母親のガラ・プラキディアが後見役となった。この時以後、ウァレンティニアヌス三世の在位は四五五年まで三〇年にもわたることになるが、後期ローマ帝国の「専制君主政」体制という一般的説明とはまったく異なり、皇帝の名前や行動は政治史の記述にはほとんどあらわれない。最初は母后のガラ、ついで有力な一将軍が西ローマ皇帝政府の指導者として歴史に名を残している。その将軍とは、アエティウスである。

アエティウスは、ホノリウス帝死後に即位したヨハンネスの宮廷で働いていた。ガラ・プラキディアとウァレンティニアヌス三世母子が東ローマ帝国の軍隊とともにイタリアに攻めくる

のに対抗するため、アエティウスはヨハンネス皇帝によってフン人の支援を得るべく派遣された。交渉はうまくいき、アエティウスは六万ものフン人の大軍をつれて戻ったが、その到着三日前にヨハンネスは処刑されていた。アエティウスは東ローマの軍と戦った後、ガラ・プラキディアと講和し、フン人を帰還させる代償にガリア方面軍司令官の地位を手に入れた。四二五年のことである。この年から三〇年間近く、彼は皇帝ヴァレンティニアヌス三世政府の重要人物であり続けた。四三二年までは、母后ガラやほかの実力者と争い、一時期フン人のもとに逃れたこともあった。しかし、四三三年にフン人の支援で盛り返して政敵を追い出し、総司令官に加えて、四三五年には名誉顕官にも任じられ、揺るぎない権力を保持した。

アエティウスは、東からガリアへ押し寄せたフン人の王アッティラの大軍をカタラウヌムの戦いで破った人物として、つとに有名である。早くも六世紀に東ローマ帝国の史家プロコピオスが、このアエティウスをそのライバルだったボニファティウスとともに「最後のローマ人」と呼んだ。中世初期のトゥールのグレゴリウス『歴史十巻』においても、失われたレナトゥス・フリゲリドゥス『歴史』に依拠しつつ、アエティウスの容姿、高い能力などをわざわざ一節を割いて紹介し、「不正には耐え抜き、仕事熱心で危険を恐れず、飢え、乾き不眠を易々(やすやす)と克服した」(兼岩正夫・臺幸夫訳)と語っている。近代にはいり、エドワード・ギボンも『ローマ帝国衰亡史』のなかで、プロコピオスの記述をそのまま受けて「最後のローマ人と呼ばれるに値した人物」(朱牟田夏雄訳)とし、その能力の高さと精神の高潔さを賞賛して、帝国を救った人物と高く評価する。その後の国民主義の時代以降も同様に、歴史叙述はアエティウスを、フン人の脅威から衰亡直前のローマ帝国とヨーロッパを守った悲劇の英雄として描くのが一般

的である。しかし、アエティウスの行動は、フン人など外部部族を「他者」と位置づけた場合の「ローマ人」の行動としてはたして受け取るべきなのであろうか。以下では、このアエティウスの人と行動に注目しながら、西方におけるローマ皇帝の国の歴史的展開を眺めてみよう。

内なる「他者」アエティウス

フラウィウス・アエティウスはテオドシウス大帝治世の末期、おそらく三九〇年頃に生まれた。生誕地は、ドナウ川下流にある帝国領の下モエシアの軍事拠点だったドゥロストルム（現在のブルガリアのシリストラ）である。父親のガウデンティウスは黒海に流れ込むドナウ川の河口に近い属州スキュティアの出身で高位の軍人であり、属州の上層階層に属する人物だったと考えられている。正統派のキリスト教信仰をもっていた。母親はイタリア出身の裕福な女性だったとみられる。上級軍人の家の男子として生まれたアエティウスは、少年期に西ローマ皇帝の宮廷に出仕したが、実力者スティリコがゴート人の指導者アラリックと交渉し同盟を結ぼうとしていた時期であったために、アラリックのもとへ人質に出された。四〇五年からスティリコが失脚する前年の四〇七年までの三年間をゴート人のもとで過ごした。その後、今度はフン人のもとに人質として送られた。四〇九年以降のことで、ホノリウス帝が一万人のフン人傭兵を借り受ける保証として、ほかの貴族の子弟とともに人質として送られたのである。ただ、どのくらいの期間、アエティウスがドナウ川の北で過ごしたかはわからない。

ところで、歴史家はしばしば、この人質経験がアエティウスに、西ローマ皇帝政府のほかの政治指導者層の人物とは異なる能力を身につけさせ、その力が滅亡の危機から西ローマ帝国を救い出したとみな

しているが、はたしてそうだったかどうか証明する手立てはない。しかし、はっきりしているのは、アエティウス少年がゴート人やフン人を身近で観察・理解し、彼らとのあいだに人的な結びつきを得たことだろう。ホノリウス帝死去後に上級官僚ヨハンネスを皇帝に擁した西ローマ皇帝政府は、東ローマ帝国の軍に対抗するため、アエティウスにフン人の軍隊の支援を得るように命じたが、それは彼のバックグラウンドをよく承知していたからである。そして、アエティウスはこのミッションをみごとに成功させた。ヨハンネス帝救出にはまにあわなかったが、その後彼はフン人の軍事力を背景に母后ガラ・プラキディアの勢力と交渉し、ガリア方面軍司令官の重職を手に入れた。この時にアエティウスは、ゴート人やフン人との繫がりが自身の力の源であると気づいたと思われる。そして同時に、激しく対立した新しい西ローマ皇帝家との関係が今後の大きな課題となってしまったことも十分理解したに違いない。

ガリアの軍司令官になってからのアエティウスの行動にはめざましいものがあった。アルルを攻囲していた西ゴート人を押し返し、つぎにはフランク人の軍を破った。ユトゥンギ人も倒した。しかし、そうしたアエティウスに向けられる西ローマ皇帝政府の視線はおだやかなものではなく、彼に譲歩した母后ガラ・プラキディアや彼女に近い実力者たちと彼は争わねばならなかった。アエティウスは四三二年には執政官に任じられたが、同じ年には母后が支持する将軍ボニファティウスと戦い、敗れた。勝者ボニファティウスが怪我をしてまもなく死亡したので、運良く権力を維持したが、ボニファティウスの地位を相続したその女婿セバスティアヌスに攻められ、ついにアエティウスはフン人のもとに逃亡せねばならなくなった。しかし、ドナウ川中流域の南岸、属州パンノニアをフン人に支配させる約束をして再びその支援を受け、イタリアに戻ってセバスティアヌスを追い、権力を握った。総司令官となり、パト

リキウスの称号も受けて、表向きは皇帝ウァレンティニアヌス三世の補佐役ではあるが、事実上西ローマ皇帝の国家の最高指導者の座に就いたのである。

アエティウスにとって、皇帝家との並走は権力保持のための妥協だっただろう。そして、彼の地位は、まずはフン人の力をもって達成された。そうした意味で、アエティウスはまちがいなく西ローマ皇帝の国家の内にいる「他者」であった。

最高指導者になってからのアエティウスは、おもにガリアでの外交と戦争に多くのエネルギーを費やした。西ローマ皇帝の統治地域としては、ローマ市への穀物供給の点で北アフリカの諸属州も重要であったが、力およばず、四二九年にスペインから渡航したヴァンダル人のなすがままになった。ガリアでは、四三六年、ライン川右岸、現在のドイツのヴォルムス市に相当する地域を拠点にしていたブルグント人を攻めて降伏させたが、翌年にはフン人の軍隊を送り込んで、二万人ものブルグント人を殺害した。この戦いは、英雄ジークフリートの物語を歌った中世の叙事詩『ニーベルンゲンの歌』の素材となったものである。アエティウスは軍を進めてブルターニュ地方で生じていた農民たちの反乱「バガウダエの乱」も押さえ込もうとした。さらにスエウィ人とも争った。

四三〇年代末から四四〇年代にかけて、アエティウスがもっとも神経を使ったのは西ゴート人である。事実上の独立国家を成している西ゴート人に対しては、西ローマ皇帝政府は四三〇年から講和によって人質を王テオドリック一世の西ゴート宮廷に送っていた。この時の人質となった者のなかに、のちに西ローマ皇帝となるアウィトゥスが含まれていた。西ローマ皇帝政府と西ゴート人とのあいだにはやがて対立が昂じ、四三六年から四三七年にかけて、アエティウスの代理のリトリウスがフン人の傭兵部

隊を投入して西ゴート人に攻囲されていたナルボンヌを解放した。しかし、四三九年におこなった西ゴート人の拠点トゥールーズへの攻撃では失敗し、リトリウスも殺害されてしまった。西ゴート人はアエティウスにとって、手なずけられない困難な敵だった。

四四〇年代にはいってからアエティウスは、ただ攻撃するだけでなく、定住させる方式を政策として強めるようになった。ブルターニュ地方での反乱を抑えるために、四四〇年にヴァランス地方やオルレアン周辺にアラニ人を定住させた。先のフン人による猛攻撃を生き延びたブルグント人を、四四三年にフランス南東部のサヴォワに定住させている。

こうして、アエティウスは支配地域を失いつつあった西ローマ皇帝の国家を長期間にわたって指導し、とくにガリアで諸部族の侵攻に抗しえたのであるが、その力と成功にはどのような秘密があったのだろうか。この問いに対しては、アエティウスのもつフン人との繋がりがすぐ指摘されるだろう。たしかにフン人の軍事力はアエティウスの権力基盤であった。しかし、さらに注目できることがある。それは、先行研究が教えるブッケラリイと呼ばれる軍隊である。

ブッケラリイは、ローマ帝国の国家の軍隊ではなく、強力な権限をもつ将軍のいわば私兵組織である。ローマ帝国の西半で四世紀の終わり頃から増加したこのタイプの軍隊は、将軍がブッケラリイの兵士の生活を保障し、兵士は将軍に無条件の奉仕をするという関係をもつ組織である。アエティウスはこのブッケラリイの強大な組織を保有していた。このブッケラリイを私兵軍の展開として論じた佐藤彰一は、アエティウスのブッケラリイが「イタリアに駐屯する正規軍の数を凌ぎ、それを基礎とし、大規模な諸所領、独自の貨幣をもち、大量の奴隷をかかえるその支配のありようは、まさしく国家の中の国家

の観を呈していた」（『ポスト・ローマ期フランク史の研究』）と論じている。

アエティウスは、政治・軍事指導者として、西ローマ皇帝の国家で公職を帯びて活動している。四三二年に続いて、四三七年、四四六年、四五四年に執政官に就任している。しかし、上でみたように、彼の力の源泉は明らかにローマ帝国に発するのではなく、彼のフン人との個人的な繋がりにあり、またブッケラリイのような彼自身の兵力にあった。アエティウスは「ローマ人」として活動し、ガリアにおけるローマ帝国支配の回復のために戦った、といわれることが多いが、そうであろうか。アエティウスは、西ローマ皇帝の国家からなかば独立して自らの権力のために活動していたと解釈しても良いのではないか。彼は内なる「他者」だったのであり、「他者」がローマを指導しえたのは、ローマがもはや幻の帝国となっていたからである。

アエティウスとフン人の対立

アエティウスは、少年期に人質になった集団のうち、西ゴート人とは先に述べたように敵対関係にあり、一方フン人とは長らく良好な関係にあった。アエティウスがフン人に支援を頼み、自らの権力の維持・拡大にフン人を利用したと一般に語られているが、フン人のサイドからみれば、アエティウスを窓口として西ローマ皇帝の国家から利益を引き出していると解することもできる。その良好だった両者の関係が、四五〇年頃、決定的に崩れることになった。対立の最初は、ガリアの問題であった。四四八年、ガリアで反乱を起こしているバガウダエの指導者で医師のエウドクシウスがフン人のもとに逃げ込み、フン人の王アッティラがその宮廷に迎え匿った。さらに、フランク人の王位相続問題が生じた。四

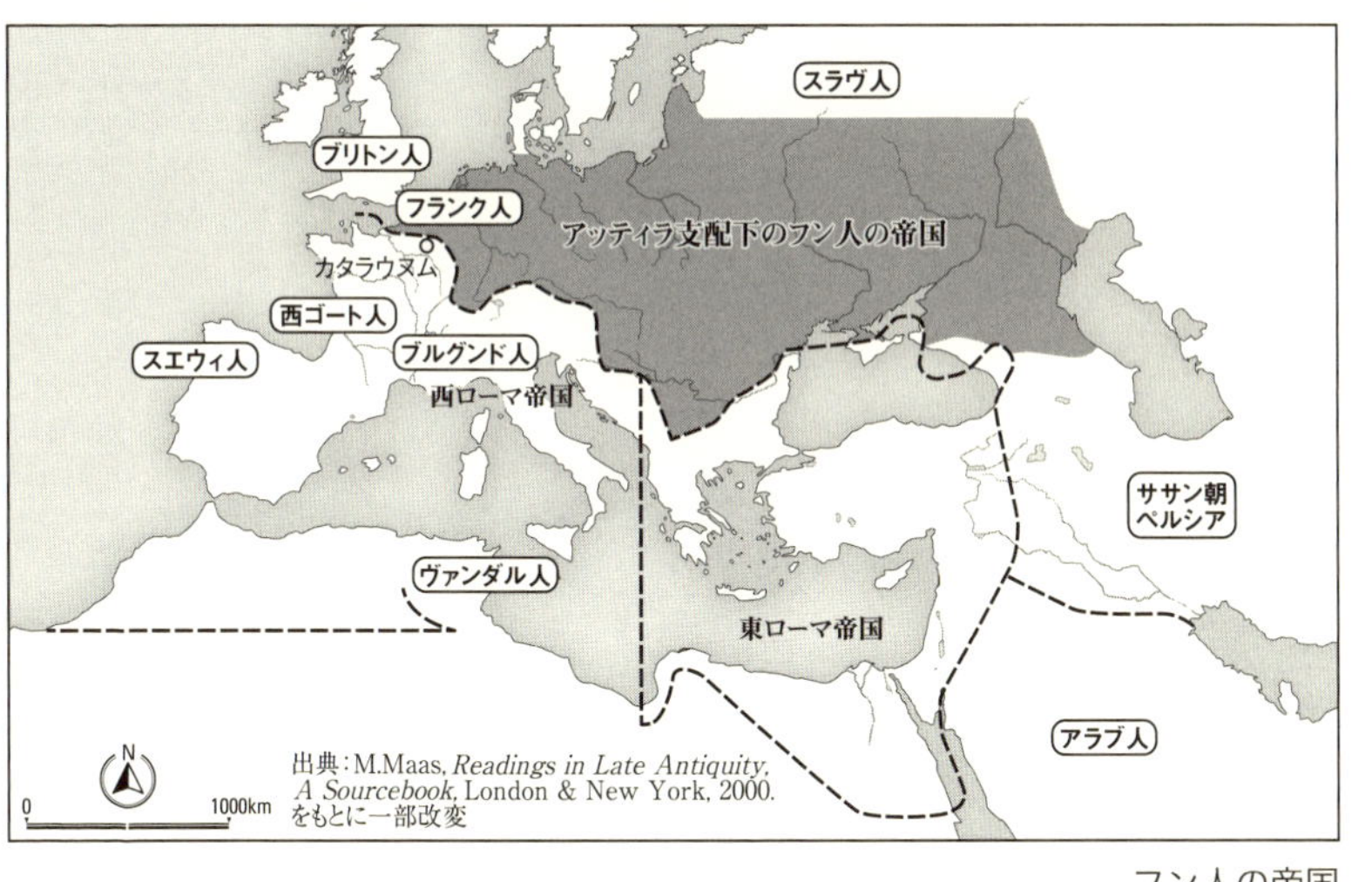

フン人の帝国

五〇年にフランク人の一派リプアリア・フランクの王が死ぬと、アッティラは後継者として兄の王子を支持したが、アエティウスは弟の方を支持し、その人物を養子にまでした。これらは外交交渉で解決できる類いの問題であったが、まったく想定外のできごとが生じて、対立は極めて危険な次元へと移ってしまった。

そのできごととは、今風の言い方をすれば、「皇女のスキャンダル」である。皇帝ウァレンティニアヌス三世の姉ホノリアが、所領の経営をおこなっていた家令エウゲニウスなる男と情交関係をもち、妊娠したことが発覚した。エウゲニウスは処刑され、ホノリアは監禁されたが、問題の拡大を防ぐため、ホノリアはヘルクラヌスという元老院議員と婚約させられた。この時、母后ガラや弟の皇帝を恨んだホノリアは、もし自分を救い出し結婚してくれるなら、帝国の半分を嫁資として提供しようという書簡

を、こともあろうにフン人の王に宛てて書いたのである。アッティラは、西ローマ皇帝に対して、ホノリアの婚約者として適切な外交上の扱いを求めてきた。一大事となったのである。

あらためていうまでもないが、フン人は、ゴート人ほかの黒海北岸やゲルマニアに居住した人々が西に向かって移動をし始める原因をなした集団である。彼らはゴート人を追うように西に向かい、五世紀にはいると東ローマ帝国のフロンティア地帯へ頻繁に侵攻し、フン人とどう相対するかという問題が、東ローマ帝国政府の最大の外交課題となった。四世紀の末からフン人の様子がローマ帝国の歴史家に記述されているが、恐ろしい蛮族の典型として描かれている。移動して来たゲルマニアの人々を「他者」である「ゲルマン人」として認識するようになった旧ローマ帝国の人々にとって、フン人こそ究極の「他者」だった。

フン人の集団は、四三五年にブレダとアッティラの兄弟が共同統治を始めると、急速に周囲の諸部族を糾合し、四四〇年代にはいるとさらに西のイリュリクム地方にも侵攻し始めた。コンスタンティノープルの皇帝政府とは対立したり講和を結んだりを繰り返したが、四四四年か四四五年にブレダが暗殺されてアッティラがフン人の唯一の王になると、西ローマ皇帝政府とのあいだにも緊張が生じるようになる。最初の危機はおそらくフン人と繋がりのあるアエティウスの対処で克服された。

四四〇年代の後半になると、アッティラは東ローマ帝国の属州に大規模な侵攻を試みた。これに対して東ローマ皇帝政府は四四九年、アッティラ暗殺計画を立案するものの、失敗した。アッティラは、東ローマ帝国政府との交渉が順調に進まない状況で、今度は西の皇帝政府とも緊張感を高めていった。四五〇年に東ローマ皇帝テオドシウス二世が世を去ると、次の皇帝マルキアヌスはこれまでテオドシウス

二世帝が支払ってきたフン人への貢納金支払いを拒否する態度に出た。そのような時に生じたのが、先に述べたホノリアからの訴えである。アッティラにとっては、西へ侵攻する理由ができたのである。もっとも、先のホノリアの事件については伝承に振幅がある。アッティラが東ローマ帝国ではなく西に向かうことに決したのは、東の帝国との交渉が不調だったことに真因があったのかもしれない。

アッティラは、西ローマ皇帝政府には西ゴート人を討つためと知らせ、西ゴート人の王には西ローマ皇帝との関係が悪化したと伝えて、四五一年、大軍をドナウ川からライン川上流へ、さらに中流へと進めて、ガリアへ本格的に侵攻した。現フランスのロレーヌ地方にある都市メッスを焼き、さらにオルレアンなどを攻撃した。これに対して、西ローマ皇帝の政府では、アエティウスが周囲の諸集団に支援を募った。とくに、ガリア貴族のアウィトゥスを西ゴート人宮廷に送り、王テオドリック一世にアエティウスと組んでフン人の軍隊と戦うように説得させた。前述したように、アウィトゥスは人質として西ゴート宮廷にいたことがあり、王テオドリック一世と繋がりがあった。アウィトゥスの活躍については、その女婿であったシドニウス・アポリナリスというガリアの貴族が伝えており、アウィトゥスの優れた人格のゆえに説得は成功し、西ゴート王はアエティウスに味方することになったという。しかし、西ゴート人にとって、フン人は仇敵であり、またガリアにようやく定住地を得られた彼らにとって、フン人の支配下にはいることはあってはならないことだった。即位から三〇年間西ゴート人をまとめてきた王テオドリック一世にとって、交渉相手が長年争ってきたアエティウスであっても、この度は協力するほか選択肢はなかったとみられる。

四五一年、現在のフランス、シャンパーニュ地方のシャロン・アン・シャンパーニュ付近、カタラウ

ヌムの平原(カンプス・マウリアクス)で、アッティラ率いるフン人やその支配下にある諸部族の連合軍と、アエティウスが編成した西ローマ皇帝軍や西ゴート軍ほか諸部族から成る連合軍とが激突した。有名なカタラウヌムの戦いである。はっきりした勝敗はつかなかったが、結局アッティラが軍を引き、アエティウスの率いた連合軍が勝ったように語られることとなった。西ゴートの軍は、アエティウスに協力するというよりも、フン人から自分たちの領土を守ろうとして、前線の重要な位置で必死に戦った。そして、この戦いで王テオドリック一世は戦死した。

カタラウヌムの戦いの勝利はフン人の大軍の襲来を西ローマ帝国が防ぎ止めたということで、衰亡しつつあるローマ帝国が最後に放った輝きのごとく理解され、その指揮官たるアエティウスが高く評価されてきた。しかし、アッティラの率いた軍隊は、フン人以外に、彼の支配に従うじつに多くの集団、スエウィ人、フランク人、ブルグンド人、ゲピト人などから成った混成軍だったが、同じように、アエティウスの指揮した軍隊も、アエティウスと同じくらい重要な指揮官の位置に西ゴート人の王テオドリック一世がおり、それ以外にフランク人、サクソン人、ブルグンド人などから成っていた。名著『ネイションという神話』においてパトリック・ギアリは、この両軍勢は一見しただけではほとんど区別できなかったと指摘している。先に述べたように、アエティウスという政治家は、ローマ帝国における内なる「他者」だった。彼が担っていたのは幻のローマ帝国だった。この戦いを「最後のローマ人」アエティウスが率いるローマ軍とアッティラの率いる蛮族軍との戦いという図式的な理解で解することは適切ではない。世界を統治するローマ的秩序が失われた空白状態のなかでなされた「他者」同士の戦いと読むべきではないか。

アッティラの死とアエティウスの運命

アッティラはカタラウヌムから軍を引いたが、諦めたわけではなかった。翌四五二年、イタリアに侵攻して北イタリアの都市を荒らし始めたのである。ローマ帝政前期から攻め寄せる敵をいくども跳ね返してきたアクィレイア市はこの侵攻で完全に破壊され、ほかの多くの都市も略奪に遭った。皇帝ウァレンティニアヌス三世も、難を避けようとラヴェンナからローマ市に向かった。この動きを押しとどめたのはいくどかの使節による交渉であり、最終的にはローマ教皇レオ一世のそれである。アエティウスではなかった。教皇の取りなしでアッティラは退却したのである。もっとも、退却の真因は、アッティラ軍の食糧の欠乏と疫病であり、そのための要求が満たされたので名誉ある退却をしたというのが真相かもしれない。

イタリアから引いたアッティラは、翌年四五三年、自身の結婚の祝宴の夜に急死した。アッティラが死ぬと、その翌年には服属していた諸部族が反旗を翻し、フン人の大帝国は瞬く間に解体した。アッティラのイタリア侵攻と突然の死は、アエティウスに重大な影響を与えた。彼はアッティラをカタラウヌムの戦いで退けたが、イタリアを荒らす所業を防げなかった。そして、アッティラの死とフン人の勢力の弱体化は、アエティウス自身の力の基盤を奪うことになった。フン人の脅威が遠ざかれば、西ローマ皇帝の周辺にはアエティウスの存在が軽くなったと感じる者もあったに違いない。そうしたなかで、アエティウスは婚約していた自分の息子ガウデンティウスと皇帝の娘プラキディアとの結婚を進めようとした。皇帝ウァレンティニアヌス三世には息子がいなかったので、アエティウスのこの要求は、自分の息子を帝位の継承者としようと彼が考えていると皇帝やその周辺には受け取られた。そもそも皇帝ウァ

レンティニアヌス三世にとって、アエティウスはイタリア到来や皇帝位即位に反対した者であり、その政治力に国家を託してはきたものの、心を許していたとはいえなかったかもしれない。アエティウスが長年にわたって政治指導を独占していることに苛立っていた有力者たちにそそのかされた疑心暗鬼の皇帝は、四五四年九月、自らの手でアエティウスを刺殺した。

アエティウス刺殺事件の後、ガリア出身の貴族シドニウス・アポリナリスは、「陛下は御自身の左手で御自身の右手を切り落としてしまわれた」といった。翌四五五年の三月、皇帝ウァレンティニアヌス三世は兵士の閲兵にきたところを刺殺された。犯人はアエティウスの元部下の兵士だった。佐藤彰一はこの事件を、アエティウスのブッケラリイによる「自らの死を賭しての血讐（けっしゅう）」と述べている。

アエティウスは、政治の舞台に出た時からフン人との繋がりを武器とした。それはテオドシウス朝のローマ皇帝家と対立した時にまず使われ、ガリアの権力を握ってからもブルグンド人を討つ時など、頻繁に用いられた。彼は大きな私兵軍、ブッケラリイを擁してもおり、壮年期の彼は西ローマ皇帝と結びつかなくとも独自の力で活動できた。ところが、アッティラが王として力をもって以降、アエティウスの従来の戦略はうまくいかなくなり、ついにフン人を敵にまわすことになった。そして、カタラウヌムの戦いに勝利した後、フン人という武器は使えなくなった。老年の域に達したアエティウスにとっては、「他者」であることを解消して、自分の拠るべき力の基盤を皇帝権力に求めるしかなかったのだろう。彼が刺殺される原因となった息子の結婚実現は、そうした状況でおこなわれたものと解することができよう。

古代世界の終焉と新しい動き

ヴァレンティニアヌス三世が殺害されてテオドシウス大帝の家系の皇帝が断絶した頃、西ローマ皇帝の政府が統治するのは、イタリアおよびスイス・オーストリアに相当する地域の一部に限られていた。そして、アエティウスが死んだ後、激動する世界に立ち向かい、縮小したこの国家を維持する策を講じることのできる者はだれもあらわれなかった。ガリアで「ローマ人」の理念を高く奉じる思潮が維持され、先に名をあげたガリアの貴族アウィトゥスが皇帝に推戴されイタリアにきたことがあったが、スエウィ人の父と西ゴート人の母をもつ総司令官リキメルに追いはらわれた。その後、リキメルが傀儡皇帝をつぎつぎに立てて、長期間にわたり実権を握った。四七二年にリキメルが病死した後、その甥でブルグンド人のグンドバドが実権を握った。四〇八年にスティリコを処刑した頃の「ゲルマン人」をきらった思潮など、もはや激しい現実の前に忘れられてしまい、「他者」が公然と幻のローマ帝国を動かしていたのである。

リキメルは傀儡皇帝を立てる時、東ローマの皇帝から承認を得ることに努力した。そのために、いくども皇帝不在の期間ができた。リキメルがわざわざこのような措置を講じたのは、自らの「他者」性に配慮したからではなく、アフリカからイタリアに脅威を与えていたヴァンダル人に対処するため、東ローマ皇帝政府の援助が必要だったからである。しかし、いくども空位期間が生じていることが、西ではもはや「ローマ皇帝」が傀儡ですら必要ではなくなっていることをあらわしている。東ローマ帝国はこの要請に応えて皇帝候補を送った。そのうち、ネポスが皇帝として活動し、西ゴートと戦ったりしたが、総司令官に任じたオレステスに反抗されて逃亡した。オレステスはかつてアッティラの部下だった

人物である。四七五年、そのオレステスは息子を皇帝位に即けたが、翌四七六年、外部部族の傭兵団が司令官のオドアケルに率いられ、オレステスに反乱を起こした。そして、オレステスを殺害して、皇帝になっていたその息子を廃位し、年金を渡してカンパニア地方に追放した。この息子の皇帝が、ロムルス・アウグストゥルスという名の人物である。オドアケルは東ローマ帝国に皇帝徽章を返して、イタリアにはこれまでのように皇帝を送り込む必要はないと通告した。こうして、西のローマ皇帝位は、ローマ国家の始祖と同じ名をもつこの少年を最後に、消えたのである。

以上でみてきたように、三七八年にアドリアノープルで戦われた移住者の軍とローマ帝国軍の戦い、そして前者の勝利は、その後わずか三〇年で、ローマが打ち立てていた世界秩序を倒壊させるという結果に行き着いた。また、ほぼ百年間で西方におけるローマ皇帝位を消滅させるにまでいたったのである。五世紀の最初の一〇年のうちに帝国としての意義を失ったローマは、イタリアに拠点をおく一国家として六〇年あまり、皇帝をいただいて存続したが、それは「ローマ」という名目を掲げた他者による運営だった。その間のローマ帝国は幻の虚構であったといって良い。そして、この幻のローマ帝国という虚構は消滅せず、のちにフランク王国カール大帝の西ローマ皇帝位戴冠や神聖ローマ帝国として蘇っていくことになる。

本章でおもに解説したのは政治的な動向であったが、社会のありさまも激変した。何よりも「ローマ風の都市的生活」が各地で失われた。四〇六年末以来のガリア大侵入や四〇九年のブリテン島属州の離反、スペイン、そして北アフリカの侵攻した諸部族による占領と収奪は、地域の混乱はもちろんのこ

と、西ローマ皇帝政府の税収を激減させ、ローマ市への食物供給も困難にした。四一〇年に経験したローマ市の占領・略奪が、四五五年にヴァンダル人によって再現され、二週間にもわたってローマ市は略奪された。かつて百万人を数えたローマ市の人口は、五世紀半ばには三五万人まで減少した。

同時に、新しい社会形成への動きも進んだ。移動してきた人々は、ガリア北部でフランク人、ガリア中西部でブルグンド人、ガリア南東部で西ゴート人、ガリア東部でアラマンニ人、北アフリカでヴァンダル人が独自のエスニシティを形成して部族国家を打ち立てていく。さらに、東ゴート人らの国家形成も続いた。移動して来た人々が旧来のローマ的世界秩序をどのように廃止・変革、ないし維持していったのか、彼らはローマ的なるものを「破壊」することにもっぱらだったのか、それとも旧来の秩序に「順応」しようとしたことの方が多かったのか、学界では論争があった。しかし、同じくらい重要な問題は、ローマ的秩序が崩壊した後に取り残された一般住民が、新しい移住者たちとのあいだでどのように生存のための折り合いをつけていったのか、新しい勢力の支配下でいかに順応していったのか、である。この点については、ガリア北部を例に、二章が説明しよう。一方、西方におけるローマ的世界秩序の崩壊を横目にみながら独自の道を歩み始めた東のローマ帝国については、三章がその重要な局面をとらえて解説する。とりわけ、東のローマ帝国においては、先に紹介したキュレネのシュネシオスの激烈な反ゴート人演説の後、ゴート人が西に移動してしまってからは、「ゲルマン人」に対する反発が希薄になっていったことが知られている。外部勢力との対応の点でも、ローマ帝国の西半と東半とでは異なる歩みを始めたのであった。

四世紀の終わり頃からの西洋世界の政治・軍事の激動は、人々の暮らしを巻き込むことになった。ロ

ーマ帝国最盛期の「ローマ風の都市的生活」が失われただけでなく、近年の古代末期社会史研究が教えるように、諸部族の大移動と並行して進んだキリスト教の浸透が、日常のレベルから人々の生活のあり方や心性をゆっくりと変えていったのである。キリスト教会の指導者が、ローマ帝国統治時代の都市有力者にかわって人々の生活を指導していく社会もしだいにできあがっていく。歴史を尊び「父祖の遺風」をイデオロギーとしてきた、そしてローマ風の都市的生活を通じて現世での豊かな生活と幸福を追求・実現してきた「ローマ人」とは異なる生き方を、人々が希求するようになる。ローマ後のこうした変化を展望するならば、かのギボンが『ローマ帝国衰亡史』で示した、帝国衰亡の原因はゲルマン人とキリスト教だという見解は、二十一世紀の今日でも首肯できるのである。

COLUMN

ドナウを渡る人々──「民族大移動」の時代の始まり

四世紀のローマ帝国を知るためのもっとも重要な史料であるアンミアヌス・マルケリヌスの『歴史』は、三七六年に多くの移住者がドナウ川を渡った様子をつぎのように描いている(第三一巻第四章五〜六)。

こうした期待をもって、各種の役職者たちが凶暴な連中を運ぶために荷車も携えて派遣された。そして、たとえ生命にかかわる病におかされているような者であっても、だれもドナウ川の彼岸に残さないように、入念に配慮をしたのである。後にローマ国家を破壊することになるような連中を。

人々は、ドナウを渡りトラキアの各所に定住することを認める皇帝の許可を得たので、数日のあいだ、昼夜にわたり、船や筏、そして木の幹をくりぬいたような乗り物で、一団となって河に乗り出し、運ばれていった。しかし、ドナウの流れは万人にとってすこぶる危険で、雨のために増水しており、またあまりの混雑のゆえに、流れに逆らって泳ぎ渡ろうとして水死した者も多数いた。このようにして、執拗にせき立てる人々の異常なまでの懸命さでもって、ローマ世界に破滅がもたらされたのである。ともかく、はっきりしていることは、野蛮な集団を渡河させるために遣わされた運の悪い役人たちが、渡る人々の数をいくどか数えようとして、結局は断念したということであった。

この文章冒頭の「こうした期待」とは、移住者たちを軍に入れれば楽をして兵力を獲得できると目論み、皇帝に進言した者たちがいたことを受けて書かれている。また、史家はこの文章に続けて、ローマの大詩人ウェルギリウスの『農耕詩』第二歌一〇六以下を引用し、渡河した人々の数を数えることは、リビ

ユアの砂漠の砂粒の数を知ることと同じと、その多さを強調している。アンミアヌスとほぼ同時代の哲学者で修辞学者、歴史家でもあったエウナピウスは、渡河した人々の数を具体的に二〇万人としている(断片四二)。しかし、現代の研究者は、この数字を信じてはいない。移動前のゴート人に関する研究などを踏まえて、ハルサルという学者は、一万五千人から二万人の戦闘員を含む集団で、家族を含めて四万人程度とみている。このハルサルの推定が正しければ、帝政前期からなされてきたフロンティア地帯から属州への平和裏の移住と規模は変わらない。「大移動」の始まりのイメージは、相当に変わることになろう。

では、どんな人々がドナウ川を渡ったのか。フン人から逃れた「西ゴート人」がまず渡河したと長らく理解されてきたが、これについても、現在の学界では、ゴート人たちは渡河の時点ではのちに王国を形成するような「西ゴート」「東ゴート」というアイデンティティをまだ形成しておらず、アラウィウス王に率いられたテルウィンギ集団を中心とする人々が、ついで同じくゴート人のグレウトゥンギ集団やアラニ人たちが、さらにはフン人の集団も渡河した、と考えられている。

三七六年の渡河は、「ゲルマン民族大移動」の始まりとして長らく重視されてきたが、今日の観点からみるならば、渡河した人々がまもなく属州のローマ軍を破ったため、ドナウ川付近の帝国フロンティア地帯でローマ軍による統制がなくなってしまったことの方が重要だと思われる。ローマ軍のコントロールなく外から内へ人々が勝手に移動するようになったからである。同じことは、四〇六年年末にライン川のフロンティア地帯で生じた。いくつもの外部集団がローマ軍の制止を受けずに属州ガリアに侵攻した。これによって、ローマは西方において帝国であることをやめてしまうことになったのである。

二章　西ヨーロッパ世界の再編

加納　修

1　「王国」の形成

アルボガスト一族とローマ世界の変容

ローマ帝国の西半支配が崩壊する過程を述べた一章を受けて、この章では、ヨーロッパにローマ帝国にかわる新しい世界秩序が構築されていく過程を述べつつ、この地域における歴史の転換の内実を説明していきたい。具体的には、フランク人による王国の形成とその発展である。

フランク人が歴史に名をあらわすのは、三世紀後半のことであり、ローマ帝国に侵入を繰り返していた。当時ライン川下流一帯にいたフランク人は、一般にカマウィ、ブリュクテリ、アムスウェリ、シャツアリ、シカンブリ、サリなどの小部族から構成されていたと考えられている。フランク人の歴史において一つの画期を成すのは、サリ・フランク人が、三五八年ローマ帝国の将軍でのちに皇帝となるユリアヌスによって、トクサンドリアと呼ばれるライン川河口からベルギー北東部にいたる地域に定住を許されたことである。これ以後彼らは、ローマ帝国の軍隊に有能な兵士を供給することになる。フランク人が急速にローマ帝国の属州であるガリア社会に同化していったことは、墓地の調査によって裏付けられている。

四世紀後半からは、帝国の重要な軍事官職にフランク人が進出する。そうしたフランク人のなかで、一章にも登場したローマ帝国軍総司令官として活躍したアルボガストの経歴をたどることで、フランク王国の形成を考えてみたい。彼はおそらく三七〇年代にフランク人共同体から追い出された後に、グラティアヌス帝（在位三七五〜三八三）の指揮するローマ軍に参加する。三八〇年には、この皇帝の命令によって、同じくフランク人出身の総司令官バウトとともに、コンスタンティノープルのテオドシウス一世（大帝、在位三七九〜三九五）のもとに派遣され、マケドニアとテッサリアを荒らしたゴート人と対峙する。その後総司令官へと昇進し、トリーアを首都として統治するウァレンティニアヌス二世（在位三七五〜三九二）のもと強大な権力を獲得する。彼は「その勇敢さ、戦争に関する知識、富に対する軽蔑ゆえに、部下となる兵士たちからこの地位にふさわしいとみなされ、大きな権力を得た。そしてこの傑出した地位を喜び、皇帝に対して思うままに発言し、自分にとって正当で適切だと思われないことを妨げる術を心得ていた」ほどであったことを、一世紀ほどのちに歴史書を著したゾシモスは想起している。だがウァレンティニアヌス帝と対立することになり、三九二年に皇帝が疑わしい死を遂げた後、修辞学の教師エウゲニウスを皇帝として擁立する。そしてテオドシウス大帝との対立のすえ、三九四年フリギドゥス河畔の戦いで敗れ、その後自害する。彼はローマの異教の熱烈な信奉者であったことでも知られる。

アルボガストの活動は、ローマ帝国がなお力を失っていなかったことを反映する。彼はドナウ川を越えて侵入してきたゴート人に対処し、また三九三年には、ライン地方のフランク人に対して報復戦争をしかけ、彼らと同盟を結び、抵抗していたフランク人の一部をローマ軍に加えるのに成功してもいる。

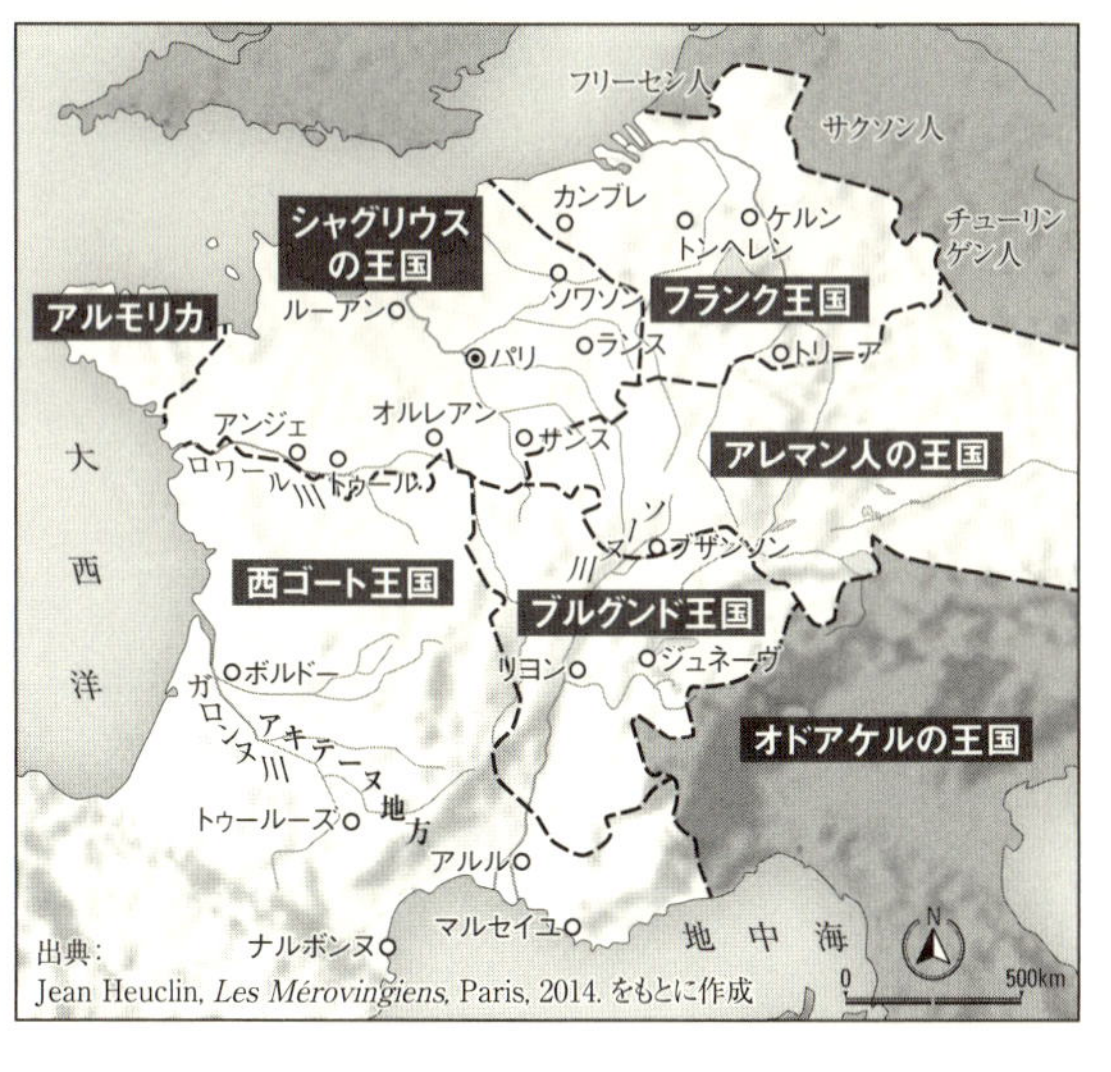

480年頃のガリア

その経歴や移動距離も帝国規模であり、東と西を行き来している。また彼がもっともその権力を誇った場所は、トリーアにあったウァレンティニアヌス二世の宮廷であり、ガリア北東部に皇帝が滞在していた時代であった。ウァレンティニアヌスの死とともに、トリーアは首都の地位を失う。アルボガストが活躍した時代は、まだガリアにおいてローマ皇帝の存在が身近に感じられていた時代でもあった。

アルボガストの死から七〇年以上が経過した四六〇年代末に、トリーアを拠点とする伯アルボガストがあらわれる。アリギウスという名の父をもつこの伯は、総司令官アルボガストの子孫であったと考えられている。彼に関する史料は彼が受け取った二通の手紙しか残っていないが、アルボガストがかつてのローマ帝国の首都を中心として、軍隊の指揮と行政的機能をはたしていただけでなく、ローマの文人のような豊かな教養を具えていたことがわかる。また父とは違ってキリスト教徒であった。

かつて帝国規模で、そして皇帝の宮廷で活躍した一族の子孫は、西ローマ帝国の最末期ガリアにおいて都市を中心とする一地方の統治者としてあらわれる。トリーア伯アルボガストは、もはや当時のローマ帝国の首都にもあらわれず、皇帝の宮廷で活躍することもなかった。その活動の枠組み、とくに地理的活動領域の違いは明白である。そして同じ頃、このアルボガストと同じような地位を占めていた人物がほかにも何人か確認できる。そうした人物をみることで、この変化の意味を探ってみよう。

五世紀後半の西ローマ世界

六世紀の末にトゥールのグレゴリウスは、その『歴史十巻』(第二巻一八章)において、おそらく失われてしまった年代記に基づいて、西ローマ帝国滅亡直前のガリア西部において生じた争いを描いている。

さてキルデリック〔キルデリクス〕はオルレアンで戦った。しかしオドアケルは、サクソン人を率いてアンジェー〔アンジェ〕にやって来た。当時、激しい疫病が人びとを襲った。エギディウスも死んで、シャグリウスという息子を後に残した。エギディウスが死んだ時、オドアケルはアンジェーやその他の地域から人質をとった。ブリトン人はゴート人によってブールジュから追い払われたが、かれらの多くがデオル村で殺された。ところで司令官〔伯〕パウルスは、ローマ人とフランク人を率いてゴート人を攻撃し、略奪品を得た。しかしオドアケルがアンジェーに来た時、その翌日キルデリック王がやって来て、司令官パウルスが殺されるとその都市を占領した。その日に、大火災によって教会の住居が焼かれた。

(兼岩正夫・臺幸夫訳註『歴史十巻(フランク史)』)

この記述から実際のできごとを正確に復元することは難しい。キルデリクスはフランク王国の「創建者」クローヴィス(在位四八一〜五一一)の父であり、オドアケルはかの有名な、西ローマ皇帝を罷免したゲルマン人である。しかし、冒頭の文章からは、キルデリクスがオルレアンでだれと戦ったかについては不明瞭なままである。後半部分の文章との比較から、オドアケルの協力をえて、エギディウスという人物と戦ったと考えるのが妥当なように思われるが、異論もある。確実なのはローマ帝国滅亡直前のガリアにおいては、メロヴィング家のキルデリクス以外にも勢力を誇る有力者たちが存在していたことである。

まずここにしかあらわれない伯パウルスを取り上げよう。グレゴリウスの記述からは、彼が都市アンジェを拠点として、ローマ人やフランク人を動員できるほどの力をもっていたことがわかる。ゴート人は西ゴート人であり、四一八年以来トゥールーズを拠点としてアキテーヌ地方に定着していて、たびたび近隣の地方で略奪をおこない、人々に恐怖を与えていた。パウルスは、先に取り上げたトリーア伯アルボガストと同じく「伯」の肩書きで、この地方を自立的に支配していた。

エギディウスは、ロワール川からソンム川にいたるガリア北部を支配していたローマ人で、四五七年頃には総司令官の地位を獲得していた。さらに、キルデリクスがその堕落した生活ゆえにフランク人のもとから追放されているあいだの八年間は、フランク人をも支配し、彼らの王として君臨していた。彼はリビウス・セウェルス帝(在位四六一〜四六五)の支配を認めなかったことが知られており、ガリア北部において強力な地位を確立していた。その拠点はソワソンであった。

エギディウスは、トリーア伯アルボガストの父アリギウスと同じく、四六四年か四六五年にその地位

を息子シャグリウスに継承させるのに成功している。ガリア北部の支配権は、これらの地域においては事実上世襲されたのであった。地方リーダーの地位を世襲できるほど彼らの力は強かったのだが、そこにはまたローマ帝国の地方行政の仕組みがもはや機能しなくなっていたことも反映している。

五世紀後半ガリアの政治状況は錯綜している。政治的リーダーに目を向けると、民族的にはローマ人もフランク人もいた。そして忘れてはならないのは、それなりの勢力を誇るフランク人は、キルデリクスのようにローマ帝国に勤務していた事実である。こうした勢力のなかからメロヴィング一族が覇権を確立していくことになる。

「第二ベルギカ州」の支配者クローヴィス

クローヴィスがその父キルデリクスの後を継いだのは、四八一年頃のことであった。現在のフランス北東部に位置するランスの司教レミギウスは、この知らせを聞いてクローヴィスに手紙を送っている。幸運にもその手紙が残っていて、そこからクローヴィスの「王国」がどんな性格をもっていたかを見てとることができる。

あなたが第二ベルギカ州の統治を受け取ったという素晴らしい知らせがわれわれのもとに届きました。これは新しいことではありません。というのも、汝は、汝の祖先たちが常にそうであったところのものになることを始めたのですから。最初になすべきは、謙虚さに努めることで汝の功績がこのいとも高い頂へと達するところで、神の審判が汝を見放さないようにすることです。というのも、俗にいわれるように、行為によってその人となりが証明されるからです。汝は、汝の名声を飾

ることができる助言者たちを自分につけなければなりません。汝の恩顧は清廉誠実でなければならず、汝の司教たちに判断を委ね、彼らの助言に頼らねばなりません。もし汝が彼らとうまくやっていけば、汝の地方は、より良く存続しうることでしょう。汝の市民たちを元気づけ、悲嘆に暮れた者たちを立ち上がらせ、寡婦を優遇し、孤児を養いなさい。〔皆にそうするよう〕教えるよりも、むしろ、皆が汝を愛し、畏れるようにしなさい。正義が汝の口から発し、貧民や外人から何かを期待することなどないように。また贈物や何らかの物を受け取るよう望まないようにしなさい。汝の宮殿がすべての者に開かれ、そこから誰も悲しんで立ち去ることのないように。汝は父から受け継いだすべての富を持っており、それでもってとらわれの者たちを解放し、隷属の軛から解き放つでしょう。誰かが汝の眼前にあらわれたとき、その者が余所者であると感じることのないように。汝が統治し、高貴に判断したいのであれば、若者たちと楽しみ、老人たちと語り合いなさい。

ランス司教レミギウスは、のちに四九六年頃クローヴィスがキリスト教に改宗した時に、彼に洗礼を授けた人物として有名である。彼は遅くともその一五年前からクローヴィスのことを知っていた。このときクローヴィスはまだ十五歳ほどで、レミギウスは四十五歳くらいであった。この手紙の意味をより良く理解するため、まずはレミギウスがどういう人物であったかを確認しておこう。

レミギウスは四三六年頃アエミリウスとカエリニアを両親としてラン地方に生まれた。兄弟にはソワソン司教となったプリンキパトゥスがいた。二十二歳でランス司教に就任し、七〇年以上もの長きにわたってこの地位を保持したといわれている。死にさいして作成した遺言状が、のちに著されたその伝記におさめられており、そこから少なくとも百人以上の隷属民を有していたことがわかる。ガリアの有力

079 キルデリスクの墓より出土した印章つき指輪

クロディオ
メロヴェウス
キルデリクス
名前不詳 ＝ クローヴィス 481-511 ＝ クロティルド

テウデリク1世 511-534（ランス）
テウデベルト1世 534-548
テウドヴァルド 548-555

クロドミール 511-524（オルレアン）

キルデベルト1世 511-558（パリ）

クロタール1世 511-561（ソワソン）

カリベルト1世 561-567

グントラム 561-592

シギベルト1世 561-575 ＝ ブルンヒルド
インクンド
キルデベルト2世 575-595
テウデベルト2世 595-612
テウデリク2世 595-613
シギベルト2世 613
クロシンド

フレデグンド ＝ キルペリク1世 561-584
クロタール2世 584-629
ダゴベルト1世 623-638
シギベルト3世 634-656
ダゴベルト2世 676-679
クローヴィス2世 638-657
カリベルト2世 629-632

クロタール3世 657-673
クローヴィス3世 675-676

テウデリク3世 673-691
クローヴィス4世 691-695
キルデベルト3世 695-711
ダゴベルト3世 711-715
テウデリク4世 721-737
クロタール4世 718-719

キルデリク2世 662-675
キルペリク2世 715-721
キルデリク3世 743-751

数字は在位年を示す。

メロヴィング家系図

な貴族家門の出身者であった。五世紀のガリアでは少なからぬローマ人貴族が司教職に転身したことが知られ、レミギウスも、その父はまだ「司令官」（あるいは「伯」）の職にあったことから、ほかの貴族たちと同様の道を歩んだと想定される。レミギウスの手紙は、五世紀後半ガリアのローマ人貴族の態度・考え方を広く代表していると考えて良い。

われわれ歴史家のあいだでは、クローヴィスの即位をもって「フランク王国」の創建とするのが習わしとなっているが、レミギウスにとってこのできごとは異なる意味合いをもっていた。クローヴィスは、ローマ帝国のかつての属州であった第二ベルギカ州の統治者となったのである。ローマ帝国の地方行政管区たる属州の地理的枠組みは、カトリック教会の組織でもあったので、レミギウスにとっては、自分がその首都大司教として統治する領域をクローヴィスが継承したことが重要であったのは確かである。クローヴィス自らが、第二ベルギカ州の統治者となったという意識があったかどうかは断言できないものの、ガリア住民、とくに貴族層にとってはクローヴィスの即位はそのようなものとして受け止められていたに違いない。

しかもクローヴィスの即位は「新しいこと」ではなく、この若き王はその「祖先たちが」占めていたのと同じ地位に就いたのであり、フランク人の王であると同時にローマ帝国の役人でもあった父キルデリクスの地位を踏襲したのである。ローマ帝国末期の「皇帝権力」不在のガリアにおいては、こうした「王朝」支配が広まっていたのは、すでにみたとおりである。五世紀はガリアの各地で有力な門閥が世襲権力を確立しようとしていた時期なのである。クローヴィスが初めにおこなった戦は、エギディウスの息子であり、「ローマ人の王」と呼ばれたシャグリウスに対するそれであった。そしてその治世末期

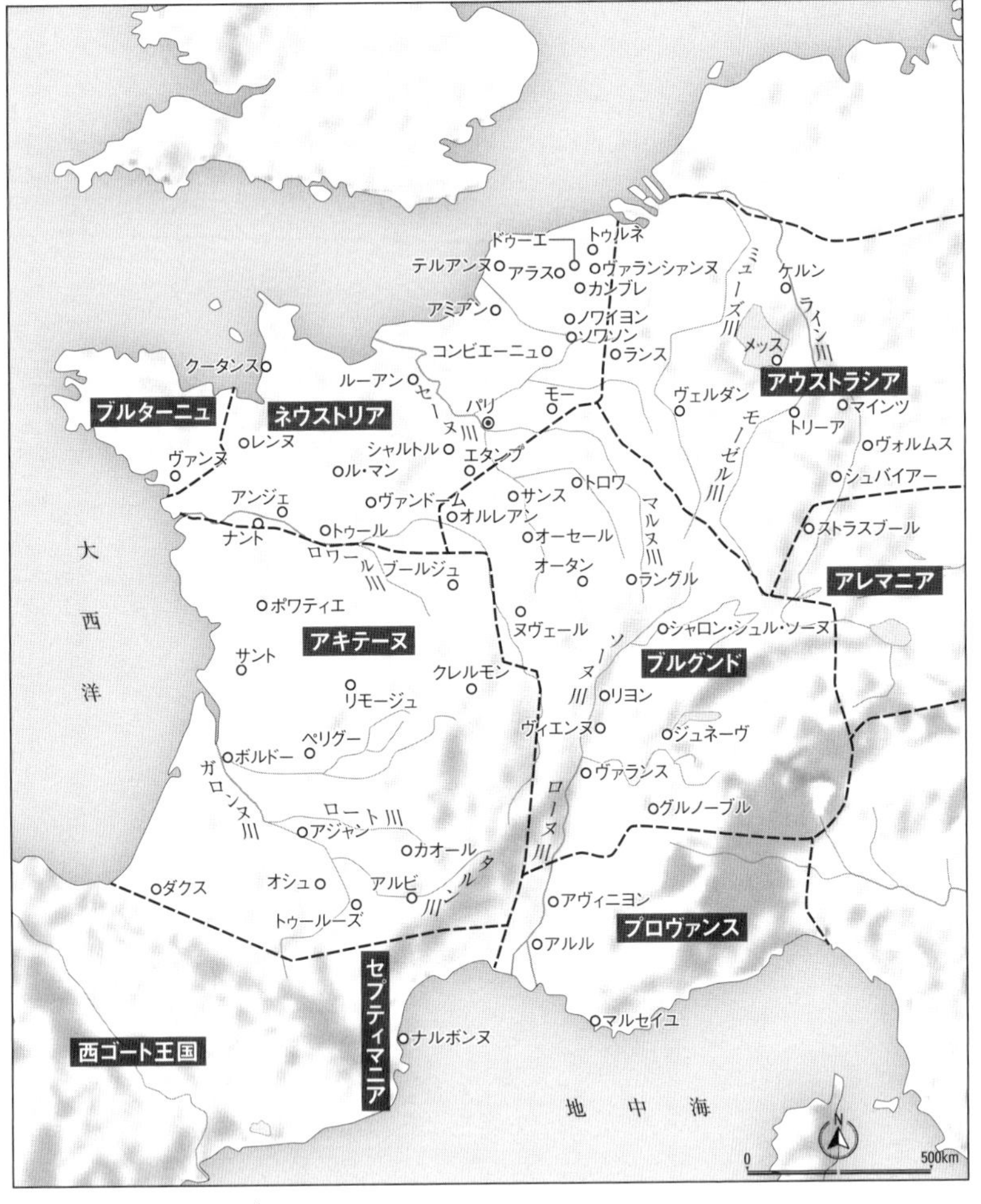

メロヴィング朝期のガリア

には、ほかのフランク人の「小王」と呼ばれる自身の親族たちを抹殺する。そのなかには、ライン川沿い、したがってフランク人の故地に勢力基盤を築いていたケルンの王シギベルトやカンブレの王ラグナカールだけでなく、より西部のル・マン地方を拠点とするフランク王もいた。メロヴィング王国の「創建」は一般にクローヴィスが即位した時点に求められるが、その確立はむしろ治世末期に成し遂げられたといえるだろう。

レミギウスの手紙の続きに戻ろう。レミギウスは、王が統治するにあたってどのような人材を用いるべきかを述べる。王が身辺に集めなければならない助言者たちは、王の側近である「宮廷」を構成する集団である。他方でレミギウスは、王が決定をくだすにあたって司教たちに意見を求めることが重要であることを強調している。これはたんに彼が司教であったからではなく、むしろ当時のガリア社会の権力状況を反映する。すでにふれたように、ガリアの有力者の多くは司教となっていたからである。クローヴィスは、五一一年にはオルレアンに王国規模の教会会議を招集し、司教や教会と協力して王国を運営していくための制度的な基盤もまた整えることになる。

レミギウスが王に期待する役割は、まさしく司教をモデルとしている。貧民、寡婦や孤児といった社会的弱者の保護、囚人の買い戻しや解放、これらは司教が熱心におこなってきたことであった。他方でレミギウスは、ローマの地方役人の系譜を引く支配者として、統治において王が注意すべき点を喚起するのも忘れていない。クローヴィスは恩寵を授ける者、すなわち特権の分配者であり、正当な判決をくだす裁判官である。こうした任務をはたすにあたって、賄賂を差し出すことのできるような裕福な者たちを優遇するのではなく、可能な限り公平に対処しなければならない。それゆえ、王の宮殿は「すべて

の者に開かれ」ているべきであり、「正義が王の口から発され」なければならないのである。

王が個別的に教会や修道院、あるいは王国住民に、国庫領の土地や種々の特権を与えたり、あるいは国王法廷で判決をくだしたりしたことを記す国王文書は、六世紀末になってからようやく伝来し始める。だがクローヴィス王はすでに、支配者としてはたすべきこうした役割を実践していたはずなのである。

『サリカ法典』における王

レミギウスの手紙は、クローヴィスの権力をローマ帝国末期以来のガリア社会の伝統のなかに位置づけるのを可能にする。そこには、何かゲルマン人の王に固有の性質は仄めかされていない。レミギウスがクローヴィスに宛てた書簡はもう一通残っている。四九六年から五一一年のあいだの時期に書かれたこの手紙は、クローヴィスの姉妹アルボフレドの死を悼み、王を慰めるものである。王は「人々の頭」であり、「王国」を賢明なやり方で統治しなければならず、キリスト教の倫理を模範として振る舞わなければならないと記している。

むろんこれらの手紙は、レミギウスの立場に大きく規定されていて、そこで提示されるクローヴィスの支配は、いわばレミギウスがそうあるべく望んだものでもあった。

つぎに異なる面から「フランク人の王」の性格をとらえることを試みたい。史料として用いるのは、クローヴィスの治世末期(五〇七～五一一)に編纂され、フランク人の法慣習を集めた『サリカ法典』である。全六五章から成るこの法典は、大半が窃盗や殺人事件などの刑法規定から構成されている。

『サリカ法典』には何かしら「ゲルマン的」あるいは少なくとも「フランク的」な王があらわれるのだろうか。まずは、この法典のなかにみられる王の活動に注目し、その後法典全体に込められた王の意図を探ることにしたい。

『サリカ法典』から王の活動について引き出せる情報は少ないとはいえ、レミギウスの手紙の内容と『サリカ法典』から証明される王の活動については、興味深いことにいくつか接点がみられる。第一八章は、「無罪の者を王に訴える者について」と題されており、国王法廷がすでに活動していたことが証明される。また第一四章から、王が移住を望む人物にそれを認める証書を発給していたことがわかる。この国王証書に対して異議を申し立てようとした者には、二百ソリドゥス(金貨の単位)という高額の贖罪金が科されている。この額は、自由身分の人が殺害された際にその親族に支払われる「人命金」と同額である。移住に関してはまた、第四五章にも詳しい規定がある。それによれば、移住者がすでに定着していた住民の権利をしばしば侵害していたために、移住者の受け入れの許可と、逆に移住者を追いはらうための手続きが存在していた。こうした状況ゆえに、移住者は王に許可を求め、王がそれを認める文書を発給していたのであった。

同じく、レミギウスが王にはたすよう要請する役割と共通するのは、王の面前でデナリウス銀貨を用いておこなう隷属民の解放である。『サリカ法典』は、奴隷やリートゥスと呼ばれる隷属民が王の面前でこの方式で解放されたことを伝えている。フランク人は自由人と多様な隷属の度合いの不自由人から構成されていて、自らの隷属民を完全な自由人として解放するには、王の面前でこの儀式をおこなわなければならなかった。リートゥスは、もともと捕虜としてフランク人に従属することになった人々の子

孫であったと考えられている。また七世紀から伝わる証拠によれば、司教が買い戻した奴隷が王の面前でこの方式で解放されたことも知られる。デナリウス方式の解放は、レミギウスが王に期待した活動だったのである。

『サリカ法典』と王

『サリカ法典』は、窃盗や殺人などの罪に対して、刑事罰を定めるのではなく、独特な贖罪金のシステムを築いている。罰金ではなく、贖罪金という耳慣れない言葉で示されているのは、それが支払われる主要な相手が被害者側だからであり、国家によるのではなく、基本的に当事者間での自力救済の紛争解決のあり方を示しているからである。ゲルマン的とされるゆえんである。

近年の学界では、殺人の際に支払われる人命金について、それをローマ法の賠償制度に由来するとする見方も提出されているが、ここではむしろローマ法との違いを、しかも「ゲルマン的」とも形容し難い特徴を紹介しよう。以下の説明は、基本的にドイツ人中世史家カール・ウブルの研究に基づいている。『サリカ法典』の贖罪金システムの特徴を説明するために、一例として馬の尻尾を切断する不法行為に対する贖罪金のあり方を紹介しよう。

> 第三八章一四　誰かが他人の馬の尻尾を切り落とした場合、彼は一二〇デナリウスすなわち三ソリドゥス責あるものと判決されるべし。

この種の不法行為は当時広まっていたらしく、同様の規定は同じゲルマン人たるゴート人の『西ゴート部族法典』にもブルグンド人の『ブルグンド部族法典』にもみられる。しかし、どちらも贖罪金によ

る解決を定めてない。前者は、他人の馬の鬣(たてがみ)か尻尾を切った者は、別の馬一頭を被害者に与えなければならないとしている。後者は、尻尾を切られた馬の所有者は、その馬を取り戻すとともにもう一頭を受け取るか、あるいは別の馬二頭を新たに要求するか、どちらかを選ぶことができるとする。これらの法典はそもそも、『サリカ法典』よりもローマ法の影響が色濃いとされているのだが、こうした不法行為に対する対応もまた同じである。なぜなら、ローマ末期の法は、刑事罰が科されないような不法行為に対して現物給付による損害賠償を定めていたからである。これに対して『サリカ法典』は、それを金銭の支払いでかえている。ここにフランク人の法典の新しさがあり、贖罪金の算定の仕方にその独自性が探られなければならない。残念ながら、馬の尻尾の切断がなぜ三ソリドゥスの賠償に値するかについては不明瞭なままである。ただそれが、母馬の後を追う子馬の窃盗に対するのと同額であることはわかるのだが……。

このように贖罪金がどのように算定されたのかについては、なお十分に解明されていない部分はそれなりに大きい。そして解明されている部分に限っていえば、これまで十分に強調されてこなかったのは、より高い贖罪金が定められる理由である。そうした理由のなかには、被告が不法行為をおこなったことを自白しなかったり否認したりした場合や、悪意からそうした罪を犯した場合がある。第九章をみてみよう。

第九章　穀物畑もしくは囲い地で加えられた損害について

一　誰かが牛もしくは馬または何らかの家畜を自己の穀物畑内で見つけた場合、彼は決してそれに害を与えてはならない。しかしもし彼がそれをなし、これを自白した場合は、彼は代わりとして

〔その家畜の〕価額を賠償すべし。ただし、害を受けたもの〔家畜〕は、彼はこれを自己のものとして受け取るべし。しかし、彼がそれを自白せず、そしてそれ〔害が与えられたこと〕が証明された場合には、彼は価額と損害に対する賠償金のほかに六〇〇デナリウスすなわち一五ソリドゥス責あるものと判決されるべし。

五　誰かの豚もしくは何らかの家畜が他人の穀物畑に走り込み、彼がそれを否認したにもかかわらず証明された場合には、彼は六〇〇ソリドゥスすなわち一五ソリドゥス責あるものと判決されるべし。

九　しかし、誰かが敵対心から、あるいは傲慢さによって、他人の囲垣を開け、他人の穀物畑、牧草地、葡萄畑、あるいは彼が労働できるどこであれ、そこに自己の家畜を放り込んだ場合、それが証人によって証明された場合、彼は損害に対する責があり、査定額を支払うのに加えて、一二〇〇デナリウスすなわち三〇ソリドゥス責あるものと判決されるべし。

以上の規定からわかるように、家畜に対する、あるいは家畜による損害に対しては、被告がそれを自白しなかったり否認したりした場合、あるいは敵愾心から損害を与えた場合には、損害賠償に加えて、一五ソリドゥスもしくは三〇ソリドゥスという比較的高額の支払いが科されている。

『サリカ法典』の贖罪金システムは、国家的な刑罰を科すことができるほどに王権が権力を確立できていなかったことを反映するとされるが、むしろ犯罪や不法行為に対する王権の対応の仕方が異なっていたと考えるべきである。そして贖罪金の金額の定め方には、おそらく当時のガリア社会で通用していたローマ法の損害賠償の仕組みを超えて、犯罪抑止をよりいっそう考慮に入れた、より複雑な刑法を構

築しようとする公権力、つまり王権の意図が隠されている。これがカール・ウブルの見解である。そもそも、この法典に繰り返しあらわれる表現、「それが証明された場合には」という決まり文句は、裁判という制度のなかで紛争解決をめざす王権の意図をあらわしている。この法典には、公権力が公的な裁判組織を通じて平和秩序の維持をはかろうとする意思が強くあらわれているのである。

2 家族と社会

シギベルト王とブルンヒルドの結婚

五六六年春、アウストラシア分王国の王シギベルトと西ゴート王女ブルンヒルドとの結婚がメッスの宮廷で祝われた。イタリアからフランク王国にやってきたばかりの詩人ウェナンティウス・フォルトゥナトゥスがつくった祝婚歌が今日まで伝わっている。以下に掲げるのは、その冒頭の部分である。

大地が凍えから解き放たれた春の訪れには、野原が多彩な草で覆われ、遠くで山々が葉叢茂る頂を見せ、木陰をつくる樹木がその若々しい枝葉を再生する。恵をもたらす葡萄の木が、若枝を芽吹かせて膨れあがり、その母なる枝に重々しい葡萄の房をもたらすのを約束する。花を求めてブンブンと音を立てて行き交うかわいらしい蜜蜂が、その蜜窩に美味なる蜜をため込む。種をつなげるべく、純潔なる床で多産な蜜蜂は、花から働き蜂の子孫を産みだそうとしているのだ。せわしなく鳴き声をあげる鳥は、子孫への愛ゆえにその務めに忠実で、雛のもとへ急いで駆けつける。それぞれ

は、老い行くさなかでも、その子孫のもとで若返る。すべては元に戻り、世界は喜びをみつける。それゆえ、天の好意により、王の宮廷が「皇帝家」同士の結婚で豊かになるとき、全世界が拍手喝采する。永遠に幸福な王の周りを、光り輝く有力者たちが密に取り囲む。多くの有力者が唯一の頂のもとへと駆けつける。見よ、マルス神が将軍たちを連れて、平和が名誉とともに〔やってくる〕。すべての者たちが到着し、宮廷の祝祭に興奮の種を蒔く。王の結婚によって、その人民は王の願いが実現したのを知る。泉から水を湧き出させたあなたが、私に耳を貸してくださらんことを。あなたの審判によって小さなことが、大きなことへと変わるのが常なのだから。（『詩集』六書一）

この導入部に続いて、一一九行から成る本来の祝婚歌が謡われている。ヴィーナスとキューピッドが二人の婚姻を祝い、太陽神が舞台に光を与え、妖精たちが花を添える。異教的要素とキリスト教的要素とが入り交じったこの詩は、そもそもその形式において古典文化の残滓（ざんし）であり、古代から中世への移行期が生み出したものといえるかもしれない。こうした詩をつくることのできる詩人はその後のメロヴィング期にはもはやあらわれない。しかしまた、彼はこの詩をきっかけに、メロヴィング王国で活躍することになったのだから、六世紀半ば過ぎのフランク社会は、古典古代的な教養とキリスト教的な倫理がともに受け入れられるような社会であった。その意味でも、六世紀メロヴィング社会は「移行期」と特徴づけられるのかもしれない。しかしここで注目したいのは、その点ではなく、結婚そのもの、とくに結婚を成立させるものである。

フォルトゥナトゥスの詩は、ブルンヒルドの「持参品」に言及してはいるが、「彼女は持参品として美しさという帝国を受け取った」としてたんにその美を称讃するだけである。しかし、フランスの歴史

家ブリュノ・デュメジルが調査したように、トゥールのグレゴリウスの『歴史十巻』その他の史料から、彼女が莫大な財産を携えてシギベルトに嫁いだことがわかる。夫であるシギベルト王は、西ゴート人に帰属していたセヴァンヌ地方のアリスティウム(現在地不明)と呼ばれる場所の支配者となっており、これはブルンヒルドが父から与えられたものであったと推測されている。そもそも西ゴート人はローマ法を継承し、結婚の際に父が娘に持参品を授けることを法で定めていたし、西ゴート王は王女を嫁がせるときに、奴隷などの使用人をつけるのが一般的であった。そうした財産は、衣服や宝飾品といった動産や奴隷だけでなく、また裕福な場合には土地から構成されていた。

他方で夫となるシギベルトから婚姻にあたって、種々の贈物がブルンヒルドに与えられた。その中身や量について直接的な証拠は残っていないが、間接的な情報はいくつかある。動産については、王妃がルーアン市から移動するとき五つの包みをその町の司教プラエテクスタトゥスに預けたが、そのうちの二つは「貴重品やさまざまな種類の装飾品」で満たされていて、三〇〇〇ソリドゥス以上の価値があると見積もられた。さらにもう一つの包みは二〇〇〇ソリドゥスもの金貨を含んでいた。それらの包みの一つからプラエテクスタトゥスは、金の糸を織り込んだ帯を取り出して切り刻み、王を追放しようと目論んだ人々に分け与えたことも知られる。ブルンヒルドの財産は莫大であり、それらの多くはシギベルトからの贈物であったと思われる。これら動産に加えて、王妃はランス地方やケルンに土地財産を所有していたのが知られており、それらは王から与えられたと考えるのが妥当である。

結婚にさいしてのシギベルトからブルンヒルドへの贈物は、ゲルマン人の慣行に遡り、「朝の贈物」(モルゲンガーベ)と呼ばれるものである。これは同衾行為の翌朝に与えられ、のちに「処女の対価」と

解釈されることになる。したがって、西ゴート王女とフランク王との結婚はローマ法の慣行とゲルマン法のそれ、双方が利用されたのであった。ローマ法とゲルマン法は、すでにローマ帝国最盛期の歴史家タキトゥスが述べていたように、結婚の際の贈与について逆方向の流れを想定していた。ゲルマン人にあって「持参品は妻が夫にもたらすのではなく、かえって夫が妻に贈るのである」（『ゲルマニア』）。中世にはいり、フランク王国では結婚の際の贈与はどのようになっていくのだろうか。

「朝の贈物」と婚姻贈与

中世にはいって支配的となるのは、ローマ的な持参品、すなわち父から娘に与えられる「直接的な」贈与ではなく、花婿もしくは夫から花嫁もしくは妻へと与えられる「間接的な」それである。ここでは、こうした財産をともに「婚資」と呼んでおく。直接的であれ間接的であれ、こうした財産は結婚生活のためであり、両家の結びつきを固めるとともに、妻を離婚や夫からの暴力の危険から守るものである。夫から妻への贈与が支配的な社会では、結婚可能な男性が結婚可能な女性よりも数多いという見方があるが、中世初期についてはそうした統計をとるのを可能にする証拠がそもそも乏しい。同じく、結婚後の生活が夫方居住の場合には、妻からの持参品が主流となる傾向があるが、これについても何ともいいがたい。

ローマ帝国では花嫁の持参品が原則であったと述べたが、四、五世紀にはじつは花婿から花嫁への婚姻前贈与や「手付金」の慣行が広まっていた。しかも、四世紀末からローマ皇帝たちは、両家からの贈与が「対等」になるよう繰り返し命じており、花婿からの贈与が事実上ほとんど不可欠になっていたこ

とがうかがえる。こうした贈与は、ゲルマン的な「朝の贈物」と容易に混同されえたであろう。というのも、婚姻前贈与は、コンスタンティヌス大帝によって「(娘の)禁欲の対価」とされており、「処女の対価」とみなされるモルゲンガーベと融合しえたからである。

かくして、フランク時代の結婚において夫から妻への贈与が一般的となるとき、その伝統がローマ社会かゲルマン社会か、どちらに遡るかをはっきりさせるのは難しい。同じく、ローマ的な持参品制度がどの程度存続したのかを明確にするのも困難である。というのも、結婚の際の贈与を記録する証書はたいてい夫から妻へのそれだからである。

結婚の際の贈与は、中世にはいって決定的な重要性を獲得する。教会法令集は、「婚資なくして結婚なし」と繰り返し定めている。

こうした贈与が結婚を正当なものにするのに対して、不当な結婚が存在した。その代表は、近親婚と誘拐婚である。ともに、これまではどちらかというとゲルマン人の慣行に由来するとされてきたが、研究の進展によってローマ社会の伝統でもあることが明らかにされた。

禁じられた結婚(一)——近親婚

数年前に、アンブロシウスの妻への愛のためにルプスとアンブロシウスとを殺害したアウスというあだ名を持つヴィダスト〔ウィダスティス〕は、かれの従姉妹という噂のあるこの女を妻にめとった。かれはポアティエ〔ポワティエ〕の領内で多くの悪事を犯したが、ある所でサクソン人であるクルデリックと一緒になり、二人が相互に悪口を言い合った時に、クルデリックの召使いの一人がア

ヴスを槍でさした。かれは地面に倒れ、さらに多くの打撃で傷つけられて、血を流して不正な魂を失った。神の力が、アヴスが自分の手で流した罪なき者の血の報復をしたのである。何となれば、この哀れきわまる男は、多くの盗み、姦淫、殺人をしばしば犯していたのであって、それらについては黙っておく方がよいと私は思う。しかしかのサクソン人は、アヴスの死に対して彼の息子たちに賠償金を払った。

（『歴史十巻（フランク史）』）

『歴史十巻』七巻三章からの引用である。アンブロシウスとルプスはトゥール市民で兄弟であり、ウィダスティスも同じ町か、そこで悪事を働いたとされているポワティエの住民であったと想定される。グレゴリウスは「噂」としているので、事実は定かではないが、ウィダスティスは、従姉妹であるアンブロシウスの妻と結婚したのであった。グレゴリウスの叙述は明らかに批判的であり、それはイトコ婚が、教会法が違法と定める近親婚にあたるからであった。ウィダスティスはローマ人であった。

近親婚はローマ人のあいだでもそれなりに実践されており、すでにローマ時代から法規制の対象とされていた。それにもかかわらず、これまでの研究はメロヴィング時代にみられる近親婚をむしろゲルマン社会の伝統とみなしてきた。たしかに、六世紀ビザンツの歴史家プロコピオスは『戦史』のなかで、チューリンゲン地方においては息子が継母と結婚するのが「父祖の定め」であったとしているし、教皇グレゴリウス一世（在位五九〇～六〇四）は、従姉妹、継母、義姉妹との結婚がアングル人のあいだで広まっているため、それを禁止するとしている。そして実際に、継母や兄弟の妻との結婚はフランク人のあいだでもみられる。それゆえ、メロヴィング時代に司教たちが教会会議で繰り返し近親婚を禁止したのは、ゲルマンの親族集団が実践する異教的な祖先祭祀をやめさせ、キリスト教のそれで取ってかえよ

うと試みたからだと考えられてきたのであった。

しかし先にも引いたカール・ウブルによって、こうした理解は根本的な見直しを迫られることになった。というのも、メロヴィング社会においてイトコ同士の結婚はゲルマン人のあいだではほとんどみられず、たいていローマ人の結婚なのである。そして、古代末期の証拠から知られるように、イトコ婚はローマ人のあいだで広まっていて、それはエリート家系の結束力を強化したり、財産の散逸を防ぐためになされたりしたのであった。

メロヴィング王家の結婚からみる限りでは、禁止された近親婚にあてはまる事例で多いのは、死亡した兄弟の未亡人との結婚である。例えば、クロタール一世は、兄弟クロドミールがなくなった後に、その妻であったグンテウカを娶ったが、それはクロドミールの王国を手に入れようと目論んだからであった。王家の近親婚のほとんどは政治的な目的と結びついていたし、王家の財産の獲得や保持をめざすものであった。結婚で賭け金とされているのは、とりわけ財産であって、異教的な慣行やそれに染みついた異教的な信仰ではなかったのである。

ローマ人にあってもゲルマン人にあっても、近親婚で問題とされていたのは、とりわけ血族間でのそれであった。インセスト・タブーについては人類学者たちのあいだでさかんに議論されてきたが、禁止の理由や目的について定説が確立されているわけではない。この時期の史料には遺伝学的な説明は見当たらない。メロヴィング期の史料が語る限りにおいて、近親婚は「血を汚さない」ために禁止されていたが、そこから何か親族集団に聖なる性質があるとみなされていたかどうかは定かではない。近親婚の禁止は一般的には、集団間や地域間の交流を進めるための措置であったと考えられている。このように

近親婚に対する態度にローマ人とゲルマン人とのあいだに大きな相違はなかった。かくして西ヨーロッパでは、族外婚が主流となっていく。

禁じられた結婚(二)――誘拐婚

誘拐婚とは、親の合意を得ずにその娘と結婚する習慣である。失敗に終わった事例ではあるが、どのようにして誘拐が実行されたかを伝えるエピソードを、同じく『歴史十巻』から紹介しよう。

……クッパ自身もまた、再び自分の一味の何人かを引きつれて、かつてのル・マンス〔ル・マン〕司教バデギシルの娘を奪って妻にしようとした。そこで自分の計画を実現するため、夜分仲間の一団とともにマレイユの荘園へおしかけたが、その家の主婦で娘の母親であるマグナトルデは、かれとその奸計を見破り、召使いたちをつれてかれに立ち向かい、武力で追い払い、かれらの中の大部分を傷つけたので、かれは恥をかいて退いた。

（『歴史十巻(フランク史)』一〇巻五章）

『サリカ法典』でも誘拐婚は違法行為とされているから、誘拐の実行は可能な限り周りに知られないようなかたちでなされる。それゆえ夜間におこなわれることも多かった。また娘の家族からの抵抗が予想されるため、武力集団とともに娘の家に押し入ることもまれではなかった。逆に、娘の家族もそれに抵抗すべく武力で娘を守ろうと努めていた。

誘拐の試みの結果は多様であった。この事例のように娘の家族の抵抗にあって誘拐が失敗した場合もある。誘拐が成功した事例もみられ、その場合には、ローマ皇帝が時折そうしていたのと同様に、王が誘拐婚を許可した場合もある。また、娘が結婚に同意していても、親が同意しない場合に、しばしば誘

拐婚がおこなわれた。その場合には、たいていは誘拐犯が娘側の家族に賠償金をはらって事後的に娘と結婚することができた。ゲルマンの部族法典はたいてい賠償金による解決を提案しているが、奴隷になる罰を定めている場合もあり、王権による対応は一様ではなかった。死刑を命じるメロヴィング王の勅令も残っている。

誘拐婚が「ゲルマン的」とされてきたのは、それがローマ法では禁じられていたのに対して、ゲルマン人にあってはある種の駆け落ち婚として、しばしばなかば合法的な扱いを受けていたからである。ローマ法は、娘が合意していた場合、誘拐犯とともに死刑を定めているのに対して、ゲルマン法は、誘拐者が事後的に女性の親族の合意を得ることで合法的な結婚にすることを許していた。つまり、誘拐婚が実際におこなわれていたかどうかではなく、認められていたかどうかを基準として、「ローマ的」ではなく「ゲルマン的」とされてきたのである。

それに応じて、例えば、誘拐の実行に関与した「仲間」はゲルマン的な従士団、つまり主人につき従う自由身分の戦士共同体と解釈されることになる。しかし、いくつかの事例では明らかに奴隷が誘拐を手助けしたことが知られるし、バデギセルの妻が誘拐を斥けることができたのは、その召使いたちの抵抗のおかげであった。かつてコンスタンティヌス大帝が誘拐婚を断罪したとき、娘の乳母だけでなく、誘拐に関与した奴隷たちを極刑に処すことを定めていたことが想起される。『西ゴート部族法典』もまた、娘の誘拐のために奴隷を誘拐犯に貸し出すことがあったことを伝えている。場合によっては、娘の家の家内奴隷が誘拐婚の手助けをすることもあった。もちろんゲルマン人が従士を用いることもあったが、娘の誘拐の仕方は、ゲルマン人とローマ人のあいだでおおいに似かよっていたと想定される。

したがって、メロヴィング時代に起こったことは、誘拐婚の慣行がフランク人によって持ち込まれ、広まったことではない。新たな状況は、ローマ人とフランク人との結婚にもみられるようになることであり、少なくとも法的には土地の相続から排除されないローマ人の女性が標的とされることが多かったと推測することができる。別の新たな状況は、ローマ法の死刑規定が継承されながらも、誘拐婚に対する対応がより柔軟になったことである。それは、皇帝の定めた勅法の拘束力が低下したことでもあるので、西ローマ帝国の消滅がそうした「ゆるやかさ」を生み出す大きな契機となったことは見逃せない。皇帝の立法は、ゲルマン諸国家に継承されなかったのではなく、部分的に継承されながら、選択可能な規範として、ほかの規範と共存していたのであり、ローマ帝国の消滅とともにその適用がより柔軟になったのである。人々はこうした社会のなかで生きていくことになる。

3　紛争と社会秩序

『サリカ法典』における神判

結婚の慣習において、ローマ人とフランク人とのあいだにはおおいに共通する部分があったことを前節においてみた。この節では、社会秩序の維持に決定的に重要となる紛争解決の面で中世初期においてどのような変容があったのか、あるいはなかったのかを考えてみたい。中世初期には、ゲルマン的な法文化が優勢となっていくのであろうか。ゲルマン的とされてきた証明手段である神判を手がかりにこの

問題を考えてみたい。『サリカ法典』が神判に言及する箇所を最初に取り上げよう。

一四章　待ち伏せによる攻撃もしくは強奪について

一　だれかが待ち伏せして自由人を強奪し、彼がそうしたことが証明された場合、彼は二五〇〇デナリウス、すなわち六二・五ソリドゥス責あるものと判決されるべし。

二　しかし、ローマ人が蛮人たるサリ・フランク人を強奪し、しかし決定的な証拠が欠けている場合、彼は二五人の宣誓補助者(うち半分は選出される)とともに、嫌疑を雪ぐ宣誓(雪冤)をなすべし。しかし宣誓補助者をみつけられない場合、沸騰する湯の神判を受けるべし。そうしない場合、前述の判決が守られるべし。

三　フランク人がローマ人を強奪した場合、そして決定的な証拠が欠けている場合、二〇人(うち半分は選出される)とともに雪冤すべし。しかし宣誓補助者をみつけられない場合、彼がそれをなしたことが証明された場合、一二〇〇デナリウス、すなわち三〇ソリドゥス責あるものと判決されるべし。

ここで定められているのは、強奪事件をめぐって争われた際に、どのようにして解決すべきかという問題である。強奪が証明された場合には、贖罪金の支払いが確定する。しかし、決定的な証拠が欠如している場合には、宣誓補助者とともに嫌疑をそそぐ宣誓がおこなわれる。ただし、宣誓補助者がみつけられない場合、被告がローマ人で、被害者がフランク人の場合には、熱湯の神判によって事が決するのに対して、逆のケースでは神判は想定されていない。

熱湯の神判は釜審とも呼ばれ、つぎのような仕方でおこなわれた。公衆の面前で火をおこし、そこに

水を張った釜をかけて、沸騰させる。そのなかに指輪や小石を入れて熱し、被告に取り出させ、火傷を負った場合は有罪、負わなかった場合は無罪とされた。古代日本から知られる盟神探湯（くかたち）とよく似た解決方法であり、神に判定を委ねる神明裁判の一つである。

中世ヨーロッパでは神判が広く用いられていたことが知られる。このほかにも、熱した鉄を握らせたり、その上を裸足で歩かせたりして、同じく火傷の具合から有罪か無罪かを判定する熱鉄の神判、被疑者を川に投げ入れて浮かんだら有罪、沈んだら無罪となる冷水のそれ、籤（くじ）引きなどがあった。さらに決闘もまた神判の一種と観念されていた。十三世紀以降急速に衰退するまで、これら神判はさまざまな裁判で利用されていて、中世文化を特徴づけていたといって良い。

神判は非合理的な証明手段といわれる。事件や紛争の解決において、事実の解明をめざすのではなく、審判を神の決定に委ねるからである。それはしばしばゲルマン起源とされ、ローマ的な真実の解明をめざした裁判のやり方とは異なる慣習を示しているとされている。

ところで『サリカ法典』には釜審以外に神判はあらわれず、ほかの形式のそれはその後広まっていったと考えられている。『サリカ法典』はその後いくどか改訂されるのだが、最古の六五章版では、強奪事件以外にも放火事件で用いられることになっていて、そこでも同じくローマ人が被告の場合に、雪冤宣誓をまず命じたうえで、同じく宣誓補助者がみつけられない場合にこの手段が提示されている。その後六世紀のあいだに付加された勅令では、窃盗事件にも用いられていたことが知られるとともに、王の親衛隊に属するアントルスティオと呼ばれる身分の人が訴えられた場合にも使われた。さらに、偽りの証言をおこなった疑いのかけられた人もこの試練を受けることになる。

『サリカ法典』から釜審がどのようなケースで用いられたかを考えてみると、いくつかの手がかりが浮かびあがってくる。第一に、「決定的な証拠が欠如している場合」に雪冤宣誓が提示され、その際に宣誓補助者が見つけられない場合である。実際に、宣誓にせよ神判にせよ、事件を解決するのに確実な証拠が存在しない場合に用いられることが多かった。それゆえ、判定を神に委ねるのは、いわば最後の手段であった。すでにロバート・バートレットという研究者が的確にまとめていたように、「神判は、多少の知識をもってしては解決不可能であり、さりとて不確かなままでは耐えられない、そうした状況を処理する一つの工夫であった」。それゆえ、もちろん当時の水準においてであるが、できる限り有罪か無罪かを根拠をもって確定するような試みがなされた後に、選択される証明手段であった。神判や宣誓はそれ自体をとってみれば非合理的にみえるが、それらを用いた裁判から当時の人々が迷信的であったと断じるには慎重でなければならない。

第二に、『サリカ法典』最古の版によれば、ローマ人が訴えられた時にとくに用いられることが多かったと想定されることである。これはもちろん、フランク人のあいだで釜審がおこなわれていなかったということではない。しかしそれにしても、強奪と放火に関する規定においてだけではあるが、フランク人ではなく、ローマ人に対してのみこの手段が提示されている事実は、注目に値する。

第三に、事件の性質と釜審との確固たる結びつきは確認できないものの、一つだけほかとは性質の異なる事件に釜審の実施が定められていることも興味深い。すなわち、偽りの証言である。

第二、第三の点は、釜審がゲルマン人、特定してフランク人起源の慣習であるというよりはむしろ、ガリアのローマ人のそれであった可能性を示唆する。実際に、四世紀初めにオータンのある修辞家がコ

ンスタンティヌス大帝を称えた詩から、ローマの太陽神であり、ガリアではグラヌスの異名をもって、治癒の神として崇敬されていたアポロ(グラヌス)が、「煮えたぎる湯によって偽誓を罰する」神とみなされていたことが知られる。そして、このアポロ神の崇敬は、ゲルマン人のあいだでもある程度まで広まっていた。

かつてテミス神が大地から発する息吹に添えられた言葉を操っていたが、のちに人を欺くアポロ神が諸民族に認められることになった。しかし住処をかえざるを得ず、レウキ人たち〔ガリア北部の人々〕の医師となり、いまや追放者としてガリアの野原を駆けまわり、その有害ないかさま行為でもってゲルマン人たちを魅了し、蛮族の心をまどわしている。

五世紀初頭マルセイユのキリスト教修辞家クラウディウス・マリウス・ウィクトルが、天地創造からソドムの崩壊までを謡った詩のなかで、異教の存続を非難する部分である。アポロはいまやガリア人ばかりでなく、ゲルマン人たちにも浸透しつつあることが、この詩のなかで示されている。

『サリカ法典』に付加された勅令が、偽りの証言をあばく方法として釜審を用いるよう定めているとき、それがまったく新しい事態に対応するために新たに導入された手続きであったと考える必要があるだろうか。

偽りをあばく

すでに紹介した六世紀の司教トゥールのグレゴリウスは、キリスト教の殉教者やその奇跡を語る書のなかで、殉教者とはかかわりのないエピソードをいくつか挿入している。そのなかに釜審を想起させる

見せ物を描いている場面がある。その冒頭部分を引用しよう。

あるアリウス派の司祭がわれわれの宗教〔カトリック〕の助祭と言い争っていた。彼はいつものように、神の子と聖霊に反対して悪意に満ちた主張をした。助祭はしばしば、われわれの信仰の理について時間をかけていくつかの主張をおこなったが、この異端者は不実さの闇によって盲目となり、あの諺が述べるように、正しいことを拒んだ。「知識は邪悪な魂のなかにはいることはないだろう」〔『知恵の書』一―四〕。それゆえ助祭は、説明にこうつけ加えて述べた。「どうしてわれわれは、長々しい言葉の努力によって疲れはててしまうのでしょうか。物事の真実は、行為によって決まるものです。青銅の釜を火にかけて熱し、誰かの指輪を沸き立つ湯のなかに投げ入れましょう。そして他方は、その正義を認めるように改心させられるでしょう。異端者よ、聖霊の助けのもと、われわれの側がこれを成し遂げるであろうことを理解しなさい。あなたは、聖なる三位一体のなかに調和しないものは何もなく、不似合いなものも何もないことを認めることになるでしょう」。異端者はこれらのルールに合意し、二人は審判が朝始まることに合意して別れた。

（『殉教者の栄光』八〇章）

その翌日、二人は公の広場にやってきて、人々の面前で熱湯の神判がおこなわれた。ラヴェンナからやってきた助祭が、二人の争いに介入して、最初に青銅の釜のなかから指輪を取り出すのに成功した。これに対して、アリウス派の異端者が釜のなかに手を入れると、彼の腕の肉はまさに骨がみえるまで溶け落ちてしまったのであった。かくして、正統信仰の正しさが、そして異端アリウス派の誤りが証明さ

れたのであった。

この逸話は五世紀のできごとを語るが、どこで起こったできごとを語るかは定かではない。同じ町に正統信仰であるカトリックの聖職者と異端アリウス派の司祭がいた地域であるのは間違いなく、それゆえ異端アリウス派を信仰していたゴート人やブルグンド人の支配下にあったガリア南部か南西部が舞台であった可能性が高い。

これは、釜審を描いている最古の叙述史料であるが、裁判で用いられているのではない。また、フランク人のあいだで用いられたのでもない。五、六世紀にあってカトリックの聖職者の大半は在地のローマ人であった。このためある研究者は、フランクの法慣習が早くからガリアのローマ人のあいだに受容されて広まっていたとしている。しかしこれは、神判の起源をゲルマン人に求める通説的な理解に大きく影響された見方であろう。

興味深いのは、釜審によって判定を与えられるのは、正統信仰の正しさであり、異端であるアリウス派信仰が偽りの主張だということである。二人の聖職者は互いに言い争っていたのであり、どちらの主張が正当であるかを行為によって証明する手段として、釜審が選ばれたのである。しかもそれは、正統信仰の助祭によって提案されたものであり、当時のキリスト教において許容される方法であった。それがそもそも異教徒であったフランク人の慣習として持ち込まれたのであれば、キリスト教において許容されうるまでには、それなりの時間と苦労とが必要だったのではないだろうか。逆にすでに数世紀前からカトリックとなっていたローマ住民のあいだでおこなわれていた方法であったからこそ、カトリックの聖職者によって提案されえたのではなかろうか。そしてまさに、「偽りの」誓約をあばく方法として

釜審がすでにガリア住民のあいだで広まっていたからこそ、この種の争いに熱湯の神判が用いられたのではなかろうか。以上のような推測が可能と思われる。

実際に、古代末期のガリア社会では、偽誓をおこなうことはありふれたことだったようである。五世紀初頭に、ガリア出身でローマ市長官にまで上昇したルティリウス・ナマティアヌスに献呈されたローマ最後の喜劇『クエロルス』は、ローマ末期の司法の世界を風刺する作品で、ガリアに詳しいことからこの地域出身の作者によって書かれた可能性が指摘されている。主人公クエロルスと家の守護神であるラール神とのやりとりのなかには、つぎのような件がある。

ラール：君は一〇〇〇回の偽誓よりもどれほど多く偽りの誓約をしてきたんだい。私が聞きたいのはそこだ。それだけを答えてくれ。

クエロルス：ああ、君はごくありふれた楽しい偽誓のことを心配しているのか。

ラール：君が楽しい偽誓と呼んでいるものが私にはよくわからない。だが、私のみるところ、習慣が君を軽薄にしたことに話を移そう。どういうことかって。君は意識して慎重に誓約を破ったことは決してなかったかい。残る者たちを黙らせるために、君は憎しみを誓う相手を愛していると誓ったことはなかったのか。

クエロルス：ああなんたることか。今日はなんて不幸な出会いの日なんだ。僕は何度も、僕の意識でもってではなく、言葉で誓ったことを認めるよ。

ラール：つまり君は礼儀正しく偽誓したわけだ。それは一般的なことだ。私は、言葉に躓（つまず）こうが意識がしっかりとしている方を好むんだが。それでクエロルス、君は言葉によって許されたと思う

のかい。黙る者はしばしば偽誓する。実際、真実を黙ることと偽りを述べるのは同じことだ。

クエロルス：君はすべてを検証したわけだね。僕はすべてにおいて有罪というわけだ。それじゃ。

ここで描かれている宣誓は、一見したところ、裁判における証明手段としてのそれとは異なっている。しかし、裁判におけるそれを含んでいないといえるだろうか。というのも、ローマ住民が多かった六世紀のメロヴィング王国西部でもっとも一般的であった証明手段が宣誓だからであり、フランク人によって導入された直後の状況を反映するとは考え難いのである。

アンジュー地方における紛争解決(一)——伯裁判

六世紀のフランク王国で実際におこなわれていた裁判事例を伝える証拠は少ない。トゥールのグレゴリウスの叙述か、六世紀後半に王国西部の都市アンジェで編纂された法律文例集くらいであり、多くは殺人や窃盗などの事件にかかわっている。地方において法的な争いが起こった場合に、人々がどのようにしてその解決をはかったかを、『アンジュー地方書式集』からみてみよう。まずは殺人事件に関する判決文書を示そう(五〇番)。

Aとその兄弟たちB、Cが、アンジェ市で貴顕の士たる伯Dならびに同席したラヒンブルゲンたち(その名前は下に署名か記号とともに挿入されている)の面前で、ある男Eを訴え、この男がX年前に彼らの親族たるFをいかなる仕方で殺害したかを述べた。この男に対して、この訴えに対して何か答えることがあるかが尋ねられ、男はこれをなしたことを断固として否定した。それゆえ、先述の兄弟たちが受け入れたので、先述の人々によって以下の判決がくだされた。すなわち、四〇〔夜〕

後となるY月の朔日（ついたち）から遡ってZ日目に、近隣に住み自身と同じ身分の一二人とともに、彼自身を入れて一三人で、この都市でこの地の主教会において、決して先述のFの殺害に合意することも、Fを殺害することもなかったこと、ならびに殺害を知ることもそれに同意することもなかったことを誓約すべしと。彼がこれに成功すれば、彼はその生涯を通じてこの訴えからまぬがれるべし。できなかった場合には、法が定める分だけ賠償するよう努めるべし。

都市で裁判を主宰しているのは、地方において国王権力を代表する伯であり、裁判には法に精通したラヒンブルゲンと呼ばれる人々が陪席した。伯がどれほど定期的に法廷を開催していたかは十分には明らかになっていないが、別の書式から判断すれば、少なくとも毎月朔日には裁判を開いていた。次回の法廷の期日を数える際には、「朔日から遡って」というローマ風の暦が用いられている。すでにローマ時代から月初めはさまざまな集会が開かれる機会であったので、集会の開催リズムは古来の慣習に基づいていたと考えられる。

伯が開催する裁判集会は、アンジュー地方で開かれた裁判の一つであり、ほかにも「代理人」（アゲンス）や「長」（プラエポジトゥス）、さらには修道院長が主宰した裁判の記録も残っている。伯裁判の判決記録の書式は二点しかなく、ともに殺人事件を扱っている。そのほかの裁判では、窃盗や誘拐、財産の帰属などが争われており、伯の法廷は殺人のような重大な事件の解決のために活動していたと考えられる。

どのようにして紛争の解決が進められたのだろうか。原告が訴えなければ訴訟は始まらず、訴訟手続きもまた原告と被告とのやりとりを軸に進む。法廷が積極的に真実の解明のために調査するのはまれで

あり、証明の仕方は基本的に訴訟当事者の主張に基づいて定まっていく。財産の帰属をめぐる争いでは、土地の前の所有者が証言する場合もあれば、宣誓で決する場合もある。『歴史十巻』からは、ある裁判で王領地の贈与をめぐって提出された国王証書の真偽鑑定がおこなわれたことも知られる。窃盗や殺人などの事件では、嫌疑を晴らすための雪冤宣誓が用いられたケースが圧倒的に多い。

宣誓もまたゲルマン的な証明手段だといわれる。たいていは上で紹介した事例のように、訴えられた犯罪行為に関与していないことを、宣誓補助者と呼ばれる人たちとともに宣誓する。宣誓補助者は、事件の重さによってその数に違いがあり、宣誓される内容ではなく、宣誓者の人格を保証する役割を負っていた。ローマ法では宣誓補助者がみられないが、裁判で宣誓がおこなわれることは、まれではなかったようである。すでに二世紀ローマの法学者ガイウスは、「裁判官が不確かなケースでしばしば宣誓をおこなわせ、宣誓者に有利な判決をくだす」と書いていたことが知られるし、ビザンツ帝国で六世紀前半に編纂されたローマ法の集成である『ユスティニアヌス法典』は、裁判での宣誓の方法についての規定を含んでいる。

宣誓によって争いを解決することは、ローマ人のあいだでも慣れ親しんだ方法であったに違いない。とはいえ、裁判における宣誓のやり方をめぐる諸規則は、フランク人によって持ち込まれるか、あるいはローマ時代末期から中世のもっとも早い時期にかけてくふうされたと考えるべきだろう。

アンジュー地方における紛争解決(二)――和解

宣誓はしばしばほかの仕方で証明が困難な場合に用いられ、紛争に決着をつけた。同じく中世初期の

裁判は、不出頭手続きといって、一方の当事者が出頭しないために出廷した側に理を認める手続きを知っていた。現実にこうしたかたちで裁判が終わることがまれではなかったことは、そうした裁判の記録がそれなりに数多く残っていることからわかる。神判にせよ、法廷での証明手続きは紛争に明白な決着をつけるものであった。しかし、中世初期の紛争解決はつねに法廷でおこなわれたわけではなかった。中世ヨーロッパでは広く法廷外の解決がみられるようになるが、それはすでに六世紀後半のアンジェでもおこなわれていた。『書式集』の三九番を紹介しよう。

私A。X日前にある男Aが、Bが家に押し入って財産を盗んだとして訴え、Bが聖Cの教会でY人とともに宣誓することになっていました。しかし、彼らは、良き人々の仲介によって合意に達しました。私は、Bが決してその罪を犯していないことを理解し、この件に関して私が署名した文書をもつことに合意し、そのようにしました。それはこの件に関して以後私がBに対して訴えを起こさないためであり、あなたは平穏にとどまるでしょう。もしだれか、私自身か別のだれかがこの件に対して請求しようとした場合、その者はZソリドゥスを支払わなければなりません。私によって署名されたこの文書が確固たるものとしてとどまるべし。

もともと原告は法廷に訴え出て、被告が雪冤宣誓をおこなうことが決定されていたが、宣誓の履行の前に「良き人々」の仲介によって、原告は被告が窃盗を犯していないことを納得したのであった。仲介の詳細な内容は、残念ながら、不明である。仲介の結果として、原告は被告に対して二度と訴えないことを約束する文書を作成したのであった。また別の記録は、同じく窃盗事件に関して、被害者が加害者から金銭を受領することで合意したことを記していて、その文書には「良き人々」の署名が付されるこ

とになっていた。

フランク時代初期の地域社会において、紛争が生じた場合にいくつかの選択肢が開かれていた。法廷もいくつか存在したうえ、法廷に事件を持ち込まないことも可能であった。

王権による統制と教会の介入

紛争解決の面で四～六世紀にかけて生じたのは、合理的な裁判制度から非合理的なそれへの移行という言葉でいいつくせるものではない。ローマ帝国においては、裁判官が証拠の調査に基づいて真実を解明する裁判がおこなわれていたが、同時に不確かな場合に宣誓を認めることがあっただけでなく、正式の法廷でおこなわれていたかどうかは不明だが、釜審もまた使用されていた。けれども、神判は少なくともローマ法の記録にはあらわれない。重要なのはおそらく、ローマ帝国の公式の法は、そのような非合理的な審判の方法を認めなかったことである。ローマ帝国末期の西ヨーロッパ社会、とくにガリア社会は、ゲルマン社会と共通するような慣習を有していたが、そうした慣習はローマ帝国の整備された統治組織や洗練された法の覆いのもとに隠されていたのである。すでにジャン・フィリッピ・レヴィという歴史家はつぎのように述べていた。

結局のところ、神判がライヒスレヒト〔帝国法〕の覆いのもと、ローマ帝国の多くの属州で目にみえないまま存在し続けたかどうか、われわれは知らない。しかしそのことは、それが突如として外から持ち込まれたと考えるよりも、帝国の没落の後ただちに神判がめざましい再出現を遂げたことを説明するかもしれない。

同感である。こうした想定が的を射ているならば、ローマ帝国の消滅というできごとは、極めて大きなインパクトをもっていたことになる。なぜなら、ローマ帝国という天蓋がなくなることで、その下にある地域社会の慣行が露わになったからである。それゆえ、中世初期に生じた発展を理解するには、ゲルマン社会よりもローマ末期の社会に目を向けた方が有益であるとする近年の研究動向には説得力があるし、ローマ末期の社会からの発展のなかで中世初期社会を検討する必要があるのである。

とはいえ、その社会が新たな支配者のもとで再編されていく時期がフランク時代であり、メロヴィング時代である。新たな側面にも注目しなければならない。

新たな事態の一つは、神判が公式に認められたことである。それらはフランク人の法慣習を記した『サリカ法典』や『リプアリア法典』にあらわれるだけでなく、メロヴィング王が発布した勅令においても取り上げられている。かくして、おそらくはすでに大まかながらも特定の身分あるいは犯罪と結びついていた個々の神判について、公権力によってその利用指針が与えられることになった。例えば、キルデベルト王とクロタール王の発布した『平和協約』（五一一～五五八年）は、籤の神判をまずもって隷属民の罪状立証のために導入しているが、同時に自由人にもその試練を受けるのを認めている。したがって、神判の普及において公権力がはたした意義をみすごすことはできない。カロリング期になってからではあるが、双方の紛争当事者の代理人が十字架のもとで手を広げ、先に手をおろした方を負けとする十字架の神判は、公権力によって導入され、しかも公権力によって廃止されたのである。

神判はしばしば、国家の権威が弱い時代に適合的であり、その成員がみな顔見知りであるような小規模の共同体において平和秩序の維持に用いられた証明手段であったとされてきた。しかし、中世初期に

ついていえば、公権力が神判の利用を促進するとともに、コントロールしようと努めていたことにも目を向けなければならないだろう。

もう一つの新たな変化は、神判や宣誓がキリスト教化されたことである。神判において罰したり判定をくだしたりするのはもはやアポロ神ではなく、キリスト教の神である。聖別されたパンを食する神判や十字架を用いるそれがあらわれるとともに、冷水のそれのようにその判定の根拠が聖書のエピソードに求められるものもある。川に被疑者を入れて浮かべば有罪、沈めば無罪となる冷水の神判は、イエスがヨルダン川で洗礼を受けたエピソードに基づいていて、悪魔払いをされた水は正しい者を受け入れるとするものである。またいくつかの神判は教会の内部で聖職者の立ち会いのもとにおこなわれるようになる。宣誓については、フランク人のあいだでは武器にかけて誓うやり方が知られていたが、すでにアンジェ市の事例でみたように、教会でおこなわれ、聖書や聖遺物にかけてなされることになる。

教会や聖職者は、世俗の国王役人が取り仕切る紛争解決においても、その場所を確保することになる。

4　キリスト教と文化変容

クローヴィスの改宗

クロティルデ〔クロティルド〕が、生ける神の息子であると説いているイエス・キリストよ、困っ

ている者に援助を与え、あなたに望みをおく者に勝利を与えると言われているイエス・キリストよ。私は心からあなたの援助の光栄をお願いします。もし私にこれらの敵に対する勝利を恵んで下さるなら、そして私が、あなたの名によって清められた人々が、あなたについて認めたと説いているあの奇蹟の力を体験したならば、私はあなたを信仰し、あなたの名によって洗礼を受けましょう。なぜなら私は、われわれの神々を呼びましたが、しかし私が経験するところでは、われわれの神々は私を助けることをしてくれません。それ故私は、かれらは、かれらに仕える者を助けてくれないのですから、何の権力も備えていないと信じます。私は今、あなたに呼びかけます。そして敵の手から私を救って下さりさえすれば、私はあなたを信仰することを望みます。

（『歴史十巻（フランク史）』第二書三〇章）

このように、『歴史十巻』の著者トゥールのグレゴリウスは、クローヴィスの軍隊がアレマン人（アラマンニ人）との戦争で全滅の危機に瀕したときに、クローヴィスが涙ながらにこう呼びかけたことで、アレマン人に対して勝利することができたことを回顧している。そしてこのことが大きなきっかけとなって、王妃クロティルドが信仰するカトリック（アタナシウス派）に改宗することになったことを記す。『歴史十巻』のいくつかの写本は、アレマン人との戦争が、王の治世一五年目であったと記しており、多くの研究者は、クローヴィス王の受洗は四九六年のことであったと考えている。王は妹たちとともにカトリックに改宗するとともに、王の軍隊のうち三千人以上が王に従ったとされている。

アレマン人に対する勝利、カトリックを信仰するブルグンド王家出身の妻クロティルドによる勧め、これらが王の改宗に大きな役割をはたしたのは間違いない。けれども、それらを語るグレゴリウスの記

クローヴィスの受洗　　ランス司教レミギウスがクローヴィスに洗礼を授けている。
ピカルディー美術館所蔵

述はおよそ百年後に書かれたものである。洗礼と同じ時期に書かれた史料、ヴィエンヌ司教アウィトゥスがクローヴィスに宛てた書簡は、グレゴリウスの記述とはまったくトーンを異にしている。修辞に富んだその文言をここで詳しく紹介する余裕はないが、この書簡の前半部を要約すれば、つぎのようになる。

クローヴィスの改宗は、王自身が決断したことである。しかし王は、司教たちによる助言や、周囲の人々の提案に耳を傾けたのちにこの決断をくだしたのであった。とりわけアリウス派の支持者たちは、王の考えに反対していたようである。

それもそのはず、クローヴィスの妹の一人で兄とともに改宗したランテティルドは、アリウス派を信仰していたし、周

りのゲルマン人たち、ゴート王もブルグンド王もヴァンダル王もアリウス派であったからである。こうした宗教的な状況にあって、カトリックを選択することは大胆な決断であったが、クローヴィスは外部との関係よりも王国内部の統治を優先したのであった。王の改宗は、王個人あるいは王家内部の問題であっただけではなく、王国全体の問題でもあった。クローヴィスの王国は、ガリア北部を中心とする地域であり、ガリアではカトリック住民が大半を占めていたし、地方ではローマ貴族出身の司教たちが強い影響力を保持していた。こうした状況を鑑みて、王国の統治をより円滑に進められるよう、クローヴィスはカトリックに改宗したのであった。

メロヴィング期ガリアの異教

クローヴィスが捨て去った神々とはどんな神であったのだろうか。一般にクローヴィスは、ゲルマンの異教信仰からカトリックに改宗したと考えられている。しかし、『歴史十巻』に限らずメロヴィング期の史料は、フランク人が信仰していた具体的なゲルマンの神々の名前をあげていない。興味深いことに、王妃クロティルドが夫を改宗するよう説得するエピソードでは、ローマの神々があげられている。

あなたが崇拝している神々は、無価値です。それらの神々は、それ自身も他の人々も助けることはできなかったのです。というのは、それらは石や木や何かの金属から彫られたものだからです。しかもそれらにあなたたちが与えた名は、人間たちのもので、神々のものではありませんでした。例えばサトゥルヌスのように。かれは息子によって王国を奪われないように、逃亡によって逃れたと言われています。また例えばジュピター〔ユピテル〕自身のように。かれはあらゆる淫乱の最も汚

らわしい実行者で、男たちを辱め、一族の女を汚し、また妹自身が『ジュピターの妹である妻である』〔ウェルギリウス『アエネイス』からの引用〕と言っているように、かれは自分自身の妹と同衾するのをおさえることができませんでした。マルスとメルクリウスは、何をすることが出来たでしょうか。かれらは神の名の権力を持っていたというよりも、むしろ魔術を備えていたのです……。

（『歴史十巻（フランク史）』第二巻二九章）

サトゥルヌスはローマの農耕神であるし、ユピテル、マルス、メルクリウスについてはあらためていうまでもないであろう。七世紀に書かれた、ノワイヨン司教エリギウスの伝記もまた、人々が避けるべき異教的な習慣を列挙するとき、ローマの神々の名前をあげている。

……いかなるキリスト教徒も、デーモンの名や、ネプトゥヌスやオルクス、ディアナやミネルウァあるいはゲニスクスの名を唱えたり、ともかくこれらいかがわしい存在を信じてはならない……。

（『聖エリギウス伝』第二書一六章）

ゲニスクスは土着の神とみなされているが、具体的にはよくわかっていない。それ以外デーモンを除いて、すべてローマの神々である。

ゲルマンの異教はガリア住民のそれとおおいに似かよっていたと想定される。グレゴリウスは、かつてフランク人たちが「熱狂的な崇拝〔fanatici cultus ＝異教〕」（第二巻一一章）を実践していたと述べているが、他方でまた三世紀半ばのブルジュ市の貴族らが「異教〔fanatici cultus〕に身を委ねていた」（第一巻三一章）として、ほぼ同じ文章でフランク人の信仰とローマ人のそれをあらわしている。

パリの事例から

六世紀後半、エジプトに端を発したいわゆるユスティニアヌス・ペストはたんにビザンツ帝国を惨状に陥れただけでなく、ガリアの港やイングランドにまで達していたことが明らかにされている。パリもまたその影響に苦しんだ町であった。そのなかで人々は、かつて導入されたアスクレピオス神（もしくはアポロ神）に対する信仰を再び強めたとされている。中世初期史の専門家アラン・ストックレの考えである。根拠の一つとなる『歴史十巻』八巻三三章に記されているパリで起きた火事をめぐるエピソードをみてみよう。

……橋の一方の端の所ではげしくなりはじめた火事は、その場所で消えた。しかし他方の端の所では、火事はきわめてはげしくすべてを焼きつくし、河の所でようやくとまった。しかし教会とその住居は焼かれなかった。ところで人びとの伝える所によれば、この町はいわば大昔に聖化されたもので、その結果ここでは火事も害をあたえる力がなく、蛇も鼠も出ないということであった。ところが最近、橋の下水溝を掃除し、それにつまっていた汚物をとりのぞくと、人びとは青銅の蛇と鼠とを発見した。これらを持ち去ると、その後そこから無数の鼠と蛇が出て来た。そしてその後この町は火事に苦しみはじめた。

（『歴史十巻（フランク史）』）

パリの人々はこの頃ペストに苦しんでいたので、病気を治癒してくれる神に頼ろうとした。その神はエピダウロスに端を発し、ギリシア世界で癒しの神としておおいに広まったアスクレピオスか、あるいは同じくギリシアの神であり、ローマではアポロとして知られる癒しの神であったと推測されている。先にみたように、ローマ帝国末期のガリア北部ではアポロ信仰が広まっていた。アポロは治癒神であ

るが、ペストをもたらすと同時にペストを追いはらう神とみなされていた。アスクレピオスもアポロも蛇のかたちをしているとされ、脇にモグラもしくはほかの齧歯(げっし)類をともなっていて、アポロについては、「ハッカネズミ」という異名があったのも知られる。パリはおそらくキリスト教が浸透する以前に、アスクレピオスかアポロを守護神としていたのであり、「青銅の蛇と鼠」は、この神に献呈された青銅製のプレートであったと想定される。おそらくグレゴリウスは、異教信仰が人々に害をなすものであることを示すだけでなく、また災害から人々を守ってくれないことを示したかったのであろう。人々を守ってくれるのは、火事がおよばないキリスト教の教会なのである。

その後パリは聖母マリアを守護聖人とすることになる。異教の神々は、キリスト教の神や聖人に取ってかわられることになるのである。

キリスト教の浸透

フランスの偉大な中世史家ジャック・ル・ゴフは、キリスト教が西ヨーロッパ世界に浸透するにあたって、異教の神殿を破壊しただけでなく、異教的な要素を取り入れたことを強調している。例えば、異教徒のあいだで広まっていた偶像崇拝は、聖遺物や聖像の崇敬へとかたちを変えたし、護符の利用もまた継承された。また、病気の治癒や死者の蘇生などの奇跡的なできごとは、いまや異教の神殿や泉で生じるのではなく、教会やとりわけキリスト教の聖人の墓で起こる。それまで呪術師がおこなってきた病気の治癒は、キリスト教の聖人による悪魔払いというかたちで実現されることになる。かくして異教徒の実践はかたちを変えながらも継続するが、その意味はキリスト教的なそれへと変化させられたのであ

る。トゥールのグレゴリウスが著した『聖マルティヌスの奇跡』には、マルティヌスの墓で生じた数多くの奇跡が記録されている。一例を紹介しよう。

私〔グレゴリウス〕の召使いの少年が、熱病にかかってひどく苦しんでいた。彼は内側からはおおいにのどが渇いていたが、外側では彼の腕は燃えあがるほどであった。しかし何かを飲むといつでも、ただちに胃から反吐を吐いてしまうのだった。彼はまったく食事をとることもできなかった。彼はこの不幸に苦しんでいて四日後か五日後に、〔マルティヌスの〕墓から少しばかりの塵土をもってきて飲ませてくれるようお願いした。塵土が運ばれ、葡萄酒と混ぜられた。この少年は信心をもってそれを飲むと、健康を取り戻した。

（『聖マルティヌスの奇跡』三書一二章）

呪術的にも非合理的にもみえる奇跡は、キリスト教の聖人による奇跡である。これはおそらく土俗信仰の慣習から由来するのではないかと想定されるが、病気の治癒は聖人を介してキリスト教の神が恵んでくださった奇跡となるのである。

同じくキリスト教の浸透にともなって、新たな意義を与えられた、もしくはその意義を変えたのは、食器の清潔さに対する考え方である。食器の「汚れ」は衛生の面ではかられるのではなく、悪魔による汚染として観念されるようになる。いくつかの修道戒律にみられる規定、「食事の前にスプーンに対して十字を切るべし」、あるいは「食事の前に祝福の言葉を述べなければならない」とする定めは、悪魔払いの意味をもっていた（七世紀初頭の『コルンバヌスの戒律』や七世紀半ばの『ドナトゥスの戒律』）。ある飲食物や食器が悪魔に汚染されているかどうかは、普通の人間の目にはみえず、ただ聖なる人物によってしか発見できないとされた。例えば、パリの聖女ジュヌヴィエーヴは、おそらく魚醤のはいった陶器

を買った女性と出会った時に、注意深く観察して、そこに隠れている悪魔を発見し、その悪魔を陶器から追い出したとされている。この奇跡は日常の飲食行為に潜む危険を、聖人のみが明らかにし、その危険から回避するのを可能にするというメッセージを伝えるものである。そしてこの危険を回避するための予防的な措置において、教会が主導的な役割をはたしたのであった。

「君主鑑」の誕生

フランク社会のキリスト教化は六、七世紀のあいだにじわじわと進んでいった。これにともない、国王権力にもキリスト教的な性格が浸透していく。王はキリスト教徒となっていたが、王権による支配をキリスト教によって根拠づける動きはなかなかあらわれなかった。しかし、七世紀にはいると事情は変化する。あるジャンルのキリスト教的な作品が登場する。すなわち、聖職者や修道士が、君主に対してキリスト教の倫理に従って振る舞うよう諭す「君主鑑（かがみ）」である。すでに冒頭で引用したランス司教聖レミギウスの書簡にも、そうした性質はあらわれているが、書簡の一部を構成しているにすぎない。六四〇年代にある司教（名前は伝わっていない）が、シギベルト三世かクローヴィス二世に宛てた手紙は、全体として一つの君主鑑の作品となっている。その最初の部分を引用しよう。

いとも高貴な王よ、私は陛下にお願いしたい。私があえて汝に書こうとしたことを、汝が喜んで受け入れてくださるように。いとも敬虔なる王よ、頻繁に聖書を読んでください。そこには神に気に入られた古えの王たちのことを知ることができるからです。これらの王たちが、どのようにして謙虚さを保つことで、神に気に入られたのか、汝が彼らの足跡を辿るのであれば、いまある王国の

長き栄誉と、加えて永遠の生命を獲得するであろうことを学ぶでしょう。事実ダビデ王は賢く謙虚であり、絶えず神の気に入る善行を追い求め、彼に対してしかけられた戦につねに勝利し、自ら神の神殿の建設を始め、その息子ソロモンがそれを完成させました。なぜなら、神が預言者を通じて彼にこういったからです。「のちにこの私の家を建てる者は、汝の腿から出て行くのです」〔『列王記』では、「神殿を建てるのはあなたではなく、あなたの腰から出る息子が私のために神殿を建てる」となっている〕。このソロモン王は言葉において、細かい点ですら何も非難するところはないほどの知恵と慎重さとをもっていたと書かれています。彼は判断において正しく、発話において賢く、彼のすべての行動は王にふさわしかったのです。

続いて、これら聖書に記される王たちの振る舞いを手本として、道化師のごとき人の話ではなく、司教たちや年長の顧問に耳を傾けることが強調される。さらに、特権などの恩寵の分配において分別を保ち、正しい判決をくだし、隷属民を解放することで敬虔に振る舞い、貧民に対して慈悲心をもつことで、統治が永続することを諭す。その後メロヴィング王家のなかで従うに値する祖先の名があげられ、なかでもクロタール二世は、「現世においてまるで司教のごとく振る舞った」として賞賛されている。

さらに、「フランク人の高貴な王よ、いとも親愛なる息子よ、常に神を畏れ、神を愛しなさい」とする呼びかけで始まる部分では、王が「神によって定められた神の召使いたることを知りなさい」と諭されている。王は地上における神の代理人として、神に気に入られるような仕方でキリスト教の倫理に従って統治しなければならないのである。手紙は、「ああいとも親愛なる王よ、神により永遠の救いが汝と汝のすべてのものたちに与えられんことをうやうやしくお祈り申し上げます」とする文章で締めくく

られている。

かくしてキリスト教的な王権モデルが、フランク王が採用すべき重要な手本となっていく。七世紀末頃におそらくパリ地方で作成された法律文例の集成である『マルクルフ書式集』は、王の判決文書の書式をおさめていて、その序文は王を「神から統治をゆだねられた者」としている。「神の恩寵による王」と名乗ることになるカロリング朝のキリスト教的王権理念が、七世紀のあいだに醸成されていく。

以上、政治・社会・文化に注目しながら、五世紀後半から七世紀前半にかけての時期における西ヨーロッパ世界の再編の諸相をみてきた。この時期の西ヨーロッパは多くの面でローマ帝国末期の社会の特徴をとどめていたが、それらは新たな支配者であるゲルマン人の慣習や文化と多くの共通点を有していた。もちろん、キリスト教の浸透に明らかなように、この時期は歴史の大きな転換期である。そして、それと同じくらい大きな転換は、西ローマ帝国の滅亡によってもたらされたといっても過言ではない。ゲルマン人の慣習と少なからぬ共通点を有するローマ帝国末期のガリア社会の慣習や文化は、ローマ皇帝やそれと結びついていた法の支配からの解放によって、歴史に姿をあらわすことになるからである。し、また新たな支配者であるフランク人の王たちは、帝国秩序にかわる新たな秩序の模索に努めなければならなくなったからである。もちろん中世的といえるような政治秩序や社会秩序はまだ確立されてはいない。しかし、それにもかかわらず、この時期のフランク社会の経験がのちの発展の土台をつくることになる。

COLUMN

大盾巡行をめぐって

グンドヴァルドは上に述べた公たちとともに一緒にリムーザンに来て、人びとの言う所によれば、われわれのマルティヌスの弟子である聖マルティヌスが横たわっているブリブ・ラ・ゲイヤルド村に到着し、そこで盾の上にのせられて王にさせられた。しかしかれらが三度目にグンドヴァルドとともに廻って歩いていたときに、かれは落ちて、周りの人びとが手で支えることができなかったと伝えられている。ついで彼は周りにある町々を廻った。

（『歴史十巻（フランク史）』）

トゥールのグレゴリウスは『歴史十巻』七巻一〇章において、メロヴィング王位の簒奪（さんだつ）を試み、失敗することになるグンドヴァルドが、五八四年に一時的にリムーザン地方のブリーブで王に定められたことを伝えている。歴史家の興味を引くのは即位の際におこなわれた儀式であり、「大盾巡行」と呼ばれている。メロヴィング期の大盾巡行に関する記述はほかにも二例確認できる。クローヴィスがその治世末期にライン地方のフランク人の王になったとき、そして五七五年にシギベルト王が兄弟キルペリク王からネウストリア分王国を奪ったときである。ともに同じく『歴史十巻』に記されている。

かつて大盾巡行は、しっかりとした準備なしに即興でおこなわれた即位（クローヴィス）、あるいは正当ではない王位継承（シギベルト、グンドヴァルド）の際にのみおこなわれたとされてきた。これに対してレジヌ・ル・ジャンというフランスの中世史家は、これらすべてのケースで即位した王が残酷な結末を迎えたことに着目する。シギベルト王は、盾の上にのせられた時に、毒がぬられた小刀で両脇腹を刺されて殺さ

れてしまった。簒奪者グンドヴァルドもまた、敵の手によって頭に投石を受けて死亡した。クローヴィスについていえば、大盾巡行は王の死の直前のできごとであるかのように記述されている。それゆえル・ジャンは、大盾巡行が危険な、そして正当ではない儀式であることを、グレゴリウスが読者に喚起しようとしたと想定している。

ところで新たな指導者を大盾にのせる行為は、タキトゥスがその『同時代史』において、ライン川下流に住むゲルマン人の一派であるカンニネファテス族のブリンノが軍指揮者となった時に、「部族の慣習に従って」おこなわれたとしている。また同じくゲルマン人である東ゴート王ヴィティギスも五三六年に「父祖の慣習に従って」盾の上にのせられたのであった。このため、大盾巡行をゲルマン起源とみなす研究者は多い。そして盾の上にのせる動作は、王を「上げる」行為であり、それゆえ天上の高みへと王を押し上げるという意味合いがあったとされる。さらには、王が民衆によって選ばれたことを象徴する儀式であったとする見解もある。

しかし、前例はローマ帝国にもみられる。三六〇年に背教者として有名なユリアヌスは、パリで皇帝に推戴された際に、軍隊により盾の上にのせられたのであった。また、シギベルトとほぼ同時代のビザンツからも同様の事例が知られる。ユスティヌス二世が五六五年に即位したとき、彼は兵士たちの支える盾の上にのせられた。この儀礼がゲルマン的であれローマ的であれ、あるいはビザンツ的であれ、グンドヴァルドの事例を最後にメロヴィング期からは大盾巡行は証明されない。それがどんな意味をもっていたにせよ、古代の伝統に属する慣行であった。

三章　ビザンツ的世界秩序の形成

南雲泰輔

1　ローマ的世界秩序からビザンツ的世界秩序への構造転換

世界の新たな中心

トルコ共和国最大の都市イスタンブールは、かつてコンスタンティノープル市と呼ばれて、ローマ帝国東部、のちにビザンツ帝国と称されることになる国家の「首都」として殷賑（いんしん）を極めた。五世紀のラテン語史料である『コンスタンティノープル市要録（ノティティア・ウルビス・コンスタンティノポリタナエ）』（本史料については一七四頁のコラムを参照）では、当時の都市の様子がつぎのように紹介されており、その繁栄のありさまをうかがい知ることができる。

都市コンスタンティノープルにはつぎのものがある。宮殿が五、教会が一四、神聖なる皇妃の館が六、貴族の館が三、公衆浴場が八、バシリカが二、広場が四、元老院〔議員専用の館〕が二、食糧貯蔵庫が五、劇場が二、演芸場が二、港が四、戦車競走場が一、貯水槽が四、泉が四、道路が三二二、館が四三八八、列柱廊が五〇、私営浴場が一五三、公営製パン所が二〇、私営製パン所が一二〇、階段が一一七、肉屋が五、管理官が一三人、公的奴隷が一四人、組合が五六〇、街区長が六五人、紫色の記念柱が一、内部に階段のある記念柱が二、円形闘技場が一、黄金の四面門が一、アウ

グステウム〔アウグステイオン〕広場、カピトリウム神殿、造幣所、停泊所が三。
（『コンスタンティノープル市要録』一四・二〇〜五五）

この史料が書かれた五世紀初頭のコンスタンティノープル市の人口は、およそ二〇万人であったと推定されている(五〇万人とされることもあるが、五世紀半ばの推定人口が三〇万人から四〇万人であるため、最近の研究ではこの推計は楽観的にすぎると批判されている。ただし、六世紀初頭までに六〇万人にまで増加した)。コンスタンティヌス大帝によって創建された当初の都市人口がおよそ三万人と見積もられているので、百年ほどのあいだに一〇倍もの人口増加が起こったことになる。他方、イタリア半島のローマ市は、ローマ帝国の最盛期(二世紀)にはその人口が約百万人におよんだが、五世紀初頭には五〇万人に、同じ世紀の半ばには三五万人にまで減ったという。

すなわち、五世紀前半のローマ帝国には、東と西とにそれぞれ、勃興してくる「新しい首都」コンスタンティノープル市と、没落しつつある「古い首都」ローマ市という二つの都市が存在していたことになる。四世紀から五世紀にかけての時期に、この二つの「首都」がそれぞれに迎えた対照的な局面は、古代世界から中世世界へ、ローマ的世界秩序からビザンツ的世界秩序への構造的な転換を物語っている。ヒトとモノの動きが根本的に変化しつつあったのである。

ヒトとモノの向かう先

そうした構造的な転換を象徴的に示す事例として、ヒトとモノの移動の変化について、歴史家と穀物の移動に着目してみよう。歴史家に着目するのは、彼らが執筆活動に適切な環境を求めて移動するた

め、社会的・文化的中心がどこであるかを、また穀物に着目するのは、それが食糧として人間の生存にとり必要不可欠であるため、政治的・経済的中心がどこであるかを、それぞれ把握するための有用な指標となりうると考えられるからである。

まず歴史家の移動について、アメリカ合衆国のビザンツ史研究者ウァレン・トレッドゴルドが、その著書『初期ビザンツの歴史家たち』(二〇〇七年)に載せた興味深い図がある。それは、初期ビザンツ時代(四〜六世紀)における歴史家の出身地と活動地の関係を地図上に示したもので、総勢四〇人の歴史家が取り上げられている。無論、推測上の事例も含まれているが、トレッドゴルドに従うと、ローマ帝国東部に生きたこれらの歴史家のうち二〇人、つまり半分が、みな一つの都市をめざしたという。「第二のローマ市(アルテラ・ローマ)」「新しいローマ市(ネア・ローマ)」へ、すなわち、コンスタンティノープル市へ。また八人は、コンスタンティノープル市で生まれ、そこで著作した。合計二八人、つまりじつに七〇%もの歴史家たちが、コンスタンティノープル市で活動していたことになる。

コンスタンティノープル市へ向かったのは歴史家だけではない。つぎに穀物についてみてみよう。かつて巨大な人口をかかえていたローマ市には、彼らを養うべく公的な食糧供給制度(フルメンタティオネス)が整備されていたが、それは海外の属州から輸送されてくる穀物(小麦)によって支えられていた。その主要な供給地はエジプト、北アフリカ、シチリア島であり、毎年少なくとも二二万トン以上が運ばれていたと推計されている。しかし、五世紀にはいり、北アフリカにヴァンダル王国が建国されると(四三九年)、そこからローマ市への穀物供給はとだえた。また、エジプト産穀物は、コンスタンティノープル市に主として供給されるようになった。古代世界において公的な食糧供給制度が整備されたのは

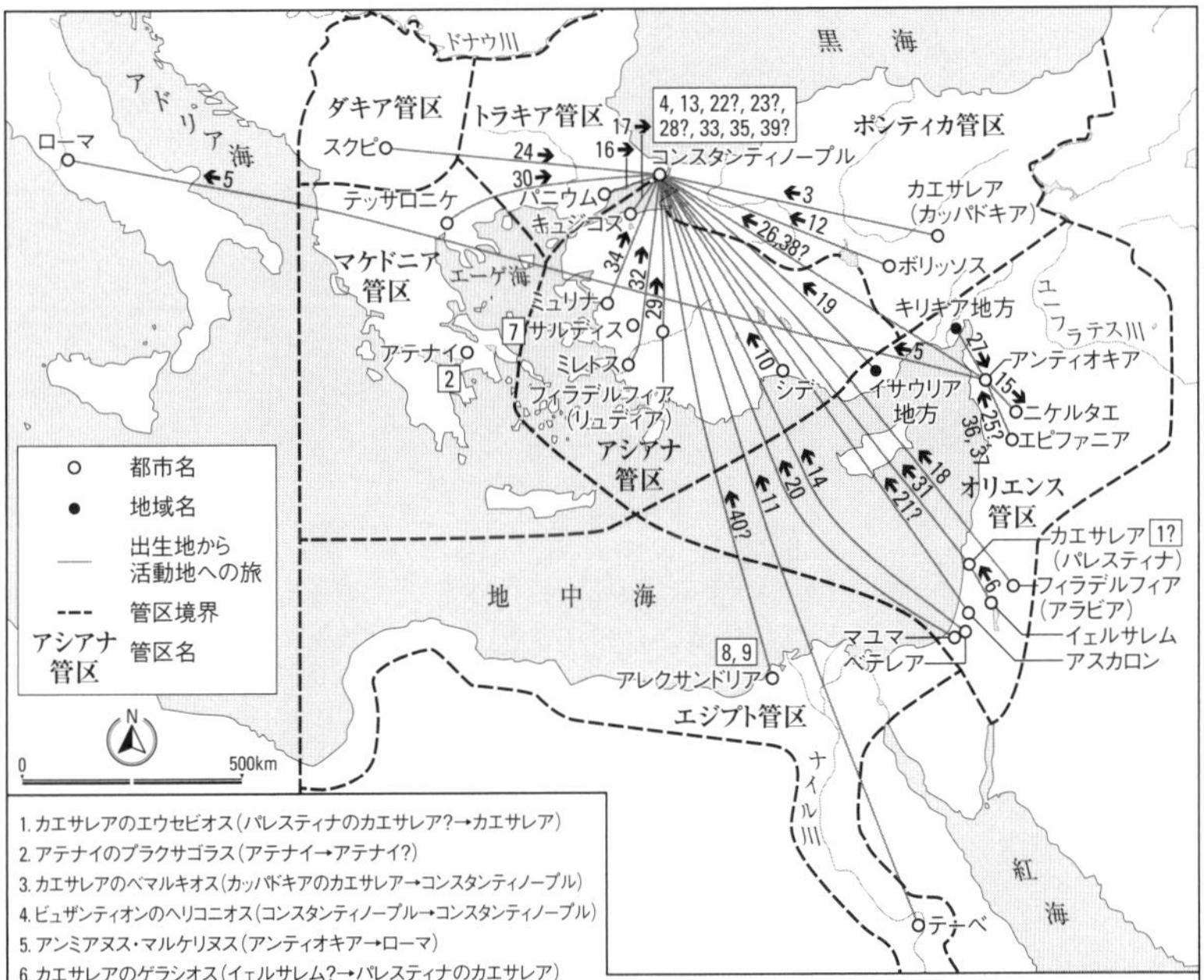

1. カエサレアのエウセビオス(パレスティナのカエサレア?→カエサレア)
2. アテナイのプラクサゴラス(アテナイ→アテナイ?)
3. カエサレアのペマルキオス(カッパドキアのカエサレア→コンスタンティノープル)
4. ビュザンティオンのヘリコニオス(コンスタンティノープル→コンスタンティノープル)
5. アンミアヌス・マルケリヌス(アンティオキア→ローマ)
6. カエサレアのゲラシオス(イェルサレム?→パレスティナのカエサレア)
7. サルディスのエウナピオス(サルディス→サルディス)
8. アレクサンドリアのパノドロス(アレクサンドリア→アレクサンドリア)
9. アレクサンドリアのアンニアノス(アレクサンドリア→アレクサンドリア)
10. シデのフィリッポス(シデ→コンスタンティノープル)
11. テーベのオリュンピオドロス(エジプトのテーベ→コンスタンティノープル)
12. フィロストルギオス(ボリッソス→コンスタンティノープル)
13. コンスタンティノープルのソクラテス(コンスタンティノープル→コンスタンティノープル)
14. ソゾメノス(ベテレア→コンスタンティノープル)
15. キュロスのテオドレトス(アンティオキア→ニケルタエ)
16. パニウムのプリスコス(パニウム→コンスタンティノープル)
17. キュジコスのゲラシオス?(キュジコス?→コンスタンティノープル)
18. フィラデルフィアのマルコス(アラビアのフィラデルフィア→コンスタンティノープル)
19. イサウリアのカンディドス(イサウリア→コンスタンティノープル)
20. ミュティレネのザカリアス(マユマ→コンスタンティノープル)
21. 総監ゾシモス(アスカロン?→コンスタンティノープル)
22. ヨハネス・ディアクリノメノス(コンスタンティノープル?→コンスタンティノープル)
23. 説教師テオドロス(コンスタンティノープル?→コンスタンティノープル?)
24. 総監マルケリヌス(スクピ?→コンスタンティノープル)
25. エピファニアのエウスタティオス(エピファニア→アンティオキア?)
26. ヨハネス・マララス(アンティオキア→コンスタンティノープル)
27. キリキアのバシレイオス(キリキア→アンティオキア)
28. ノンノソス(コンスタンティノープル?→コンスタンティノープル)
29. リュディアのヨハネス(リュディアのフィラデルフィア→コンスタンティノープル)
30. 名誉顕官ペトロス(テッサロニケ→コンスタンティノープル)
31. カエサレアのプロコピオス(パレスティナのカエサレア→コンスタンティノープル)
32. ミレトスのヘシュキオス(ミレトス→コンスタンティノープル)
33. ビュザンティオンのテオファネス(コンスタンティノープル→コンスタンティノープル)
34. ミュリナのアガティアス(ミュリナ→コンスタンティノープル)
35. メナンドロス・プロテクトル(コンスタンティノープル→コンスタンティノープル)
36. エウァグリオス・スコラスティコス(エピファニア→アンティオキア)
37. エピファニアのヨハネス(エピファニア→アンティオキア)
38. アンティオキアのヨハネス(アンティオキア→コンスタンティノープル?)
39. 復活祭年代記の作者(コンスタンティノープル?→コンスタンティノープル)
40. シモカッタのテオフュラクトス(アレクサンドリア?→コンスタンティノープル)

出典:W. Treadgold, *The Early Byzantine Historians*, Basingstoke, 2007. をもとに作成

初期ビザンツ時代の歴史家の出身地と活動地
矢印の起点はそれぞれの歴史家の出身地、終点は著作をおこなった活動地を示す。ローマ市へ向かったのは、アンティオキア市の生まれで、ローマ市を敬慕し、コンスタンティノープル市を嫌悪した4世紀の歴史家アンミアヌス・マルケリヌスただ一人にすぎない。

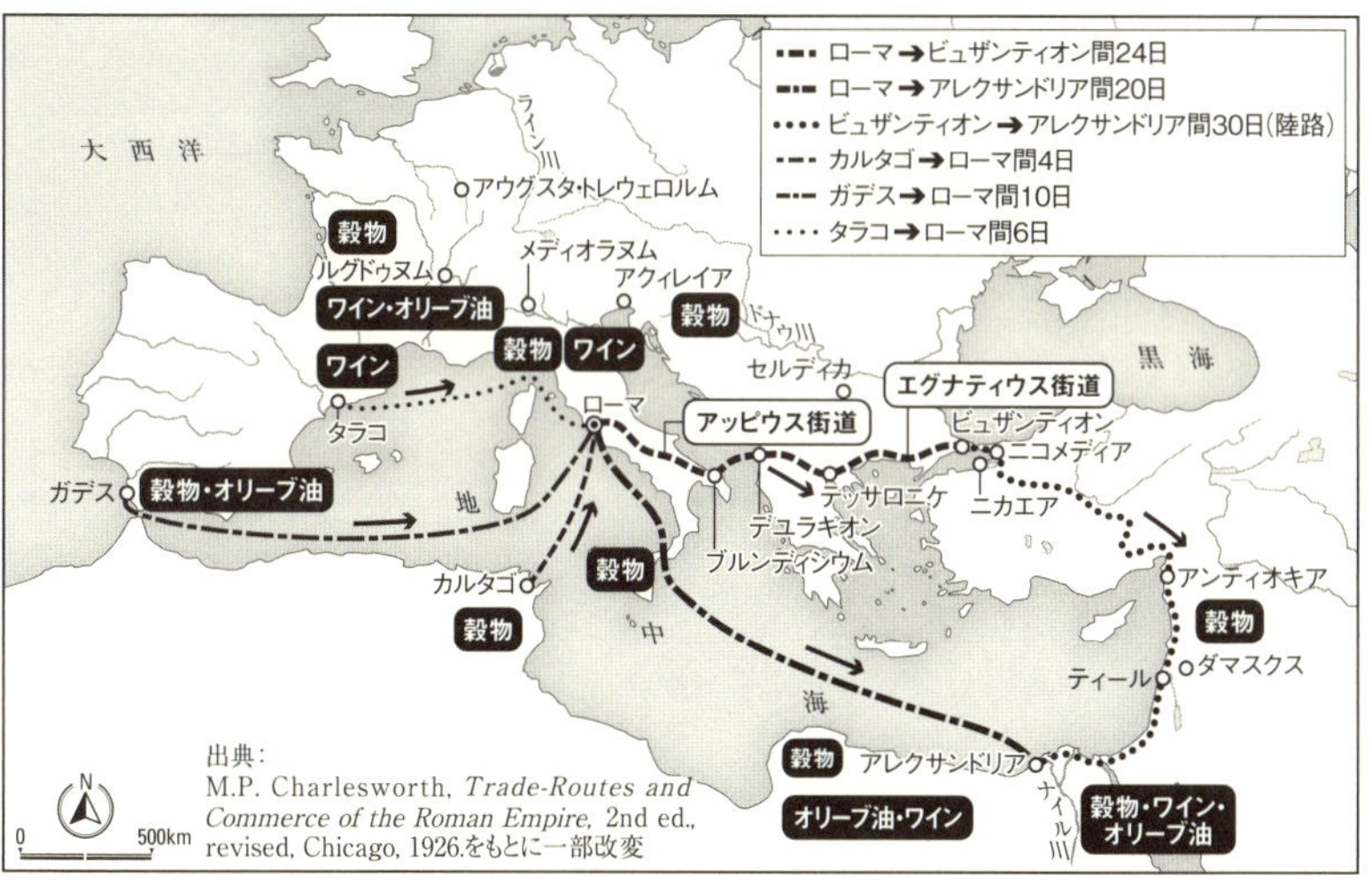

ローマ市とコンスタンティノープル市へのモノの移動

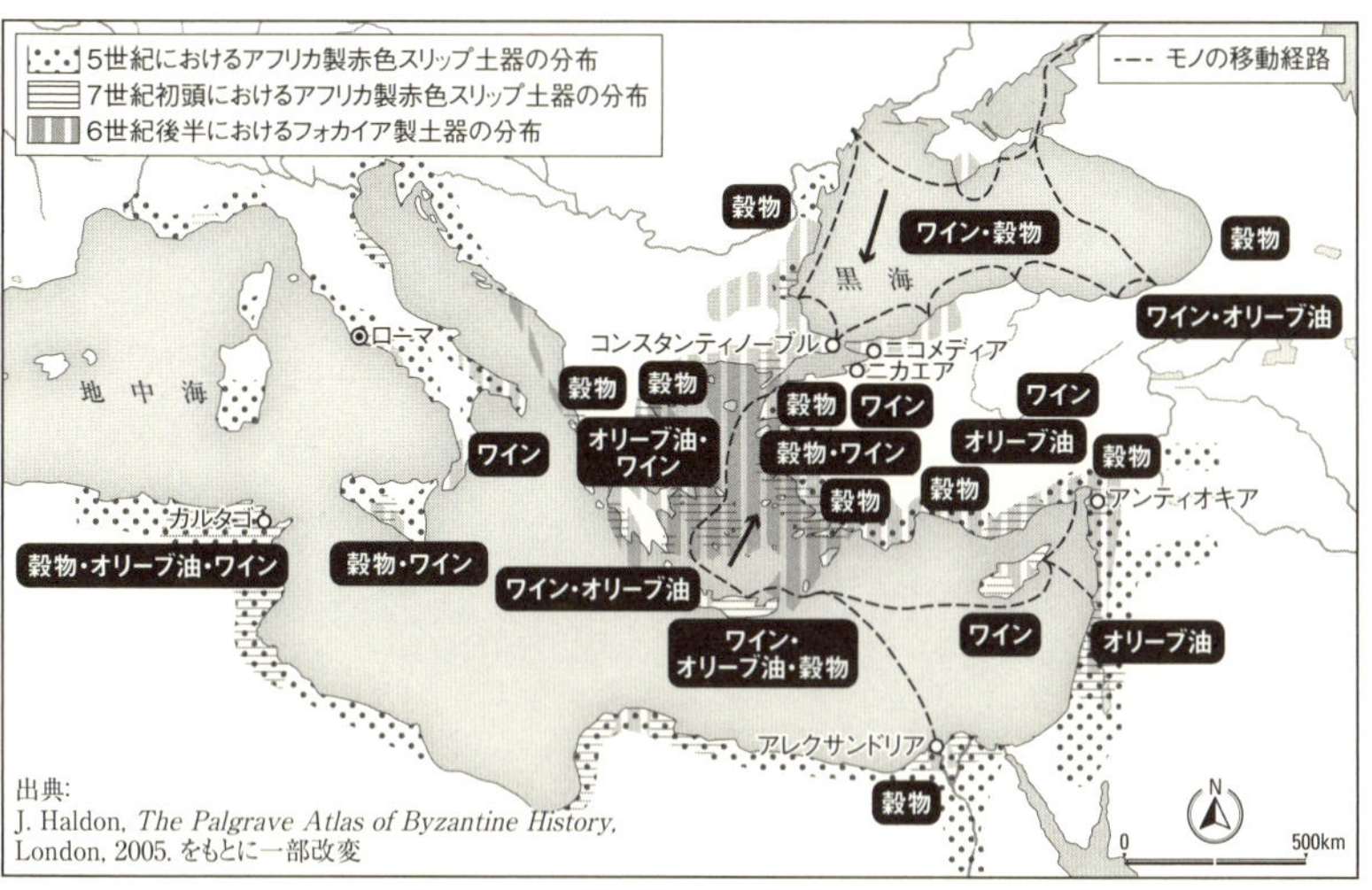

出土土器によるコンスタンティノープル市へのモノの移動

ローマ市とコンスタンティノープル市という二大都市のみであったが、西のメトロポリスから東のそれへ、食糧もまた向かう先を変えていった。

海辺の一都市

ヨーロッパとアジアの交差点に位置したコンスタンティノープル市は、自然発生的なポリスから拡大を続けた「古い首都」ローマ市とは異なり、コンスタンティヌス大帝によって建設された「人工的な首都」ともいうべき存在であった。前身となる都市は、紀元前六六〇年頃に建設されたとされる小さなギリシア植民市であり、伝説上の都市建設者であるメガラのビュザス王の名前から、ビュザンティオン市と呼ばれていた。

この都市は、海陸交通の要衝に存在していたが、いくつかの点で不利な条件下にあった。海路では、黒海とエーゲ海を繋ぐボスフォラス海峡に面し、マルマラ海と金角湾（きんかく）にはさまれていたが、吹きつける強風のため、海からの都市への接近には困難がともなった。また、陸路では、アドリア海沿岸の都市デュラキオンから通じるエグナティウス街道と、小アジアを通って東方へと向かう街道の結節点に位置していたが、歴史家ポリュビオスが詩人ホメロスを引きつつ「タンタロスの罰」（『歴史』四・四五、城江良和訳）と形容しているように、またやがて三七八年のアドリアノープルの戦いで明らかになるように、バルカン半島側、とくにトラキア地方から繰り返し侵入してくる外敵に対しては極めて脆弱であった。さらに、活発な活動で知られる北アナトリア断層の近くに立地していたため、地震にみまわれる恐れがつねにあった。

このようなビュザンティオン市が四世紀初頭までにたどった歴史には、ほかの諸都市と比べ取り立てて特別なところはなかった。文献史料に記録されたローマ帝政期の特筆すべきできごとといえば、つぎの二つをあげることができるであろうが、いずれもビュザンティオン市が他都市よりも抜きん出て重要であった証拠とみなすことは困難であろう。

一つは、ギリシア贔屓のローマ皇帝ハドリアヌス(在位一一七〜一三八)によって、水道が建設されたことである。インフラとしての水道の建設は、後述するように都市の発展にとって重要であったが、彼の治世には対岸のニカエア市で同様に水道が建設されていたし(一一三年)、先代のトラヤヌス治世には同じく対岸のニコメディア市でも水道建設が試みられていたことが小プリニウスの書簡から知られている(『書簡集』一〇・三七、三八、國原吉之助訳)。また、「旅する皇帝」でもあったハドリアヌスは、ギリシアに限らず帝国各地で多くの公共事業をおこなっていたから(「ハドリアヌスの生涯」一九、『ローマ皇帝群像』所収、南川高志訳)、そのなかでビュザンティオン市が例外的で特別な存在であったとはいえない。

二つ目は、セプティミウス・セウェルス(在位一九三〜二一一)の治世に、ビュザンティオン市が彼の政敵ペスケンニウス・ニゲルに与したことである。そのため、セウェルスがペスケンニウスを破ると、罰としてビュザンティオン市では城壁の破却など破壊行為がおこなわれた。史料の伝えるところによれば、後日、セウェルスの息子カラカラの口添えによって、ビュザンティオン市は、以前に保持していた権利を回復したという。しかし、それもビュザンティオン市だけのことではない。セレウコス朝時代に建設された伝統ある都市アンティオキアも同様に、ペスケンニウスを支持しセウェルスの不興をこうむり、後日権利回復をはたしたという(「アントニヌス・カラカルスの生涯」一、『ローマ皇帝群像』所収、井上

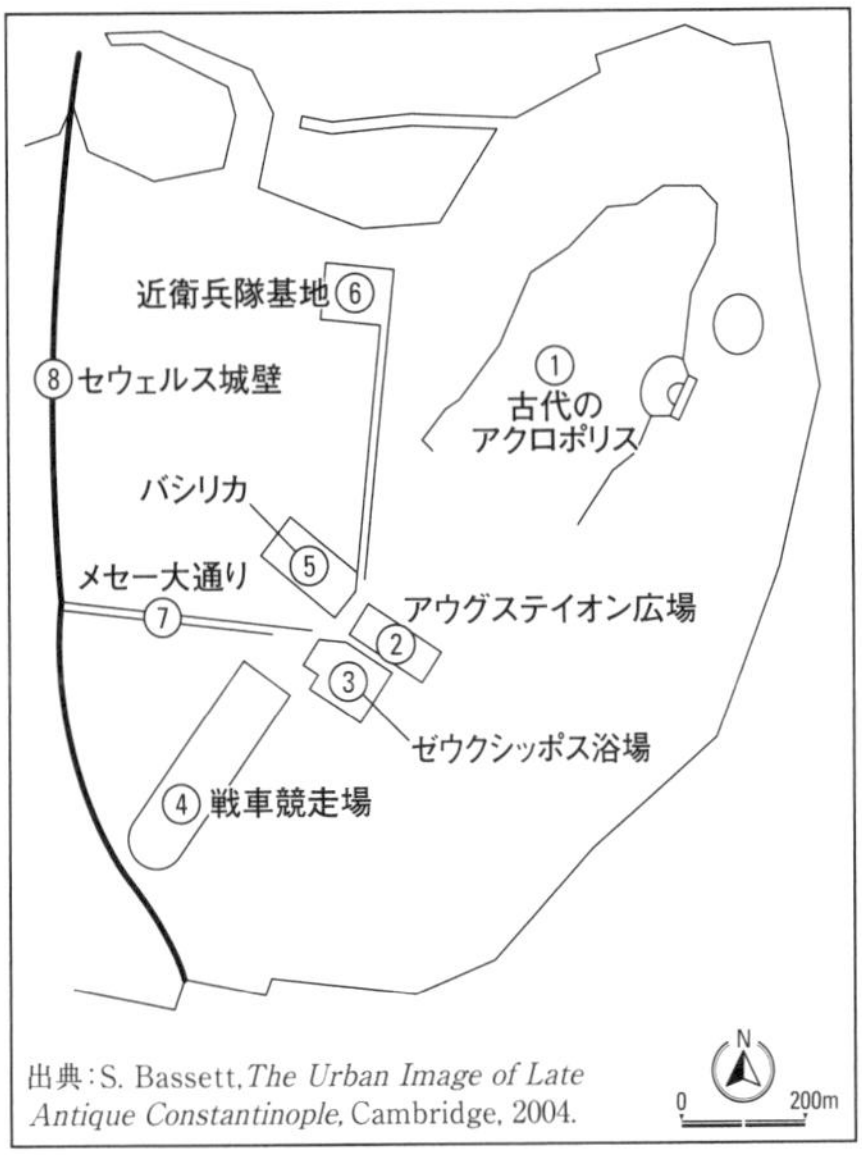

出典：S. Bassett, *The Urban Image of Late Antique Constantinople*, Cambridge, 2004.

セウェルス朝時代(193〜235年)のビュザンティオン市

文則訳)。この破壊行為ののち、ビュザンティオン市には、セウェルスによってコロニア・アントニナという新しい名称が与えられ(著者不詳『パトリア』一・三六)、列柱廊や広場、ゼウクシッポス浴場、戦車競走場など公共建築物の再建・建設がおこなわれた(ヨハネス・マララス『年代記』一二・二〇)。ただし、理由は定かではないが、このセウェルスによる都市再建事業は未完に終わり、少なくともゼウクシッポス浴場と戦車競走場は、セウェルスが没する二一一年までに完成することはなかった。そして、セウェルスの死とともに都市の名前も旧に復した。

「新たな中心」への視座

このような海辺の平凡な一地方都市は、やがて『コンスタンティノープル市要録』に描かれたような、かつての「首都」ローマ市に

匹敵するほどの発展を遂げ、中世世界有数の大都市として千年以上にわたって存続することになる。コンスタンティノープル市創建当時のローマ帝国には、帝国東部ではニコメディア市（現トルコ・イズミット）、セルディカ市（現ブルガリア・ソフィア）、テッサロニケ市（現ギリシア・テッサロニキ）、アンティオキア市（現トルコ・アンタキヤ）、アレクサンドリア市（現エジプト）、帝国西部ではメディオラヌム市（現イタリア・ミラノ）、アクィレイア市（現イタリア）、アレラテ市（現フランス・アルル）、アウグスタ・トレウェロルム市（現ドイツ・トリーア）のように、テトラルキア時代に宮廷所在地となり、きたるべき新たな世界秩序の中心にふさわしい重要都市がほかにも存在したにもかかわらず、である。

では、コンスタンティノープル市の創建をもってビザンツ史の始まりとみなすことは「適切」（ハンス＝ゲオルグ・ベック）であるとまでいわれたように、ローマ的な世界秩序の崩壊ののち、当市を中心に形成されてくるビザンツ的な世界秩序とはどのようなものだったのであろうか。

三七八年のアドリアノープルの戦いでローマ軍が大敗を喫して以後、ローマ帝国の北方、ライン・ドナウ川国境地帯は「ゲルマン人」の侵入の波に洗われ、ローマ帝国西部においてかかる侵入は、四一〇年八月二十四日のアラリックが率いたゴート人によるローマ市劫略（ごうりゃく）において頂点に達した。かつてローマ史研究者・弓削達は、名著『永遠のローマ』（一九七六年）のなかで、この四一〇年以後のローマ帝国史について、「ローマ史上はもとより、世界史全体の中でも、もっとも変化が激しくて複雑な動きを示した時期」と述べ、世界史上の一大転換期としての意義を強調したが、その複雑さが生じたのは、三七八年以後、帝国の東西が異なる情勢――それはとりわけ外部勢力との関係の点で大きく相違していた――のもとにおかれ、結果として明らかに別個の歩みを始めたからにほかならない。ローマ帝国東部で

は、帝国西部が経験したような政治的崩壊と社会的破局をともなう転換は存在しなかった。ローマ帝国東部にあって、ローマからビザンツへの転換の過程は、一瞥して明らかな断絶というよりも、かえって段階的かつ漸次的な転換として立ちあらわれてくるのである。

このような転換の軌跡は、後述するようにコンスタンティノープル市の発展の歴史を追うことによってもっとも良く跡づけることができる。ただし、ビザンツ的世界秩序の形成を、たんなる都市の秩序ではなく「世界」のそれとして描き出そうとするならば、コンスタンティノープル市の都市空間内部の充実のみならず、そのような発展を可能にした、都市外部の状況を含む同時代の文脈をも踏まえる必要があるであろう。このとき、かつてフランスのビザンツ史研究者シリル・マンゴーが、コンスタンティノープル市が後背地に依存していた事実を明瞭に察知できるのは、ほかでもなく水供給の領域においてであると指摘していることは、「新たな中心」とそれを核とする新しい秩序を理解するための視点として注目に値する。同じ都市のインフラでも、道路や城壁はそれがなかったとしても都市機能の維持は必ずしも不可能とはいえまいが、人間が生存するために水は必要不可欠なものであるだけに、水道なくして古代世界のメトロポリスはありえなかった。「人工的な都市」であったコンスタンティノープル市を支える水供給インフラのあり方には、この都市を核として構築された世界秩序の思想が凝縮されていると考えられる。

本章では、三七八年のアドリアノープルの敗戦後、外部勢力との関係のなかで深甚な変化を蒙った世界にあって、コンスタンティノープル市を核として徐々に形成されていったビザンツ的世界秩序とはどのようなものであったかを、外部勢力との関係を含む同時代の政治状況の変化をふまえたうえで、当市

とその水供給インフラの整備に着目して考察する。まずは、新しい世界秩序に冠される「ビザンツ」とは何かという問題と、コンスタンティノープル市を取り巻く同時代の情勢を振り返ることから始めたい。そのうえで、コンスタンティノープル市の歴史と、五世紀前半に同市の発展を可能にした水供給インフラ整備の実態について、四世紀後半のウァレンスの治世まで時代を遡りながらみてゆくことにしよう。

2 ビザンツ的世界秩序成立の背景

「ビザンツ」とは何か

ビザンツ的世界秩序の形成について考えようとするとき、「ビザンツ」とは何かという問題につねに直面せざるをえない。この問題は、研究史上ではより具体的に、「ビザンツ」という言葉の指し示す時代的・地理的な範囲の問題(ビザンツ帝国の開始時期はコンスタンティヌス大帝の即位時か、コンスタンティノープル市の創建時か、三九五年のローマ帝国の東西分裂か、ローマ帝国西部が政治的に崩壊する四七六年か、ユスティニアヌス大帝時代か、それともさらに時代が下って七世紀からなのか。ビザンツ帝国の終焉は一二〇四年か、それとも一四五三年か。また、「ビザンツ」の支配領域はどこからどこまでか、そもそもビザンツ人はそれを実際の支配領域にそくして認識していたのか)や、ビザンツ人の内実とその自己認識の問題(「ビザンツ人」とはだれであったか、また彼らは自分自身についてどのように考えていたか)などのような問いとして提示されてきた。

「ビザンツ」の定義として研究史上においてもっとも人口に膾炙(かいしゃ)しているのは、ビザンツ史研究の碩学ゲオルグ・オストロゴルスキーが大著『ビザンツ帝国史』(初版一九四〇年)において提示した、「ローマ帝国、ギリシア文化およびキリスト教信仰が、ビザンツ帝国発展の生命源である。この三要素のうちの一つが欠けても、ビザンツ帝国という存在を考えることは出来ない。ヘレニズム文化、キリスト教信仰およびローマ帝国という要素が、一つに融合して初めて、我々がビザンツ帝国と呼び習わしている、かの歴史像が完成するのである」(和田廣訳)というものであろう。ビザンツ帝国とは、キリスト教化したギリシア人によるローマ帝国だというわけである。このオストロゴルスキーの定義は、多少の異同をともないつつも、現在でもなお有効なものと考えられている。例えば、ピーター・サリスが最近の著書『ビュザンティウム――とても短い入門書』(二〇一三年)において、ビザンツとその文明を定義するものは、ローマ的なアイデンティティ、ギリシア文化、キリスト教、そしてコンスタンティノープル市創建という四つの要素が、四世紀において結びついたことであった、と述べているようにである。このような定義のもとで「ビザンツ」をとらえる研究者は枚挙に暇がない。ただし、オストロゴルスキーは、ビザンツ帝国の歴史を大きく三期に分け、初期ビザンツ時代(彼によれば三二四〜六一〇年)は後期ローマ帝国的色彩を濃厚に残しており、後期ローマ時代であると同時に初期ビザンツ時代でもあるとし、真に「ビザンツ」の名に値する国家が成立するのは七世紀以降、中期ビザンツ帝国からと論じており、彼のように七世紀にビザンツ帝国成立の画期を認める学説も有力である。

いずれにしても「ビザンツ」の定義は、だれしもが満足しうる回答を与えることが極めて困難な問題である。そもそもローマ帝国崩壊後の帝国東部に存続した歴史的実体を指す「ビザンツ」という呼称そ

れ自体が、十六世紀ドイツの人文主義者ヒエロニムス・ヴォルフによる近世ヨーロッパの産物にほかならない。しかも、ビザンツ人自身は、ローマ帝国の後継者として彼らの帝国滅亡の日まで自らのことを「ローマ人」と、また時にはより単純に「キリスト教徒」と自称し続けたのである。十二世紀の皇女アンナ・コムネナは、かつてのローマ帝国の権力について、西のヘラクレスの柱(ジブラルタル海峡)と東のディオニュソスの柱(インドとの国境地帯)にはさまれた偉大なものであったことを述べている(『アレクシオス一世伝』六・一一)。こうした記述は、時代が下り、帝国の領域が縮小しても、少なくとも支配階層には「ローマ人」の意識が――たとえ修辞的なものにすぎなかったとしても――根強く生き残っていた証拠といえよう(もっとも、ローマ帝国の支配領域がメソポタミアよりも東におよぶことはなかったが)。

ところで、サリスのあげた「ビザンツ」の諸要素のうち、四世紀以前には存在しなかったものが一つだけある。いうまでもなく都市コンスタンティノープルである。「ビザンツ」にはさまざまな定義がありうるにせよ、そしてそれがさしあたりある単独の要素ではなく複数要素の結合体として定義されうるにせよ、その歴史のほぼ全時代を通じて不変であったもっとも重要な特徴は、十三世紀の一時期(第四回十字軍によってラテン帝国が建国された一二〇四〜一二六一年の期間)を除き、コンスタンティノープル市に本拠をおく帝国政府によって支配された国家であったということである。ビザンツ帝国にとってのコンスタンティノープル市は、たんなる「首都」以上のものだったといってよく、その存在なくしてはビザンツ帝国の存在は考えられないのであり(ポール・マグダリーノ)、したがっていわば「帝国そのもの」(井上浩一)なのであった。それゆえ、ビザンツ的な世界秩序を描き出すにあたって、コンスタンティノープル市に焦点を合わせることには十分な理由があるのである。

「首都誕生」の画期としてのテオドシウス朝時代

コンスタンティノープル市がビザンツ帝国の事実上の「首都」となったのは、四世紀末にテオドシウス大帝が即位し、この都市に定住するようになって以後のことである。そして、テオドシウス大帝が即位した三七九年から、彼の直系の孫テオドシウス二世が没する四五〇年までのおよそ七〇年間は、後期ローマ帝国がビザンツ帝国へと変貌してゆく画期とみなすことのできる時代であった。後期ローマ帝国の歴史的特質とされるさまざまな要素がすべて出そろい、ビザンツ帝国への転換の基礎を形成した時代だったからである。

ビザンツ帝国は、「専制君主」「独裁君主」としての皇帝を国家の頂点にすえた、中央集権的な専制君主政国家であると一般に説明される。その国家と社会は、コンスタンティノープル市の宮廷を核とし、皇帝権力と東方正教会を二つの軸とする強力なイデオロギーによって統合され、入念かつ複雑につくり上げられた官僚制と軍事機構、徴税システム、また法律体系を備えるものであった。皇帝は、神が「宇宙」(ギリシア語でコスモス)を組織するように、「秩序」(ギリシア語でタクシス)を維持すべきとされた。このようなビザンツ的世界秩序の基本的な骨格は、後期ローマ帝国時代のそれに由来し、したがってテオドシウス朝時代にコンスタンティノープル市に確立した支配のあり方に起源をもつといってよい。

すでにコンスタンティヌス大帝の治世(正帝在位三一一〜三三七)において民政と軍政が明確に分離され、後期ローマ帝国時代の行政機構の基本をなす官職体系の改変と再構築が始まっていたが、コンスタンティノープル市が事実上の「首都」となった四世紀末から五世紀初頭には、より明確な行政機構の整備がおこなわれた。しかし、その過程は決して円滑なものではなかった。帝国の東西宮廷間の対立に加

え、それぞれの宮廷内部においても、西部宮廷ではスティリコとオリュンピウス、東部宮廷ではルフィヌスや宦官エウトロピウス、アンテミウスといった有力な文武官や宦官たちのあいだでの権力闘争が繰り返し発生し、加えて帝国の国境地帯を侵犯する外部勢力への対応に追われるなど多事多端だったからである。しかも、官僚や宦官たちは、金銭の授受を通じて官職を獲得するなど、人々の目には「腐敗」と映るような不正行為をおこなっていた。このような官僚たちの「腐敗」は、英語の byzantine という単語に「複雑な」や「理解し難い」、さらには「権謀術数の」や「やり方が汚い」といった否定的な意味を付与した一因であったが、帝国の行政機構の整備は、そうした混乱のなかで官僚相互の泥沼のごとき権力闘争を通じて具現していった。

とりわけ帝国東部宮廷では、通常、官房長官(マギステル・オッフィキオルム)、法制長官(クアエストル・サクリ・パラティイ)、国庫管理総監(コメス・サクラルム・ラルギティオヌム)、帝室財産管理総監(コメス・レルム・プリウァタルム)の四名を構成員とし、時にオリエンス道長官(プラエフェクトゥス・プラエトリオ・オリエンティス)や総司令官(マギステル・ミリトゥム)が参加した皇帝顧問会議(コンシストリウム)を活動の場として、官僚たちが実質的に主導して国家のかたちを整えていくことになる。ただし、その名称の日本語表記にもかかわらず、この会議の主役は皇帝ではない。中央集権的な専制君主政国家であった後期ローマ帝国において、皇帝はあたかも暴君のごとき存在としてすべての権力を行使したかのように理解されることがあるが、このような政治体制のもとで、皇帝は事実として「専制君主」である必要はまったくなかった。それどころか、十一歳で即位したアルカディウス、七歳で即位したテオドシウス二世のように、主体的な政治遂行能力をもたないことが明白な「少年皇帝」が出現したとしても、彼

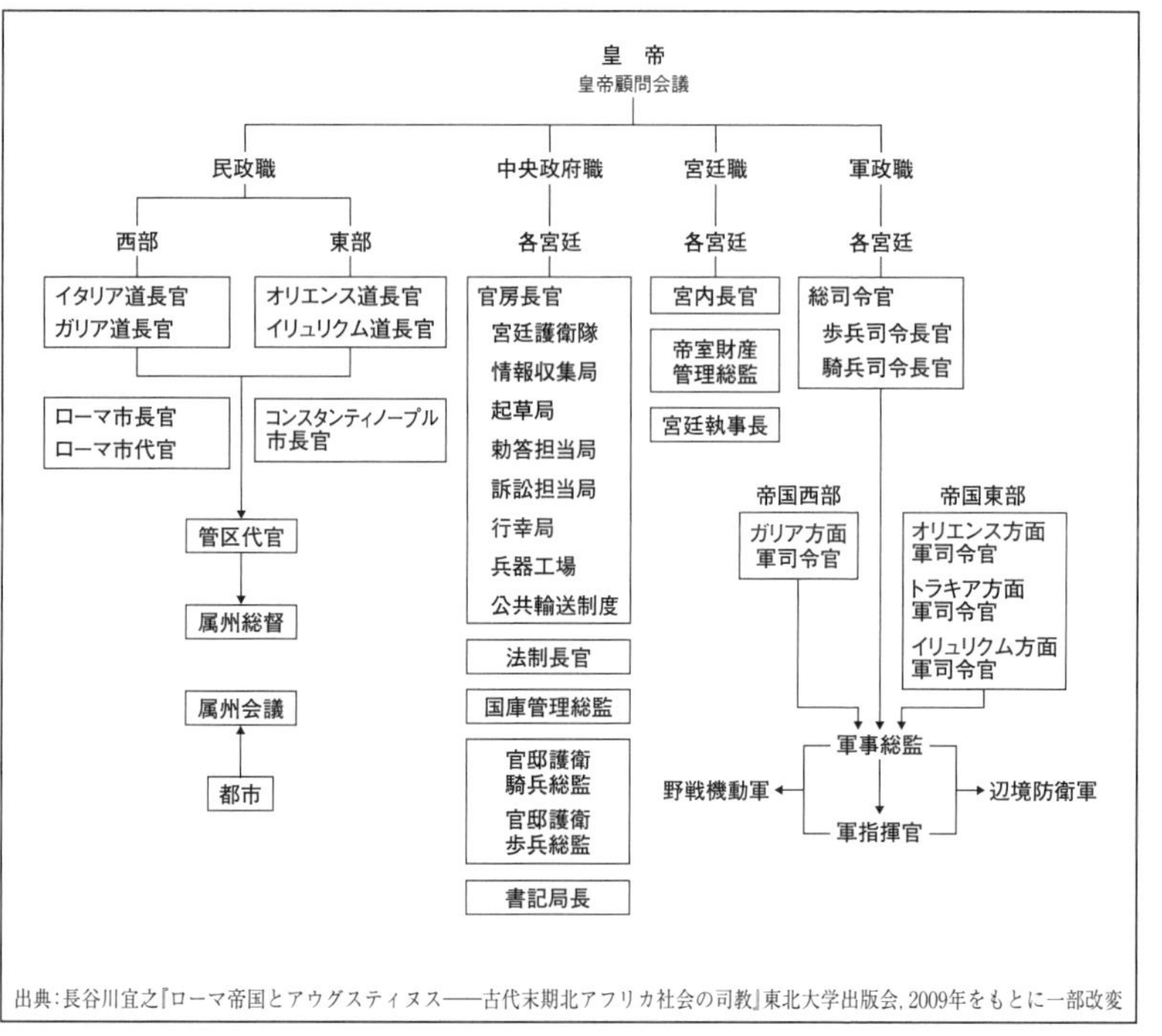

出典：長谷川宜之『ローマ帝国とアウグスティヌス――古代末期北アフリカ社会の司教』東北大学出版会, 2009年をもとに一部改変

後期ローマ帝国時代の国家制度

らが直接帝国統治に与ることなく、ただ「君臨」していさえすればすむような行政機構が構築されたからこそ、帝国の運営は総じて遅滞なく遂行されることが可能だったのである。そして、こうした国家行政の整備を通じ、テオドシウス大帝の没後には、ローマ帝国の東西宮廷がおのおの別個の道を歩み始めたことがいっそう明確になってくる。そのことは、後期ローマ帝国時代の国家制度を知るための最重要史料で、まさにこのテオドシウス朝時代に編纂されたとされる『東西文武百官官位録（ノティティア・ディグニタトゥム）』が、帝国東部篇と帝国西部篇の二篇に分けられていることが象徴的

に示している。

加えて、テオドシウス大帝没後、ローマ帝国東部の正帝であったアルカディウス、そしてその子テオドシウス二世の治世は、文武の官僚たちだけでなく、宦官や帝室の女性たちの力が宮廷内において増大した時代でもあった。これは武官のもつ影響力が相対的に強かった同時代の帝国西部とは極めて対照的である。五世紀の東部宮廷における著名な宦官としては、「蛮族」出自の将軍バウトの娘エウドクシアとアルカディウスとの結婚を取りまとめ、対フン人遠征軍を率いて勝利をおさめ、もって以後の宦官権力増大の立役者となったエウトロピウスをはじめ、テオドシウス二世時代では彼の家庭教師も務めたアンティオコス、フン人の王アッティラ暗殺をはかったクリュサフィウス、そして司教パラディオスから聖人伝『ラウソスの歴史』を献呈されたラウソス(ただし、彼が実際に宦官であったかどうかは同時代史料からは定かではない)らが知られている。彼らの多くは官僚機構の一部に組み込まれた宮内長官(プラエポシトゥス・サクリ・クビクリ)として皇帝に近侍し、宮廷の管理を司っていたため、皇帝と日常的に接して感化をおよぼすのみならず、政治的には他者の皇帝に対するアクセス権を左右することができるという特権をもった。そして、エウトロピウスやクリュサフィウスのように本来の職務範囲を超えて政治に介入し、さらには莫大な私有財産を蓄積する者さえいた。もっとも、彼らの行為はやがて政争のなかで自らの惨めな刑死を結果したのであったが。

さて、帝国に「君臨」する皇帝は、彼らを取り巻く官僚や宦官の存在ゆえに、徐々に一般の帝国民からは遠い存在となっていった。煩瑣の度を増す宮廷儀礼も、ますます皇帝を帝国民から遠ざけた。他方、皇帝の正統性は、彼が帝国民から遠い存在であるがゆえにであろうか、血統に基づく王朝理念によ

宦官エウトロピウスとされる胸像　ただし、彼の生きた時代よりも少し後のものと考えられている。また、この像では髭が表現されているが、宦官は一般的に髭をもたなかったはずである。ウィーン美術史美術館所蔵

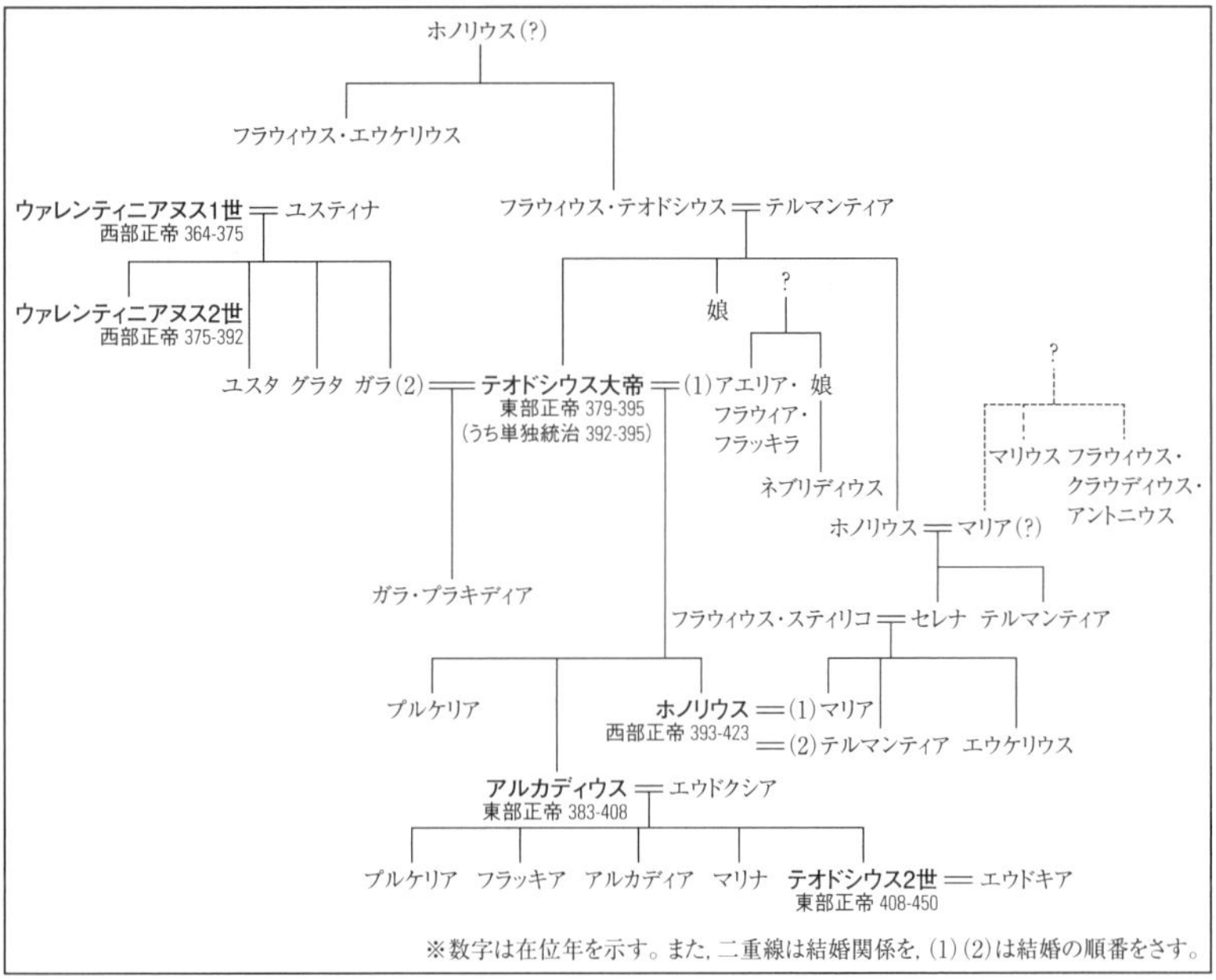

ホノリウス(?)

フラウィウス・エウケリウス

ウァレンティニアヌス1世 ＝ ユスティナ
西部正帝 364-375

フラウィウス・テオドシウス ＝ テルマンティア

ウァレンティニアヌス2世
西部正帝 375-392

娘

?

ユスタ　グラタ　ガラ(2) ＝ **テオドシウス大帝** ＝ (1)アエリア・フラウィア・フラッキラ　娘
東部正帝 379-395
(うち単独統治 392-395)

?

マリウス　フラウィウス・クラウディウス・アントニウス

ネブリディウス

ホノリウス ＝ マリア(?)

ガラ・プラキディア

フラウィウス・スティリコ ＝ セレナ　テルマンティア

プルケリア

ホノリウス ＝ (1)マリア
西部正帝 393-423
＝ (2)テルマンティア　エウケリウス

アルカディウス ＝ エウドクシア
東部正帝 383-408

プルケリア　フラッキア　アルカディア　マリナ　**テオドシウス2世** ＝ エウドキア
東部正帝 408-450

※数字は在位年を示す。また，二重線は結婚関係を，(1)(2)は結婚の順番をさす。

テオドシウス家系図

って強められた。テオドシウス大帝が、帝国の安定には親族による統治が何よりも効率的だと考えた可能性もあったろう。そして、この王朝理念は、帝室の女性たち(ラテン語でアウグスタ、ギリシア語ではバシレイア)の存在感をも高めることにもなった。テオドシウス大帝の最初の妻アエリア・フラウィア・フラッキラや、両者の娘でアルカディウスの姉プルケリア、アルカディウスの妻でテオドシウス二世の母であったエウドクシアのような帝室の女性たちは、三世代にわたって宮廷で権力を行使し、対立する宦官エウトロピウスやクリュサフィウスらを追放したばかりでなく、プルケリアとエウドクシアのように皇姉と皇妃のあいだの対立も起こった。また、当時プロパガンダの手段の一つであり、支配者の表象を帝国民に伝達するための媒体であった貨幣(ソリドゥス金貨)に彼女らの肖像が刻まれたほか(もっとも、帝室の女性たちの肖像が貨幣に刻まれるのは珍しいことではなく、ローマ帝政前期にも事例がある)、テオドシウス二世はヘブドモン練兵場に高さ一七メートルにおよぶ花崗岩の戦勝記念柱を立てた(四二一年)。その台座が今もイスタンブールに残っている。台座に刻まれた金石文は中央部が大きく欠損しているが、判読可能な部分には「妹たちの〔請願によって〕」という言葉を読み取ることができ、その意味するところは必ずしも明確でないものの、テオドシウス二世の妹たちの存在の重要性を示すものと解釈されている。

外部勢力との関係

三七〇年頃、おそらく中央アジアにおける気候変動に促され移動を始めていたフン人の集団が、ユーラシア西部のステップ地帯へと到達した。彼らがヴォルガ川を渡り、さらに西へと進んだことは、当時ドナウ川東岸の一帯に居住していたゴート人たちにとって重大な脅威となった。三七六年、フン人に圧

迫されたゴート人の一派テルウィンギ(旧説では「西ゴート」と呼ばれてきた人々)と同じくグレウトゥンギ(「東ゴート人」と呼ばれてきた人々)は居住地を追われ、前者はローマ帝国領内への居住を帝国東部の皇帝ウァレンスへ懇請し、これを認められた。しかし、移住の規模は大きく、武装解除されていないゴート人の扱いには多大な困難がともなった。現地のローマ官僚の搾取と無能は彼らの反乱を招き、まもなく三七八年のアドリアノープルの敗戦を結果した。この戦いで、帝国東部軍は少なくとも全体の三分の二ほどにあたる、一万人から三万人におよぶ兵員を失った。直後に帝国東部正帝に指名されたテオドシウス大帝は、この壊滅的状態からの立て直しに苦慮した。三八二年にはゴート人を軍役奉仕と引き換えにローマ帝国領内に定住することを認める条約を結んだ(総論および一章参照)。

ただし、五世紀前半の帝国東部にとって脅威であったのは、帝国西部とは異なり、ライン・ドナウ両川を渡って帝国領内に侵入してきたフランク人やアラマンニ(アレマン)人、ゴート人らゲルマンの人々ではない。当時の帝国東部については、キュレネのシュネシオスによる反ゲルマン主義ともいうべき言説の存在から、総じてゴート人への反感が根強く存続したと説明され(一章を参照)、「蛮族」出自の総司令官ガイナスの蜂起とその排除(四〇〇年)がその象徴的な事例としてあげられることがある。しかし、ガイナスが排除された後になっても、帝国東部において全般的なゲルマン人の排除の雰囲気が継続した事実は確認されない。ガイナスを破り、彼の後任として総司令官となった武官フラウィッタは「蛮族」出自であるが、論功行賞により四〇一年の執政官(コンスル)に就任している。帝国東部宮廷にとってガイナスの排除は、結果として、眼前の軍事的脅威を取り除き、文官を中心とする行政組織を強化しただけであったといえる。また、このフラウィッタがまもなく処刑されたことに反ゲルマン主義の持続

を見出す見解もあるが、彼と対立したエウドクシア(アルカディウスの妻、テオドシウス二世の母)も同様に「蛮族」出自だったことを想起するならば、帝国東部宮廷における反ゲルマン主義を指摘することが正確かどうかすら疑問ということもできる。このように、対ゲルマン人感情の点でも帝国の東西には明瞭な状況の相違があるのであり、弓削達が『永遠のローマ』(一三二頁)で述べているように、ガイナスの事件やキュレネのシュネシオスの反ゲルマン主義演説の後、まもなくゲルマン人に対する忌避感は帝国東部では薄れていくことになった。

むしろ帝国東部を苦しめたのはフン人であった。すでに四世紀末の三九五年と三九六年に、フン人はコーカサス山脈を越えてアルメニアとメソポタミアに侵入し、ササン朝ペルシア帝国の都市クテシフォンだけでなく、カッパドキアやガラティア、シリアなどローマ帝国東部の属州にも被害を与えていた。このような情勢のなか、四一〇年に「永遠の都」ローマ市が劫略されたことは、帝国東部宮廷にも深刻な衝撃を与えた。先述したように、コンスタンティノープル市は陸側からの攻撃には脆弱であったから、当市にも外部勢力の攻撃がおよぶことが危惧されたのである。予測される事態からコンスタンティノープル市を守るため、テオドシウス二世の後見人として事実上帝国東部宮廷を取り仕切っていたオリエンス道長官アンテミウス(在任四〇五~四一四)は、四一三年、都市の西方に市域を取り囲む大城壁の建設を指示した。テオドシウス二世治下の建設事業であるため、現在はテオドシウス城壁の名で知られているが、高さ一一メートルの内壁、同八メートルの外壁、そして内側に胸墻(きょうしょう)(人の胸の高さに築いた城壁)を備えた幅一八メートルの濠からなる三重の堅固な城壁で、おおむね七〇~七五メートルごとに塔が配置され、ローマの土木工学の頂点をなすものと評される。四四七年一月の大地震で一部崩壊する

が、修復がなされたのち、一四五三年五月二九日にメフメト二世率いるオスマン帝国軍によって破られるまで、千年もの長きにわたってコンスタンティノープル市を守り続けることになった。また、四三九年には、マルマラ海と金角湾の海岸沿いにも城壁が建設された（一部のみ現存）。

城壁建設による都市防衛の努力は、しかし、このときにはコンスタンティノープル市の都市域に限ら

テオドシウス２世の戦勝記念柱台座
アヤ・ソフィア博物館の入り口をはいってすぐの喫茶スペースのなかにおかれている。上から３行目に「妹たちの請願によって（[voti]s sororum）」（写真内下線部）の文字を読み取ることができる。

トプカプ地区のテオドシウス城壁
イスタンブール・トラムヴァイT4線・フェティヒカプ駅付近。

れた。外敵の侵入に対して大部分が無防備な状態のままに残されていたバルカン半島側では、フン人があいついで侵入してきた。蜂起に失敗してフン人のもとへ逃亡した前述の武官ガイナスを殺害し、首級を送り戻してきたフン人の王ウルディンと帝国東部宮廷は同盟を結んだが、ウルディンはこれを破って四〇四～四〇五年と四〇八年の二度にわたりトラキアに侵入した。四二二年と四三四年には、ルア王が率いたフン人がトラキアを攻撃した。四三四年にルア王が急死し、ブレダとアッティラの共同統治が始まったものの、やがてブレダが没すると(アッティラによる暗殺と推測されている)、四四五年から四五三年までアッティラの単独統治がおこなわれた。

この間、帝国東部宮廷はアッティラと数次にわたって和平を結び、かわりに莫大な貢納金の支払いと逃亡したフン人兵士の引き渡しを約束したが、和平の約束はたびたび反故にされた。帝国東部宮廷が貢納金支払いのための徴税に苦慮しているあいだにも、バルカン半島は蹂躙され荒廃していった。このため、テオドシウス二世は、ヴァンダル人に対する遠征の実施を諦めねばならなかった。フン人におそわれたバルカン半島の惨状は筆舌につくし難く、例えばコンスタンティヌス大帝の生まれ故郷であり、軍事的要衝であったナイッスス市(現セルビア・ニシュ)を四四一年に訪れた帝国東部宮廷の使者は、この都市がフン人によって徹底的に破壊され、人口が激減し、川岸は戦争で犠牲になった人々の骨で覆いつくされているという悲惨な光景を目撃している(プリスコス『断片』八、新保良明訳)。四四七年には、アッティラによってバルカン半島における過去最大規模の侵攻が実施された。

他方、小アジアやシリア、エジプトなど帝国東部の諸地域は、海によって隔てられていたという自然条件のためもあって、ゴート人やフン人の侵入に晒されることがなく、相対的な安定を享受していた。

しかも、とくに幸運であったのは、五世紀において、帝国東部と国境を接するササン朝ペルシア帝国との関係がおおむね平穏だったことである。二二四年にイランに建国されたササン朝は、古代における巨大国家の一つに数えられるが、ローマ帝国と比較すると領土は約半分、その大部分は砂漠か山岳地帯であった。また、五世紀初頭のローマ帝国東部の総人口は約二千万人と推計されているが、ササン朝の総人口はそのおよそ三分の二にすぎず、うちメソポタミアに約九百万人、イランに約四百万から五百万人が居住し、それ以外の地域はおおかた無人であったという。このような帝国を統治する歴代のペルシアの王たちは、農業用の灌漑システムの整備のほか、ローマ帝国への軍事行動を通じて、その権威を誇示しようとしたと考えられている。

ただし、四世紀末から五世紀前半のペルシア王ヤズデギルド一世(在位三九九～四二〇)とその息子ヴァハラム五世(在位四二〇～四三八)は、ローマ帝国東部宮廷と頻繁に使者を派遣し合い、良好な関係を構築していた。ドナウ川国境地帯への外部勢力の侵入に適切に対処するには、ローマ帝国東部宮廷にとってササン朝との関係が安定していることがまずもって大切であったが、他方でササン朝の側もコーカサス山脈を越えて国境地帯を侵犯してくるフン人への対応に苦慮しており、この点で両者の利害が一致したからである。帝国東部宮廷は、ササン朝領域内の「カスピア門」(コーカサス地方を通る重要経路)の防衛費用を負担したとさえ推測されている(ただし確証はない)。続くヤズデギルド二世(在位四三八～四五七)は四四一年にローマ帝国を攻撃し、一時的にこの協調関係が崩れるが、翌年には和平が結ばれた。

コンスタンティノープル市がビザンツ的世界秩序の核として発展することができたのは、フン人の侵入をきっかけとする、五世紀におけるローマ帝国東部とササン朝ペルシア帝国とのあいだの平和の賜物

なのであった。

3　コンスタンティノープル市がビザンツ的世界秩序の中心となるまで

コンスタンティノープル市への「遷都」の実際

ここでコンスタンティノープル市の歴史を、時代を遡って振り返っておこう。

コンスタンティノープル市は、その名の示すとおり、コンスタンティヌス大帝によって創建された都市である。三二四年十一月八日に建設が始まり、都市域はセウェルス朝時代に比べて三・五倍以上に拡大された。開都記念式典は三三〇年五月十一日に盛大におこなわれ、コンスタンティヌス大帝によって完成した戦車競走場で初めてのレースが開催され、ゼウクシッポス浴場の営業が始まった(著者不詳『復活祭年代記』三三〇)。しかし、この段階ではコンスタンティノープル市に「首都」との呼称を与えることはまだできない。フランスのビザンツ史研究者ジルベール・ダグロンが、コンスタンティノープル市研究史上の記念碑的な著作『首都誕生――三三〇年から四五一年に至るコンスタンティノープル市とその制度』(一九七四年)で論じたように、コンスタンティヌス大帝がコンスタンティノープル市を建設したのは、たんに慣例に従った戦勝記念事業にすぎなかったからである。すなわち、ディオクレティアヌスが創始した四帝統治制度(テトラルキア)の崩壊期に、帝国西部の正帝コンスタンティヌス大帝が、三二四年七月三日にアドリアノープル市で、ついでビュザンティオン市で、さらに九月十八日にクリュソ

ポリス市でそれぞれ干戈（かんか）を交え、帝国東部の正帝リキニウスに勝利したことを記念して、自らの名を冠した都市を建設したというだけなのであった。

そもそもコンスタンティヌス大帝は、ビュザンティオン市に「新しい首都」を建設しようと当初から決心していたわけではなかったようである。彼は初め小アジア北西部の都市イリウム市（すなわちトロイア市）で都市建設を始めたが、途中で気が変わってこれを放棄し、ビュザンティオン市であらためて都市の拡張と宮殿建設をおこなったという（ゾシモス『新しい歴史』二・三〇）。大帝は、ビュザンティオン市に籠城したリキニウスを攻囲した際、当市の戦略上の利点を察知したのかもしれないが、ゾシモスはコンスタンティヌス大帝の心変わりについて明確な理由を伝えておらず、立地選定変更の事情を史料から明らかにすることは難しい。イリウム市以外にも、「我がローマはセルディカ市である」とコンスタンティヌス大帝が述べたと伝える史料の存在も知られている（ディオ・コンティヌアトゥス『断片』一五・一）。

加えて、コンスタンティヌス大帝が戦勝記念という以外に都市創建にさいして何らかの意図をもっていたかどうかを詳らかにすることも極めて困難である。四世紀のコンスタンティノープル市に関する同時代史料は僅少だからである。例えば、よくいわれるように、コンスタンティヌス大帝に、この都市を「第二のローマ」とする意図が本当にあったかどうか。帝国西部の史料では、三二九年と三三三年にローマ市長官を二度務めたラテン詩人プブリリウス・オプタティアヌス・ポルフュリウスがコンスタンティヌス大帝に捧げた頌詩（しょうし）のなかで、「第二のローマ（アルテラ・ローマ）」（『詩集』四・六）という表現を用いている。ただし、この表現については、コンスタンティノープル市を指すとする研究者と、マルマラ海をはさんでアジア側に位置するニコメディア市と同定する研究者とがおり、いずれとも確言し難い。

帝国東部の史料では、「彼〔コンスタンティヌス一世〕は、かつてビュザンティウムと呼ばれていた都市を、第二のローマそのものと称することを布告した」（著者不詳『復活祭年代記』三三〇）との記述もみられるが、これは時代が下って七世紀のギリシア語史料である。コンスタンティヌス大帝と同時代の数少ない史料としては、四世紀初頭の司教エウセビウスの『コンスタンティヌスの生涯』があり、そこではコンスタンティヌス大帝がコンスタンティノープル市をキリスト教的な性格をもつ都市として建設したことが熱烈に讃美されている（『コンスタンティヌスの生涯』四八、秦剛平訳）。このような宗教上の信仰心に発した記述が、コンスタンティヌス大帝の真意を伝えるものであるかどうか疑わしいのは無論である。

なお、コンスタンティノープル市は「新しいローマ」たるべく、イタリア半島のローマ市をモデルにしたとしばしばいわれる。ローマ市に倣って、コンスタンティノープル市にも七つの丘が設定されたとの説明が典型的な例である。しかし、コンスタンティヌス大帝時代に市内に丘は六つしかなかった。七つ目の丘を数えることができるようになったのは、市域がさらに拡大した五世紀、テオドシウス二世治世になってからのことである。

皇帝のいない都市

ともあれ、コンスタンティヌス大帝にとってコンスタンティノープル市は、自分の名前をつけた都市であることは間違いなかったから、これにふさわしい外観を備えるべく、都市としての整備が孜々として進められた。エウセビオスが言及するようなキリスト教的建造物だけでなく、セウェルス時代の城壁よりも広い市域を取り囲むコンスタンティヌス城壁、大宮殿とそれに隣接する戦車競走場、ゼウクシッ

ポス浴場、アウグステイオン広場、円形のコンスタンティヌス広場とその中心に聳（そび）え立つコンスタンティヌス大帝の記念柱、メセー大通りなどが完成し、都市構造の基本的な骨格が整えられた。

コンスタンティノープル市の建設が始まった三二四年は、コンスタンティウス二世が副帝に任じられた年でもある。彼にとって、コンスタンティノープル市の建設がおこなわれた期間は、自らが副帝として過ごした時期とも重なり、特別の感慨の対象となった可能性がある。コンスタンティウス二世は、治世末年にコンスタンティノープル市の元老院議員の人数を約三百名から約二千名へと大幅に増やしたことが知られている（テミスティウス『演説』三四・一三）。また、彼の治世にはコンスタンティノープル市の都市環境の改善が、他都市の居住者によっても認識されるようになっていた。アンティオキア市の修辞学者として著名なリバニウスは、コンスタンティノープル市長官ホノラトゥス（在任三五九〜三六一）に宛てた書簡のなかで、都市の統治や建造物のあり方、そして水の豊富なアンティオキア市に匹敵するほどの貯水槽の存在に言及している（『書簡集』第二五一書簡、田中創訳）。

ただし、コンスタンティウス二世がその治世のほとんどを過ごしたのは、じつはコンスタンティノープル市ではなく、帝国東部の中核都市の一つアンティオキア市であった。それは当時東方において勢力を増していたササン朝ペルシア帝国に対峙するための前線基地として、アンティオキア市が軍事的な重要性をもっていたからにほかならない。続いて皇帝となったユリアヌスは、コンスタンティノープル市で出生したが、コンスタンティウス二世による忌まわしい親族殺害の記憶を避けるかのように即位後半年足らずでアンティオキア市に移り、そこからペルシア遠征へと出発して、そのまま落命した。さらに、統率者を失った軍が後継皇帝の選出に腐心するなか、一部の兵士により突如皇帝として選出された

コンスタンティヌス朝時代(324〜363年)のコンスタンティノープル市

上下図とも出典：S. Bassett, *The Urban Image of Late Antique Constantinople*, Cambridge, 2004.

テオドシウス朝時代(379〜450年)のコンスタンティノープル市

ヨウィアヌスは、ユリアヌスの遠征の後始末としてペルシア帝国と講和を結んで帰還する途上、ダダスタナ市(小アジア・属州ガラティアの都市)において不審死を遂げ、皇帝としてコンスタンティノープル市に足を踏み入れることさえなかった。

ユリアヌスと同様にヨウィアヌスの死もまた予期せぬかたちで訪れたため、後継者選びは再び難航したが、今度は当時アンキュラ市(現トルコ・アンカラ)で従軍中のウァレンティニアヌスが「天啓により異議無く」選出された(アンミアヌス・マルケリヌス『歴史』二六・一・五)。まもなくアンキュラ市からビテュニアへと召還されたウァレンティニアヌスは、軍の歓呼を受けて皇帝として即位した。イギリスの古代史研究者A・H・M・ジョーンズは、後期ローマ帝国時代においてただ二回だけ、帝国に皇帝が不在となり、「正真正銘の選挙」がおこなわれなければならなかった事例として、ユリアヌスとヨウィアヌスの没後の状況をあげている。両方の場合とも、皇帝の選出は文武の高官たちの非公式な会合によってなされ、選出された者は軍の前に姿をあらわし、その歓呼を受けて即位した。この選出の過程に元老院の関与があったことは史料には記録されていないが、遅滞なく追認したことは疑いないとジョーンズは述べている。ビザンツ時代において皇帝の権力は、民衆(デーモス)・元老院・軍の三要素に立脚していたと一般に説明され、この問題はビザンツ皇帝権に関する議論の要をなしているが、むしろ上記二事例では少数の文武官が皇帝選出の主体であったことに注目すべきであろう。ビザンツの官僚制へと繋がる文武の官僚たちは、四世紀後半には着実に存在感を増していったのである。

さて、皇帝となったウァレンティニアヌス一世は、即位後ただちに文武の高官を集め、帝国を共同で統治する者としてだれがふさわしいかを問うた。会議の場は沈黙が支配したが、それを破ったのは、ユ

リアヌス治世からペルシア遠征に従軍し、ヨウィアヌス没後の後継者選びではウァレンティニアヌス一世の即位を支持したダガライフスという軍人であった。彼はつぎのように進言した。

いと素晴らしき皇帝陛下、もしも陛下がご自分の親族を愛しておられるならば、あなた様にはご兄弟がおありです。しかし、もしも陛下が国家を愛しておられるのならば、〔皇帝の〕衣装を着せる人は〔ほかを〕お探しなさいませ。

（アンミアヌス・マルケリヌス『歴史』二六・四・一）。

ウァレンティニアヌス一世は激怒したが、この時には口をつぐんで自らの考えは明かさなかった。しかし、高官からこのような発言が出るということは、すでにウァレンティニアヌス一世の考えが、皇帝の周辺にいた者たちには容易に察せられる状態にあったことを推測させる。コンスタンティノープル市に帰還すると、ウァレンティニアヌス一世は帝国統治の効率化を企図し、再三の自問自答をおこなったすえ、三六四年三月二十八日、ウァレンスを郊外のヘブドモン練兵場へとつれ出し、その場にいた全員の同意のもとで弟に皇帝としての歓呼を受けさせた。

ともに皇帝となった二人の兄弟は、緊密な連携を保ちつつ帝国を統治しようとした。彼らは三六四年七月にドナウ河畔の重要都市シルミウム（現セルビア・スレムスカ・ミトロヴィッァ）で会談し、軍や宮廷人員を二つに分け、帝国の分担統治をおこなった。兄は帝国西部を、弟は帝国東部を担当することが取り決められたのち、前者はメディオラヌム市、後者はコンスタンティノープル市へと向かった。このことから、三六四年の段階でローマ帝国はすでに東西に分裂したと主張する学説もあるが、両者の分担統治は帝国を崩壊に導く「分裂」のような事態ではまったくない。史料には「皇帝のいるところがローマ

である」(ヘロディアヌス『歴史』一・六・五)という言葉が二世紀のものとして記録されているが、三世紀以降の皇帝たちもまた特定の都市に継続的に居住するのではなく、帝国国境地帯を中心に所在する複数の重要都市を絶えず移動しながら統治した。複数の皇帝が同時に存在し、それぞれが別々の都市に所在した場合、宮廷が複数必要になるのは当然のことである。ウァレンティニアヌス一世とウァレンスによる軍と宮廷人員の分割は、たんにそうした複数皇帝による帝国統治の様子を示しているにすぎない。

プロコピウスの反乱とその後

プロコピウスは、小アジアの属州キリキアの名家の出身で、皇帝ユリアヌスの血縁に連なる人物であり、コンスタンティヌス朝断絶以前には将校兼書記(トリブヌス・エト・ノタリウス)、ついで総監(コメス)として高い地位に就いていた。しかし、ユリアヌスが没し、ヨウィアヌスが即位すると、奇妙な噂が駆けめぐった。すなわち、ユリアヌスは死の床で、プロコピウスが後継者となることを望むと遺言したというのである。これを耳にしたプロコピウスは暗殺されることを恐れ、カルケドン市の知人宅に潜伏するとともに、しばしば身をやつしてコンスタンティノープル市に出向き、新しい皇帝ウァレンスに対する市民の悪評を聞いて回ったという(アンミアヌス・マルケリヌス『歴史』二六・六)。

三六四年のシルミウム市での会談後、コンスタンティノープル市へ向かったウァレンスは、三六五年冬にはアンティオキア市へと旅立った。その途上で、ゴート人がトラキアの属州に侵入する準備を始めているとの情報がはいったため、ウァレンスは麾下の軍の派遣を命じた。そしてこのような情勢のなかで、先のプロコピウスは、コンスタンティノープル市を拠点に皇帝位を僭称したのである(三六五年九月

二十八日）。ウァレンスは反乱の発生に衝撃を受け、一時は自発的な退位をも考えたようである。結局、仲間の裏切りによってプロコピウスはウァレンスの前に突き出され、三六六年五月二十七日に斬首されて、八カ月間におよんだ反乱は鎮圧された。以後、ウァレンスがコンスタンティノープル市に滞在したのは、三七〇年秋または冬から翌三七一年の夏にかけての時期と三七八年春の二回だけ、しかも後者は一二日間という短期滞在にすぎない。彼が本拠地をおいてもっとも多くの時間を過ごしたのはアンティオキア市であり、三七三年三月の即位一〇周年記念式典も同市で開催されている。その第一の理由はやはりペルシア帝国への対応であろうが、即位直後からささやかれていた「コンスタンティヌスの都市」の市民たちのあいだでの不評や、そこに拠点をおいたプロコピウスの反乱のせいもあったであろう。彼にとってコンスタンティノープル市は居心地の良い都市ではなかったようである。

ウァレンスがアドリアノープルの戦いで壮絶な戦死を遂げたのち、ローマ帝国東部を引き継いだのは、帝国西部の皇帝グラティアヌスによってスペインから呼び寄せられた武人テオドシウスである。彼は、父親フラウィウス・テオドシウスの失脚後、故郷のスペインに戻って生活していたが、突如召喚されて、三七九年一月十九日にシルミウム市において帝国東部の皇帝として即位し、混乱した帝国東部の秩序回復に専念することになった。テオドシウス大帝がコンスタンティノープル市に初めて足を踏み入れたのは三八〇年十一月二十四日であり、その後の彼の同市滞在期間は通算して約八年半、治世のおよそ半分を占める。彼以前にこれほど長期間にわたってコンスタンティノープル市に滞在した皇帝はいない。創建者コンスタンティヌス大帝ですら、滞在期間の合計は五年に満たなかった。テオドシウス大帝がコンスタンティノープル市に長期にわたって滞在することによって、戦勝を記念するために建設され

た都市は、ローマ帝国東部の、したがってビザンツ帝国の実質的な「首都」としての相貌を整えることができたのだといえる。テオドシウス大帝の息子アルカディウス、孫のテオドシウス二世は、もはやコンスタンティノープル市を離れることはなくなった。

4　コンスタンティノープル市とその水供給インフラ

水不足の「新しい首都」とウァレンス水道

シリル・マンゴーは、コンスタンティノープル市が都市としてかかえる問題として、防衛上の脆弱さとともに、飲用・浴用のための水不足をあげている。彼によれば、水の消費は物理的な必要性というよりも文化に関連する。つまり、飲用とされる水の総量は相対的に少ないが、多くの水を必要とする入浴はローマ社会の習慣の問題に属する。したがって、ローマ時代の都市の立地選定にあたっては水資源の入手可能性という自然条件が第一の関心事となったはずであるが、この点においてコンスタンティノープル市は極めて不利であったというのである。たしかに市内にはリュコス川という小川が流れていたが、夏季には涸れ、恒常的な水源とはなりえなかった。それゆえ、コンスタンティノープル市が「新しい首都」となるためには、将来の水の消費量の増加を見越し、慢性的な水不足が解消されていなければならなかった。増大する人口の需要を賄えるだけの水供給インフラが既設であることが、都市の発展に必要な前提条件だったのである。

前述したように、まだビュザンティオン市と呼ばれていた二世紀初頭、この都市にはハドリアヌスによって初めての水道が建設されていた。それは都市の北西約二〇キロの場所に位置する「ベオグラードの森」水源地帯(現トルコ・ケベチキョイ地区。セルビアの現首都のことではない)から引かれていた。コンスタンティヌス大帝の立地選定にさいしての心変わりの理由には、戦略上の利点以外にも、このような水供給インフラの既設状況が関係していた可能性もあろう。テトラルキア時代にディオクレティアヌスが根拠地としたニコメディア市でも、帝政前期にすでに水道建設が試みられていたことは、こうした推測の傍証となりうるかもしれない。コンスタンティヌス大帝は、市内の水道の維持管理に意を用いたことが史料からも推測されるからである(『テオドシウス法典』一五・二・一、水道管理長官マクシミリアヌス宛、三三〇年五月十八日発布。テオドシウス法典研究会訳)。

しかし、ハドリアヌス水道だけでは市民生活に十分な量を賄うことは難しかった。例えば、コンスタンティノープル市内で最大(正確な規模は不明)の浴場はゼウクシッポス浴場であるが、セウェルス治世に建設が開始されたにもかかわらず、完成はコンスタンティヌス大帝時代を待たねばならなかった。その原因の一つが当市の慢性的な水不足にあったことは間違いないであろう。また、コンスタンティウス二世が三四五年に建設を開始したコンスタンティヌス浴場も、最終的な完成はテオドシウス二世治世の四二七年であった(コンスタンティヌス大帝治世に着工し、三四五年に完成したとの異説もある)。このような公共浴場の建設を含む都市内部の整備と人口の稠密(ちゅうみつ)化にともなって、四世紀後半には、都市の水需要は大幅に増加していた。そこで、皇帝ウァレンスの時代になると、コンスタンティノープル市に大規模な水供給インフラの整備が実施された。ウァレンス水道の建設である。

ウァレンス水道橋中央部南面(アタテュルク大通りと交差する地点)

　ウァレンス水道の一部は、今もイスタンブール市内に屹立し、ウァレンス水道橋(トルコ語名ボズドアン・ケメリ)の名で知られている。この水道橋は、コンスタンティノープル市内の第三丘と第四丘のあいだの谷間に建ち、現在は交通量の多いアタテュルク大通りと交差している。高さは最大二九メートル、長さは九七一メートルの巨大な構築物で、往時のコンスタンティノープル市の繁栄を伝える記念碑的なインフラ遺跡である。英国の考古学者ジェイムズ・クロウは、ウァレンス水道橋はローマ世界で知られている水道橋としてはもっとも長く、これに匹敵するのはセゴヴィアの水道橋(スペイン。高さ二八メートル、長さ七二三メートル)のみであるとまで述べている。しかし、市内のウァレンス水道橋は、ウァレンス水道の最末端の一部を構成しているにすぎない。近年、クロウらを中心としたアナスタシオス城壁・コンスタンティノープル市水供給調査プロジェクト(http://

www.shca.ed.ac.uk/projects/longwalls 城壁調査は一九九四〜二〇〇〇年、水供給調査は二〇〇〇〜〇五年）によって明らかにされたところによれば、ヴァレンス水道の長さは、市内からダナマンドゥラ・プナルカ水源地帯まで二一五キロ、ダナマンドゥラ・プナルカ水源地帯からさらに西のヴィゼ水源地帯まで三三六キロ、したがって総距離は五五一キロにおよぶという。ローマ市に整備された一一の水道の総延長は五〇二キロであるから、コンスタンティノープル市の水供給インフラは、ローマ市のそれをはるかに凌駕するほどの規模だったことが明らかにされたのである。

ヴァレンス水道の竣工年代

コンスタンティノープル市の水供給インフラについては文献史料が断片的にしか存在しないため、旧来の研究では不明な点が多かった。クロウらによる近年の考古学的研究は、そうした不備を補った点で大きな貢献があった。例えば、かつてマンゴーは、ハドリアヌス水道とヴァレンス水道を同一視し、ヴァレンス水道橋をハドリアヌス水道の一部であったと考え、ハドリアヌス時代の水道建設に重要な意義を与えていたが、クロウらの研究により、そもそもこの二つの水道は別々のものだったことが判明したのである。すなわち、コンスタンティノープル市内への水供給インフラには二つの系統があり、一つは近郊の「ベオグラードの森」水源地帯に発してハドリアヌス水道を通って大宮殿や地下宮殿（イェレバタン・サラユ、またはバシリカ・シスタン）に水を供給した短距離ライン（クロウらはキュルクチェスメ・ラインとも呼ぶ）、もう一つはダナマンドゥラ・プナルカ水源地帯およびヴィゼ水源地帯に発してヴァレンス水道を通る長距離ラインである。

しかし、文献史料については依然議論の余地が残る問題もある。そうした問題のうち、ビザンツ的世界秩序の形成を考えるうえで、時代背景との関連からもっとも重要なのは、ウァレンス水道の竣工年代の問題である。少々複雑な議論になるが、たんなる年代確定のための検討ではなく、ビザンツ人の水供給インフラに対する意識を探り、コンスタンティノープル市発展の基盤を考えるうえで注目に値すると

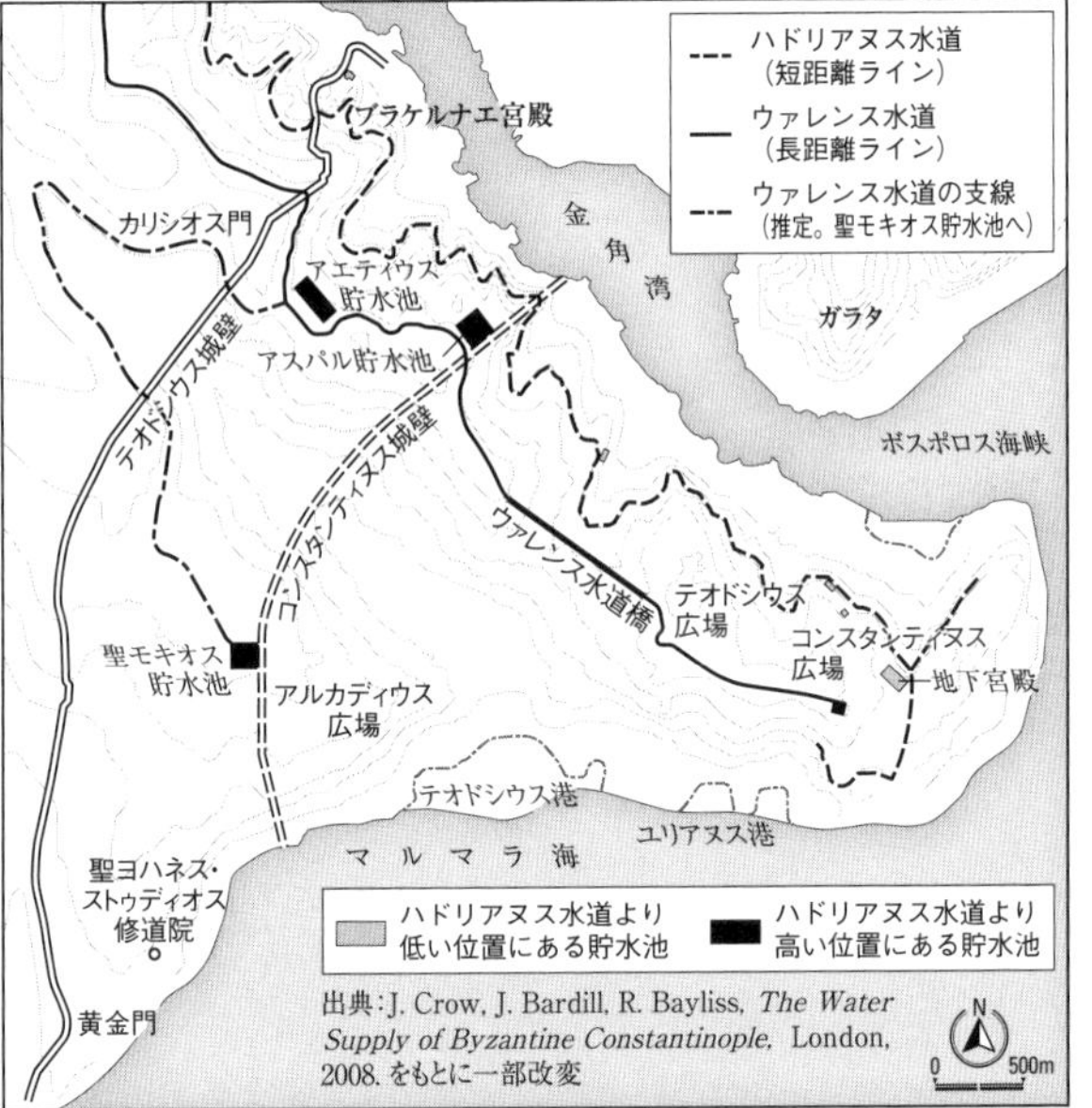

出典：J. Crow, J. Bardill, R. Bayliss, *The Water Supply of Byzantine Constantinople*, London, 2008. をもとに一部改変

コンスタンティノープル市内の２つの水供給インフラ

考えられるので、史料に基づき考察してみよう。

旧来の代表的な学説では、ウァレンス水道は三六八年の竣工とされていた。その重要な根拠となっているのは、十二世紀のビザンツ年代記作家ゲオルギオス・ケドレノスの「〔ウァレンスが即位して〕四年目〔三六八年〕に、彼は水道を建設した」（『歴史』三一〇D）という記述と、同じく十二世紀の歴史家ゾナラスの「ウァレンスはカルケドン市の城壁からとった資材を水道建設のために使用した」（『歴史』一三・一六・三三）との記述である。二人とも、ウァレンスはプロコピウスの反乱鎮圧後、プロコピウスを支持したカルケドン市の城壁を破壊することを命じ、その石材を水道建設に用いたことを記している。このようにプロコピウスの反乱とウァレンス水道の建設を結びつける言説は、十二世紀の史料に特徴的に観察される。それ以前の史料では、カルケドン市の城壁を破壊して得られた石材が使用されたのは、水道ではなく、浴場（アナスタシア・カロサ浴場）の建設のためであったとするものが多い（例えば、四世紀のアンミアヌス・マルケリヌス『歴史』二六・六・一四、五世紀のソゾメノス『教会史』六・九、ソクラテス・スコラスティコス『教会史』四・九、七世紀の『復活祭年代記』三六四）。ただし、時代が下ると、浴場と水道の建設については書かれても、不思議なことにプロコピオスの反乱との関連についてはふれられなくなる（八世紀の『テオファネス年代記』AM五八六〇、十世紀の『パトリア』二・六九）。

他方、マンゴーやクロウらは、ウァレンス水道橋を含む水道全体の竣工年代について、三七三年という説を提示した。その根拠はウァレンスの同時代人で、三八四年にはコンスタンティノープル市長官も務めたテミスティウスの『演説』第一一番および『演説』第一三番である。前者はウァレンスの即位一〇周年記念を祝賀するものであるため、執筆年代が明らかであり、後者は帝国西部の皇帝グラティアヌ

スに捧げられたもので、考古学的調査の結果と合致する数字を含んでいることから、極めて信憑性の高いものと理解されたのである。テミスティウスは、あるものの起源はそれを始めた人にではなく完成させた人に属すると述べ、コンスタンティノープル市を完成させたのは、市内に水を導いたウァレンスであると称讃し（『演説』一一・一五一a—一五二b）、また、トラキアの「ニンフたち」、すなわち水は、千スタディオン（約一八五キロ）の距離を、険しい山岳地帯や深い渓谷を上り下りしながらコンスタンティノープル市へともたらされたと述べる（『演説』一三・一六七c—一六八c）。この千スタディオンという距離について、マンゴーは誇張だと考えたが、クロウらは実際の現地調査から得られた市内とダナマンドゥラ・プナルカ水源地帯間の距離（二一五キロ）と比較的近い数字を示していることから、その信憑性を認めたのである。

このように、ウァレンス水道の竣工年については、三六八年説と三七三年説の二つの学説が提示され、考古学的調査がまだ十分におこなわれていなかった時代には、史料相互の記述の齟齬を解消すべく、例えばヴォルフガング・ミュラー＝ウィーナーの『イスタンブール地誌図解事典』（一九七七年）のように、前者を着工年代、後者を竣工年代とみて折衷案をとるものもあった。しかし、現在では文献史料と考古学的調査の双方が検討された結果、着工年代についてはなお議論の余地が残るものの、竣工年代としては三七三年とする説がもっとも有力視されている。ちなみに、これまでわが国では、ウァレンス水道（橋）の竣工年は三七八年と紹介されることが多かったが、この年代に史料的な根拠はなく、欧米の学界でもまったく問題にされていない。

ヴァレンス水道建設の実際

前述したように、ヴァレンスが帝国統治をするにあたって本拠地としたのはコンスタンティノープル市ではなくアンティオキア市であり、ヴァレンスはコンスタンティノープル市民に嫌悪されていた。とすれば、ヴァレンス水道の建設は、皇帝がほとんど滞在することがなく、かつ不在の時期に、皇帝に敵対的な市民を擁する都市のためのインフラ整備事業として、さらにはゴート人の侵入によって危険に晒される可能性があった時期と場所とにおいて、わざわざ、しかも巨大な規模においておこなわれたということになる。アメリカ合衆国の「古代末期」研究者ノエル・レンスキは、ヴァレンスが公共事業に関心をもっており、コンスタンティノープル市の水供給インフラ整備は彼の関心をもっとも良く示す例であると述べている。しかし、この都市と同様にプロコピオスを支持したカルケドン市は、インフラ整備どころか城壁を破壊されてしまった。こうした状況に照らせば、コンスタンティノープル市におけるヴァレンス水道の整備はいったいなぜおこなわれたのか、皇帝の意図はただちには理解し難い。

このとき、四世紀後半から五世紀初頭の年代記作家ヒエロニムスが、ヴァレンス水道の建設は、コンスタンティノープル市長官を二度務めたクレアルコス(在任三七二〜三七三、三八二〜三八四)という官僚によるものであることを記録している点は重要である(『年代記』三七三)。コンスタンティノープル市に水をもたらすインフラ建設を遂行したのはヴァレンスではなく、実際には官僚クレアルコスであったということを示唆しているからである。クレアルコスは、三五六年から三六三年のあいだ、コンスタンティノープル市においてテミスティウスと極めて密な関係にあったことが知られている。テミスティウスは、三五八年から翌年にかけて、市内の食糧供給などを管轄するコンスタンティノープル市総督(プロ

コンスル)を務めていた可能性があり、のち三八四年にはコンスタンティノープル市長官に就くが、その時の前任者はクレアルコスであった。他方、五世紀の教会史家ソクラテスは、水道を建設したのはウァレンスであり、クレアルコスは水道完成後、テオドシウス広場の近くに巨大な泉(ニュンファエウム)を建設した人物であることを伝えており、ヒエロニムスの記述と食い違っている。ただ、このことは、ソクラテスの『教会史』における別の箇所の叙述との関係から理解すべきであろう。前述したようにソクラテスは、プロコピウスの反乱後、カルケドン市の城壁破壊を命じたウァレンスは、水道と浴場を建設したと述べているので、この部分との整合性をとるために先のように記述したのであろうと推測されるからである。

さて、ウァレンス水道建設の実際がこのようなものであったとすれば、ウァレンス在位一〇周年記念を祝賀する『演説』第一一番でテミスティウスが述べた内容も、単純な皇帝讃美ではなかったことになる。つまり、彼の言葉が三七三年のウァレンス水道竣工の証言であることは間違いないにしても、ウァレンスその人の事業を直接称讃しているのではないということになるからである。皇帝讃美の言葉を借りてテミスティウスが水道建設を称讃していたのは、実際には、かつて自分と親しくし、前任者としてコンスタンティノープル市長官を務めたクレアルコスだったのではないか。クレアルコスは、プロコピウスの反乱にさいしてウァレンスを支持し、反乱鎮圧後はウァレンスの誼(よしみ)を得て属州アシア総督に任じられた人物である。自分の支持者によるインフラ整備事業が自らの在位一〇周年記念の場で称讃の対象とされることは、それが自らの主体的な事業ではなかったにせよ、ウァレンスにとって不満をいだくべき事柄では何らなかったであろう。自らの治世におこなわれたことであるのは間違いないのだから。

その後、都市のインフラ整備に尽力した名士クレアルコスは、皇帝がかわってテオドシウス大帝の治世になっても、水道に関連する問題について対処を続けていた。クレアルコスが二度目のコンスタンティノープル市長官に就いていた時、私邸の浴場への水供給に用いられる水道管のサイズを規制する法律が発布されている(『テオドシウス法典』一五・二・三、コンスタンティノープル市長官クレアルコス宛、三八二年六月二十二日発布)。繰り返し述べているように、コンスタンティノープル市発展の画期はテオドシウス朝時代にあったが、このようにウァレンス治世においてすでにコンスタンティノープル市の都市整備に携わっていた官僚が、テオドシウス大帝時代においても引き続き重用されていたことを考えるならば、テオドシウス朝時代の都市発展は、ウァレンス治世下での準備あってのことと考えることができるであろう。すなわち、すでに水供給インフラが準備されていたからこそ、テオドシウス大帝のコンスタンティノープル市定住も可能となったのである。

ちなみに、テオドシウス大帝治世には、当時すでに存在していたネオリウム港、ボスフォリウム港、ユリアヌス港に加えて、新たにテオドシウス港が建設されたが、マンゴーによればこの四つ目の港はウァレンス治世に着工された可能性があるという。これらの港は軍港としても、また穀物やオリーブ油、ワインなどを輸送する船舶の停泊地としても利用された。港の近隣にはこれらの物資を貯蔵するための巨大倉庫(ホレア)が建設されたが、この倉庫についても、テオドシウス朝時代よりも以前の、ウァレンス治世の建設とする説がある。さらに、コンスタンティヌス大帝以降、皇帝たちは市内の聖使徒教会に埋葬されたが、それは生前コンスタンティノープル市を本拠としなかったコンスタンティウス二世、ヨウィアヌス、さらには帝国西部を統治したウァレンティニアヌス一世についても同様であった。ユリア

ヌスは当初タルソス市(現トルコ・タルスス)に葬られたが、のちコンスタンティノープル市に改葬された。帝国西部のグラティアヌスとウァレンティニアヌス二世も、教会政治家アンブロシウスの介入により実現しなかったが、おそらくコンスタンティノープル市で葬られるはずだったと推測されている。死が人間にとり不可避であり、墓所も一種のインフラととらえられるとすれば、ウァレンティニアヌス一世の事例から推測されるように、皇帝が葬られるべき場所はコンスタンティノープル市であるとの意識が固定された時代が、まさにウァレンス治世であったことは、水供給その他のインフラ整備と同時代であるという点で記憶に値する。

余談ながら、聖使徒教会が立地したのは、ウァレンス水道橋の北西部の起点である第四丘であった。コンスタンティノープル市への水は、皇帝たちの墓所を経由して、都市へと流れ込んできたのである。

5　ビザンツ的世界秩序の形成

都市と後背地

ウァレンス水道は、テオドシウス朝時代に先立つウァレンス治世のインフラ建設事業であったばかりでなく、コンスタンティノープル市の「首都」としての発展を準備するものでもあった。では、このような水供給インフラの整備は、ローマ的世界秩序の崩壊と、それに続くビザンツ的世界秩序の形成と、どのような関係をもっているであろうか。最後に、この点について述べておくことにしよう。

前述したように、五世紀におけるコンスタンティノープル市の発展は、ササン朝ペルシア帝国との和平による帝国東部国境地帯の相対的安定によって可能となった。しかしながら、ウァレンス水道の水源地が位置したコンスタンティノープル市の後背地はトラキアであり、都市の防衛上の弱点をなしていた。都市そのものの防備は、五世紀初頭のテオドシウス城壁によって市域の確定とともにひとまず対処されたが、ウァレンス水道はいうまでもなく城壁の外側に長く延びていた。三七三年の竣工から五年後、アドリアノープルの敗戦はトラキアへの外部勢力の侵入を招来した。その結果、ゴート人やフン人によって、ウァレンス水道が破壊され、コンスタンティノープル市への水供給がとだえてしまうのではないかという危惧が、帝国東部宮廷によっていだかれたであろうことは想像に難くない。事実、四八七年に東ゴート王テオデリックによって、ウァレンス水道の一部が破壊されている。五世紀末から六世紀初頭の皇帝アナスタシウス一世の時代(在位四九一～五一八)に、バルカン半島を横切る長大な城壁(アナスタシウス城壁)が建設されたのは、たんに侵入者を防ぐためだけでなく、後背地に依存する都市の生命線としての水道を維持する意図もあったであろう。アナスタシウス一世によるこの城壁は、「ビザンツの『万里の長城』」(トルコ・ミリエット紙、二〇一一年十月十七日付記事、邦訳版は東京外国語大学ウェブサイトで閲覧可)とも呼ばれ、全長約四五キロにおよび、うち約二二キロ分が現存しているという。

ただし、コンスタンティノープル市への水供給インフラの建設は、同じインフラとはいえ、城壁とは一見似ているようでじつは比べものにならない、超巨大と形容してよいほどの建設事業であって、相当の資材と労働力、技術力を必要とした(ローマ市を囲むアウレリアヌス城壁は全長一九キロ、コンスタンティノープル市を囲むテオドシウス城壁は全長六・五キロ。ヴィゼ水源地帯からコンスタンティノープル市まで

は五五一キロであるから、単純計算でアウレリアヌス城壁の二九倍、テオドシウス城壁の八五倍ある。しかも、城壁と比べて地形の起伏もはるかに激しい)。にもかかわらず、一般にビザンツ時代の人々は実用的なインフラの建設にはあまり関心がなかったらしく、文献史料には実際の作業状況についての具体的な情報はほとんど記録されていない。この点でコンスタンティノープル市の水道は、ウィトルウィウスによる『建築書』(森田慶一訳)やフロンティヌスによる『水道について』(今井宏訳)のように、文献史料によって詳細な情報が伝えられている共和政期や帝政前期のローマ市におけるそれとは史料状況が大きく異なっている。

ウァレンス水道の建設に従事した工夫たちについても、文献史料から知られるところはまったくない。わずかに、四世紀末から五世紀初頭のものと思われる青銅貨が遺跡の周辺からみつかっているだけである。ただし、建設からおよそ四百年後におこなわれた復旧作業には、千人の石工、二百人の左官、五百人の粘土職人、五千人の人夫、二百人の煉瓦職人を要したと推計されているので、最初の建設作業ではそれ以上の人員が動員されたことであろう。クロウらの研究グループを取材したクリスティン・ロメイによれば、ウァレンス水道の大部分は地中に埋設された水路で、いくつかの箇所では破損し地上に露出しており、内部の様子をみることができるという。埋設された水道管は、大人一人が立ってはいれるほどの大きさがあり、相当の流下量があったものと推測されている。また、トルコのクルシュンルゲルメ地区やビュユクゲルメ地区、アルゲルメ地区などいくつかの場所では、渓谷を渡る水道橋の遺跡が現在も残っている。

ところで、道路建設による街道網の形成とは異なり、水供給インフラの建設は帝国規模の広がりをも

たないことに注意しておきたい。水道は、水源地や水道管が引かれている場所の住民のためではなく、あくまでもその最終到達地点であるコンスタンティノープル市住民のためのインフラである。街道が全域的・双方向的・外向的であるのに対し、水道は局所的・一方的・内向的なものである。同じインフラでも、ローマ街道は後世「すべての道はローマに通ず」という格言を生み出したが、水道についてはそれに相当するような格言は知られていないのである。ただし、そのような性格をもつ水道が、じつに巨大な規模で建設されることが可能だったのは、それによって利益を得る都市が、莫大な費用と犠牲をはらうに値する存在であるという認識が広く共有されていればこそであったろう。ローマ的世界秩序のもとでの水道建設についての考え方が、「どんなに距離が遠くとも、良質水源を探して直接流下で導水する」（鯖田豊之）ものであったとすれば、コンスタンティノープル市のそれは、ローマ人の水道思想をもっとも極端なかたちで具現したものであり、そのような極端さこそがビザンツ的な水道思想であったということができよう。日常生活に必要な水資源を求めて、より遠くへと建設作業は進められたが、ローマ市のように複数の水道を建設するのではなく、ヴァレンス水道という一つの水供給システムを長大な規模で延伸することによってなされたからである。そのような規模の極端さは、ビザンツ的世界秩序の中心たるコンスタンティノープル市の重みを良く物語っている。

テオドシウス朝時代の水供給インフラ

テオドシウス一世の息子アルカディウス、その孫のテオドシウス二世の時代になると、コンスタンティノープル市内では貯水池と浴場の建設がさかんにおこなわれた。『コンスタンティノープル市要録』

によってみたように、私営浴場の数は一五三におよび、貯水池も百近くを数えた。とくに、これほど多数かつ規模の大きな貯水池群は、古代世界でも有数であった。

アルカディウスの治世には、アルカディア浴場(三九三／四年)とコンスタンティヌス大帝の記念柱近隣の地下貯水槽(四〇六／七年)、テオドシウス二世の治世には、二つのホノリア浴場(おそらく四二五年)、エウドキア浴場(おそらく四二五年)の三つの浴場と、アエティウス貯水池(＝プルケリア貯水池。四二一年)、テオドシウス貯水池(四二五年以前)、アルカディア貯水池(四二五年以前)、アスパル貯水池(四五九年)の四つの貯水池が建設された。とくに巨大であったのは、当時のコンスタンティノープル市長官の名を冠したアエティウス貯水池(二二四×八五メートル、深さ一五メートル)と、ゴート人出自の武官の名を冠したアスパル貯水池(一五二メートル四方、深さ一〇メートル)で、これらは露天貯水池であり、コンスタンティヌス城壁とテオドシウス城壁のあいだの拡大された都市空間のなかに位置していた(二つの城壁にはさまれた空間は主に農業に利用された。そのため、露天貯水池に蓄えられた水は、飲用というよりも食糧生産のための農業用水として利用されたとの説が有力である)。

多くの貯水池や浴場が建設された背景には、それを必要とする人口の増大と、増加した人口の需要を充足するのに必要なだけの水供給量の増大を想定しなければならない。このような浴場の増加については、五世紀におけるローマ風の生活様式の継続を、他方で七世紀までに帝国東部では浴場が減少することにその断絶を見出す学説(井上浩一)もある。公共浴場はキリスト教的な生活様式と相容れないものとされ、七世紀までに浴場の数は減少したというのである。ただし、マンゴーによれば、ゼウクシッポス浴場は八世紀か九世紀まで、ダギステオス浴場は九世紀まで利用し続けられたと推測されている。いずれ

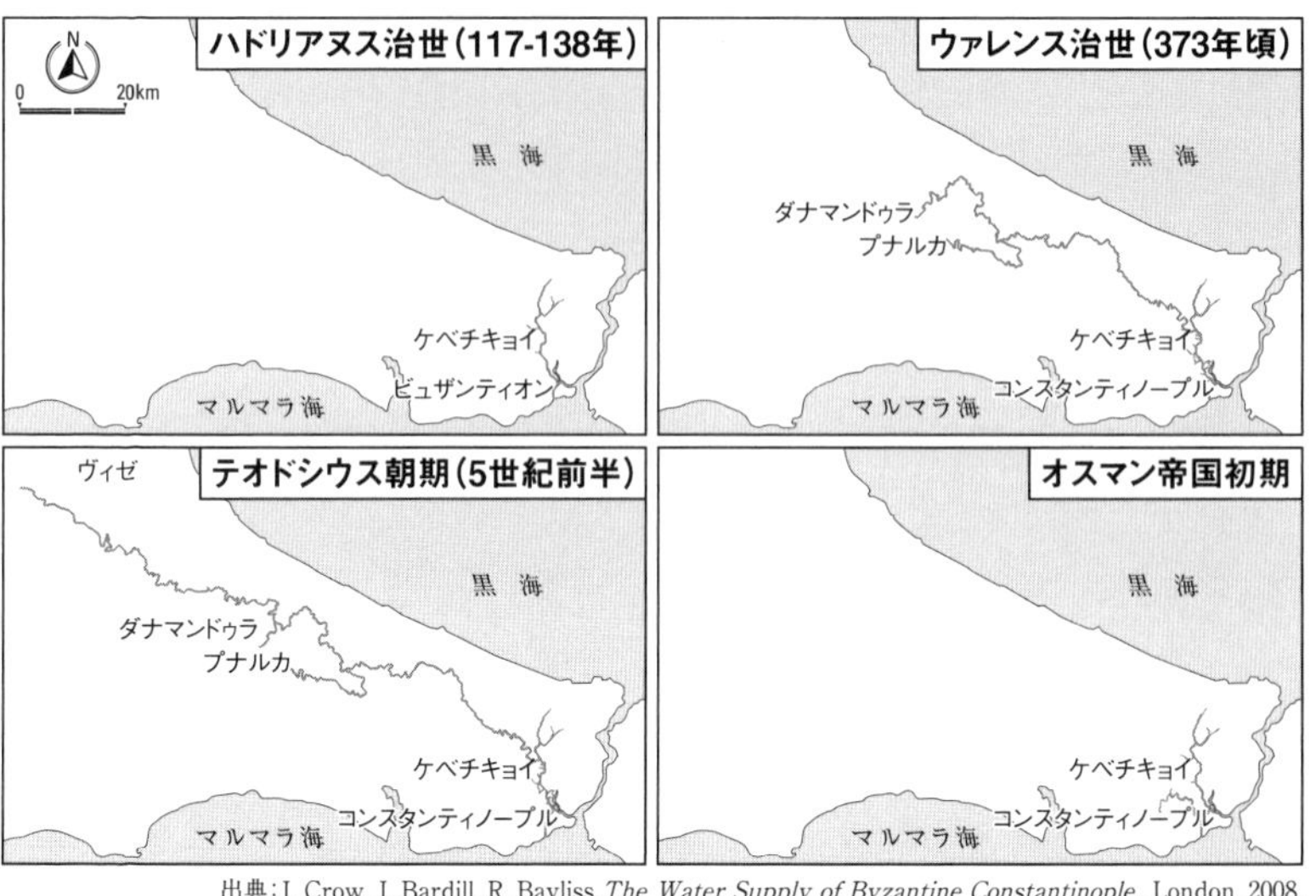

出典:J. Crow, J. Bardill, R. Bayliss, *The Water Supply of Byzantine Constantinople*, London, 2008.

ウァレンス水道の延伸の状況

にしても、五世紀の水需要の増加に対応するために、ウァレンス水道は建設当初のダナマンドゥラ・プナルカ水源地帯からさらに西方に位置するヴィゼ水源地帯まで延伸され、さらに豊富な量の水が市内へともたらされることになった。

なお、コンスタンティノープル市への水源地帯として近郊のハルカル水源地帯があげられることがあるが、これはクロウらによるとローマ・ビザンツ時代ではなく、オスマン帝国時代に利用されたものであるという。

水供給インフラからみたビザンツ的世界秩序の形成

年代記作家ヒエロニムスによれば、コンスタンティノープル市の創建は、帝国内のほぼすべての都市を丸裸にすることによってなされたという(『年代記』三三〇)。この言葉は、ビザンツ

的世界秩序の形成がどのようなものであったかを端的に示すものとして重要である。コンスタンティヌス大帝は、ほかの諸都市から多くのモニュメントを奪い、それによってコンスタンティノープル市を装飾した。アメリカ合衆国の「古代末期」研究者レイモンド・ヴァン・ダムによれば、コンスタンティノープル市は新らしく人工的な都市であったがゆえに、創建当初の段階では都市固有の歴史というものをもたなかった。それゆえ、都市内部の充実のために、帝国東部の諸都市からさまざまなモニュメントが略奪されたが、それは諸都市が保持していた記憶と歴史とを移し替える作業であり、それによって旧来の世界秩序は、同市のなかに新たに配置しなおされた、という。ウァレンス水道の建設に、カルケドン市の市壁が利用されたことを、こうした文脈のなかで理解することもできよう。あらゆるものが都市コンスタンティノープルのための犠牲となり、また、後背地からの水が長い距離をものともせずに流れ込んでゆくように、すべてがこの都市へと収斂すべくかたちづくられた世界のあり方こそ、ビザンツ的な世界秩序なのであった。

COLUMN

帝都は一日にして成らず──『コンスタンティノープル市要録』

英国のビザンツ史研究者ポール・マグダリーノによれば、ビザンツ時代のコンスタンティノープル市の歴史について体系的な研究は進展しておらず、容易でもないという。ビザンツ一千年の歴史が展開した「首都」であり、東西の多様な文化や人が行き交った「文明の十字路」たるこの都市の歴史的重要性からすると意外ともいうべき指摘であるが、その理由は、現在私たちに伝わっている史資料の性格にあると彼はいう。すなわち、現存する史資料の大多数は、コンスタンティノープル市の住民か同市を熟知した読者のために執筆されたものであったし、自らの住む都市についてビザンツ人の記述は控えめで、都市外の人々のために書くということはなかったからだというのである。私たちが知りたい情報は、ビザンツ人にとってあまりにも当然で、記録に値するとは特段考えられていなかったということもあろう。

事の真相はともかくとして、コンスタンティノープル市がコンスタンティヌス大帝による創建からテオドシウス大帝にいたる時代に、どのように発展してきたかを十全に解明しうるほどの豊富な情報を含む史資料は、残念ながらたしかに僅少である。そのようななかで、四世紀におけるコンスタンティノープル市の歴史と地誌について、ほとんど唯一かつもっとも重要な史料として現存するのが、『コンスタンティノープル市要録』である。著者は不詳。しかし、その序文に「創建者〔コンスタンティヌス大帝〕に向けられた称賛を凌駕して、不敗の皇帝テオドシウス〔二世〕の美徳と配慮は、古い時代を拭い去って新たなる外観とするために、その都市〔コンスタンティノープル市〕を飾った」とあって、四二五年頃にテオドシウス二世へ

献呈されたものと考えられている。『要録』はリスト形式の史料であり、その記述は例えば、「第二区。第二区は小さな劇場から始まり、その平坦な地面から気付かれないほど緩やかな斜面で上昇し、続いて海に向って絶壁から急激に落ち込む。そこには以下のものを含む。大きな教会〔聖ソフィア教会〕。古い教会〔聖エイレーネ教会〕。元老院議場。……〔後略〕」のように、市内一四地区のおのおのについて、地形やそこに所在する建造物の種類や数などが列挙されている。テオドシウス大帝、アルカディウス、そしてテオドシウス二世と、三代にわたるテオドシウス朝の皇帝たちのコンスタンティノープル市定住のおよぼした画期的影響は、かくて『要録』の成立とともに、五世紀の都市の様子を記録した史料に深く刻み込まれた。

ところで、コンスタンティノープル市の他都市とは異なる重要な特徴は、そのキリスト教的性格にある。しかし、『要録』において市内の教会の数は一四のみ、そして修道院は一つもあげられていない。テオドシウス大帝の治世末年の三九〇年代には、伝統的な多神教の祭儀を禁ずる法律が数度にわたって発布され、これは一般にローマ帝国におけるキリスト教の「国教化」として理解されてきた。その後、約一世代の歳月をへたにもかかわらず、『要録』が描き出すコンスタンティノープル市の都市景観のなかに、キリスト教会の姿はなお乏しいのである。やがて中世においてもっとも重要かつ最大のキリスト教都市となるべく教会や修道院がその数を増していくには、『要録』の時代からさらに半世紀がたった、五世紀後半を待たねばならなかった(その後、一三世紀初頭には、市内に二九四の教会と三〇〇の修道院があったとされる)。ビザンツ帝国の「首都」が経験した「転換」にも、時代と性質を異にする複数の段階がそのうちに含まれている。ローマ市と同様、コンスタンティノープル市もまた「一日にして成らず」なのであった。

四章　漢帝国以後の多元的世界

佐川英治

1　苻堅の栄光と挫折——前秦帝国の興亡

淝水の戦い

長い中国史のなかでも四世紀にあらわれた前秦の苻堅(在位三五七〜三八五)はとりわけ不思議で魅力的な悲劇の英雄である。苻堅は「五胡」と呼ばれる異民族の一つである氐族の出身ながら、前燕、前仇池、前涼、代等の国を滅ぼして華北を統一、さらには東晋から四川を奪い中国の大半を覆う大帝国をつくりあげた。その名はインドや中央アジアにも届いて六二カ国の王が使者を送り、中国西南や東北・朝鮮の諸外国からも朝貢の使節が訪れた。ヨーロッパでローマ帝国崩壊の転機となるアドリアノープルの戦いがおこなわれた三七八年は、ちょうど苻堅が東晋の襄陽を攻撃していた時期である。ところが、苻堅は、理解しがたい性急さで天下統一に挑み、その結果、淝水の戦いで東晋軍に大敗を喫し、一朝のうちに帝国を崩壊にいたらしめる。ついには元の部下であった後秦の姚萇に縊り殺されるという哀れな最期を遂げるのである。

無謀な戦争で国を滅ぼし、非業の最期を遂げるあたりはあたかも隋の煬帝のようである。しかし、苻堅は死後も崇められ、あろうことか苻堅を殺した姚萇ですら苻堅の像をつくり軍神として祀っていた。

淝水の戦いの前にあっては東晋でも苻堅の評価は高く、名門出身の郗超(ちちょう)が苻堅に比べられて喜んだという話が南朝宋の劉義慶(りゅうぎけい)の『世説新語(せせつしんご)』に伝わる。前秦が苻堅の死後もなお九年の命脈を保てたのは苻堅の遺徳によるところが大きい。唐代に太宗の命により編纂された『晋書』は、苻堅の生涯を今日に伝える貴重な史料であるが、淝水の敗戦には「笑いを天下に取る」と酷評するものの、その政治には

五胡十六国南北朝興亡表

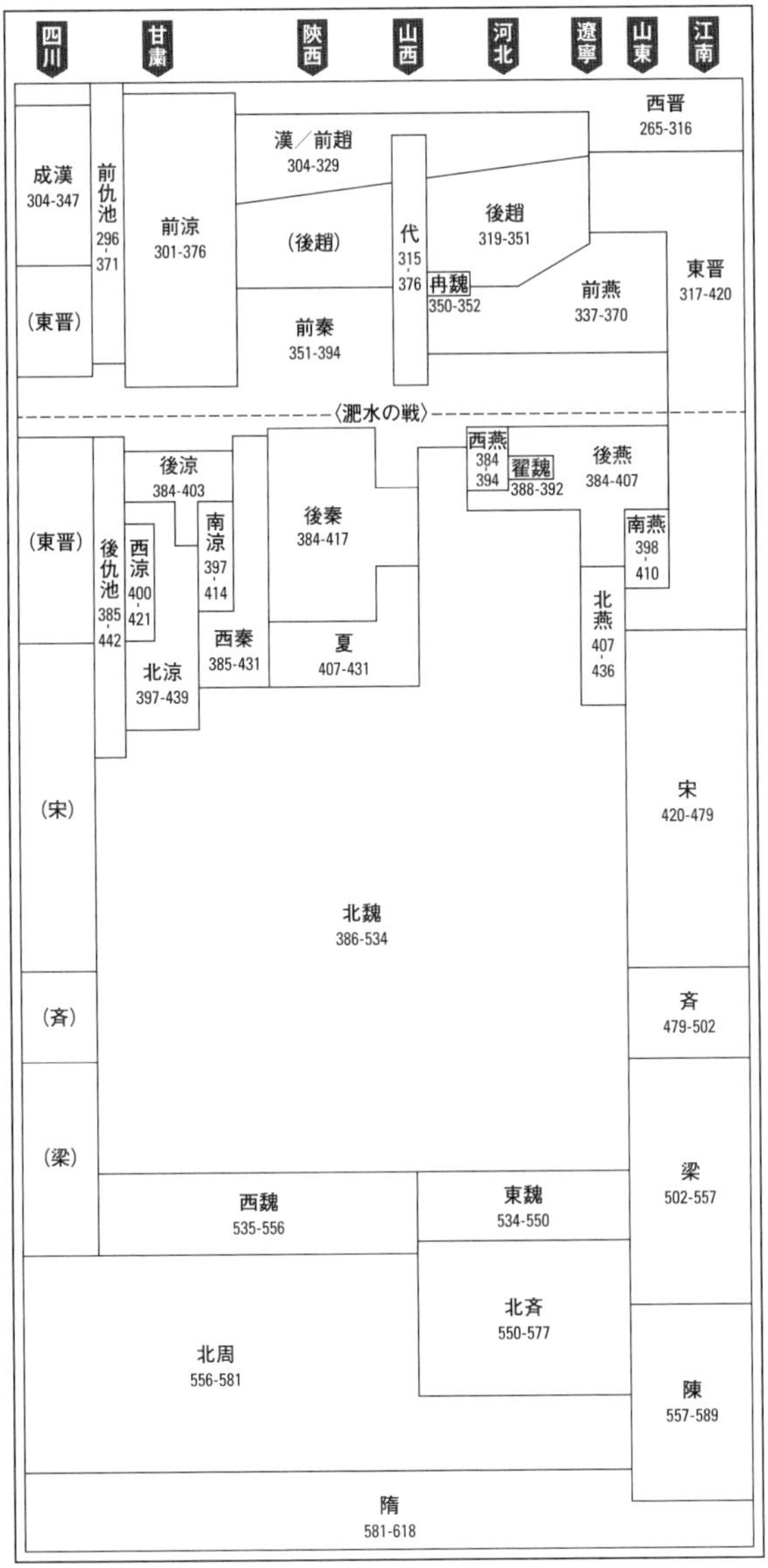

四川　甘粛　陝西　山西　河北　遼寧　山東　江南

成漢 304-347
前仇池 296-371
前涼 301-376
漢／前趙 304-329
西晋 265-316
(後趙)
代 315-376
後趙 319-351
冉魏 350-352
前燕 337-370
東晋 317-420
(東晋)
前秦 351-394
〈淝水の戦〉
後涼 384-403
後秦 384-417
西燕 384-394
翟魏 388-392
後燕 384-407
(東晋)
後仇池 385-442
西涼 400-421
南涼 397-414
南燕 398-410
西秦 385-431
夏 407-431
北燕 407-436
北涼 397-439
(宋)
宋 420-479
北魏 386-534
(斉)
斉 479-502
(梁)
梁 502-557
西魏 535-556
東魏 534-550
北斉 550-577
北周 556-581
陳 557-589
隋 581-618

「明王の徳教に遵い、先聖の儒風を闡む」「五胡の盛んなると雖もこれに比するなし」と賛辞を惜しまない。

前秦軍と東晋軍が淝水の戦いに臨んだのは西暦三八三年のことである。同年八月(以下にいう月はすべて旧暦の月であり、すでに秋である)、苻堅の末弟の苻融らが率いる歩騎二五万を先鋒とし、苻堅自らは兵卒六〇余万、騎兵二七万の大軍を率いて都の長安を出発した。空になった長安には涼州(現在の甘粛省一帯)の兵を呼び寄せ、北からは幽州(河北省北部)や冀州(河北省南部)の兵を彭城(現在の江蘇省徐州市)に集め、蜀(四川)や漢中(陝西省南部)からも水軍を繰り出して長江をくだらせるなど、いわば帝国の総力を傾けた戦いであった。同年九月、苻堅の率いる大軍はゆうゆうと進んで淮水中流の要衝寿春(安徽省淮南市)の手前一六〇キロほどの都市項城に落ち着き、十月、苻融らは圧倒的な兵力でもって寿春を陥落させた。寿春から淝水を渡れば東晋の都の建康(現在の南京)はもう目と鼻の先であった。

一方、迎え撃つ東晋軍はわずかに八万。時の東晋皇帝は孝武帝(司馬曜)であったが、実際に政治を取り仕切っていたのは名門出身の重臣謝安であった。謝安は皇帝とともに建康にとどまり、東晋軍の指揮は弟の謝石や甥の謝玄に委ねた。自らは謝石らの敗戦に備えて建康で前秦軍を迎え撃つ覚悟であったとみえる。孝武帝の末弟でのちに謝氏を追い落として権力を握る司馬道子もこの時はなすすべもなく、建康の東北にある鍾山の神に助けを求めて相国(人臣最高位の官職で通常は空席にされる)の地位を奉るありさまであった。

万全の体制で臨んだはずの苻堅であるが、すでに一つの誤算が生じていた。大軍が淝水を渡る前に、東晋軍が淝水の東岸に陣を敷いてしまったのである。本来であれば彭城から南下した別働部隊が洛澗で

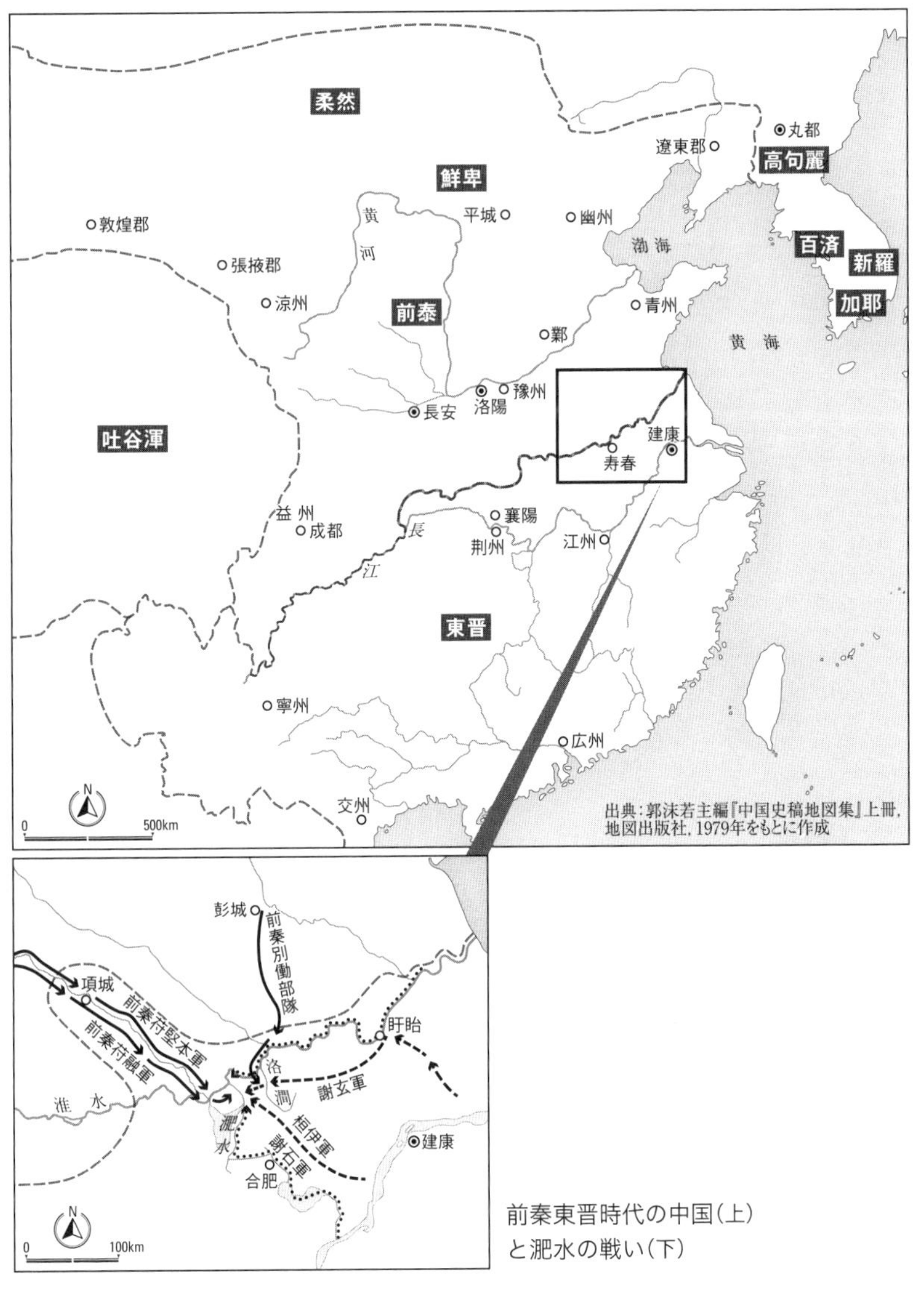

前秦東晋時代の中国(上)
と淝水の戦い(下)

西進してくる謝玄の軍を食いとめるはずであった。しかし、謝玄の軍に突破されて淝水への到達を許してしまったのである。淝水の東岸を押さえたことで東晋軍は持久戦に持ち込むことが可能となった。このことが苻堅をおおいに焦らせた。すでに十一月にはいっており、乾燥して河川の水量の少ない冬のあいだに勝負を決しなければ戦況は不利になる。苻堅は大軍を項城に残したまま苻融らの軍で決戦を急ぐことにし、相手を西岸におびき寄せるために自軍をわずかに退却させた。

ところが、これが思わぬ結果をもたらす。東晋軍に討たれて退いたと思い込んだ兵士たちは群集心理に駆られて雪崩を打って退却を始め、前秦軍は制御不能な状態に陥ってしまう。これに乗じて東晋軍は淝水を渡り、前秦軍を大破した。苻堅は流れ矢に当たり、追撃をかわして淮水を北に渡り、無傷で残っていた慕容垂の軍に合流するのがやっとであった。戦いは前秦軍の惨敗に終わり、これを機に苻堅の帝国はまるで風向きが変わったかのように解体へと向かっていく。

前秦の建国

氐族はいわゆるチベット系で元は羌族と同種であったらしく、漢代においても言語・習俗はほぼ同じであった。ただし、比較的漢文化になじみ、漢語にも慣れていたとされる。苻氏はもともと甘粛省東南部にいた氐族の一酋長であり、苻堅の祖父の苻洪はもろもろの部族から推されて盟主となっていた。西晋が滅びたのちは匈奴の劉曜の前趙(三一九年に「漢」より「趙」に改名)に帰順し長安の近くに移住させられ率義侯の地位に就けられていた。羯族の石勒が建てた後趙が前趙を滅ぼすと、関中の豪族や氐・羌の諸族とともに後趙の都の襄国(河北省邢台市)に移住させられた(二〇三頁地図参照)。この時代

にはこうした強制移住が数万から数十万という規模で頻繁におこなわれた。これを「徙民」といい、五胡十六国時代におこなわれた徙民の数は一五〇〇万人を超えるといわれる。なかでもこの時の徙民はとりわけ規模が大きく、移住させられた氐・羌は三〇〇万人にのぼった。苻洪は移民集団のリーダーとなり、数々の戦功をあげて西平郡公という爵位を授かるまでになった。

後趙は石虎の時に襄国から鄴(河北省邯鄲市)へ遷都し全盛期を迎えたが、石虎の死後、後継者争いから内紛が起こり、三五〇年に漢人の冉閔が鄴で即位して大魏(冉魏)を建国した。後趙はあからさまに胡人を「国人」と位置づけ漢人への同化を促さない政策をとっていたので、冉閔は鄴の内外に布告して「国と心を一つにするものは残れ、そうでないものは好きに去れ」と命じたところ、都城を去ろうとする匈奴や羯族の人々が城門に殺到した。彼らがのちの災いとなることを恐れた冉閔は懸賞をかけて人々に殺害を促したために集団殺戮となり、死者が二〇万人を超えるという凄惨なできごととなった。その半数は「高鼻多鬚」(鼻が高くひげが濃い面立ち)のために殺された人々であったという。

この時鄴の南方に駐屯していた苻洪は東晋に使者を送って帰順を示した。苻洪の集団はすでに一〇万の兵力をもつまでに成長しており、東晋は苻洪を氐王として冀州刺史・広川郡公の官爵を授け、苻洪の子の苻健には右将軍・襄国県公の官爵を与えた。一方、苻洪には自立の心があり、自ら大単于・三秦王を称した。単于はもともと匈奴の君主号であるが、この時代には広く非漢人の統治者の称号として用いられていた。三秦王は関中の王たることを意味し、こちらは漢人の統治者の称号である。すなわち、大単于・三秦王は胡漢の両方の統治者たることを意味する。苻洪は「自分が天下をとるのは漢の高祖より簡単だ」と豪語していたが、部下に毒を盛られてしまう。死の間際にはかえって子どもたちに関中に

帰るよう遺言しているところからみると、中原にとどまるか西へ帰るかで集団の内部に対立があったのであろう。

後を継いだ子の苻健は、三秦王の号を取り下げて東晋に使者を送り、東晋に恭順の意を示しつつ集団をまとめて西をめざした。長安にはすでに晋の雍州刺史を自称する地元の豪族がいたが、苻健はこれを破り長安に入城した。そこで苻健はまず三五一年に天王・大単于を称し、翌年には皇帝に即位して皇太子の苻萇に大単于を授けた。苻健は長安の東南一〇〇キロほどの都市に交易場を設け、南方の物産の取引で稼ぐなどして国力の充実に努めた。しかし、三五四年には東晋の将軍桓温の侵攻を受けて苻萇を戦死させてしまい、自身もまもなく病死する。

苻健の後を継いだ子の苻生は、現在の甘粛省一帯を支配していた前涼を服従させようとした。前涼は西晋の護羌校尉・涼州刺史であった張軌が華北の混乱のなかで事実上の統治者となった国であり、ほぼ一貫して西晋・東晋に臣従する態度をとっていた。前涼は東晋の権威を盾に抵抗を試みようとしたが、最後は前秦の圧力に屈した。ただし、これ以後もしばしば東晋と結んで前秦を牽制しようとした。

苻氏に遅れること七年して関中に帰ってきたのが羌族の姚氏である。姚氏は甘粛省西部にいた焼当羌と呼ばれる羌族の酋長で、苻氏と同様に後趙によって襄国の周辺に徙民されていた。後趙の混乱後、姚氏も東晋に使者を送って官爵を授かっており、一時は桓温のもとに身を寄せるなどしていたが、姚襄の時に関中への侵入を試みた。しかし、苻生に派遣された苻堅に撃退されて殺された。姚襄には四一人の兄弟がいて、みな苻堅に降伏して仕えたが、そのうちの一人がのちに苻堅を殺すことになる姚萇である。

苻堅は苻洪の孫で後趙の都の鄴で生まれ育った。苻健は伯父、苻生はいとこにあたる。鄴はかつて曹操が魏王国の都をおいた都市であり、当時おそらく中国随一の都会であった。七歳にして聡明で、八歳で学問を始めた。祖父の苻洪は「われらは酒を飲むしか楽しみを知らなかったのに、今やついに学問を求めるようになったか」といって喜んだ。一方、苻生は酒乱にして殺人を快楽とする極めつきの暴君であった。苻堅は苻生の暴政を危惧する同志とともに泥酔した苻生を殺害した。三五七年、苻堅がまだ数えで二十歳の時である。

もっとも、のちに東魏の楊衒之(ようげんし)は『洛陽伽藍記(らくようがらんき)』のなかで、苻生の暴君イメージは、苻堅が苻生殺害

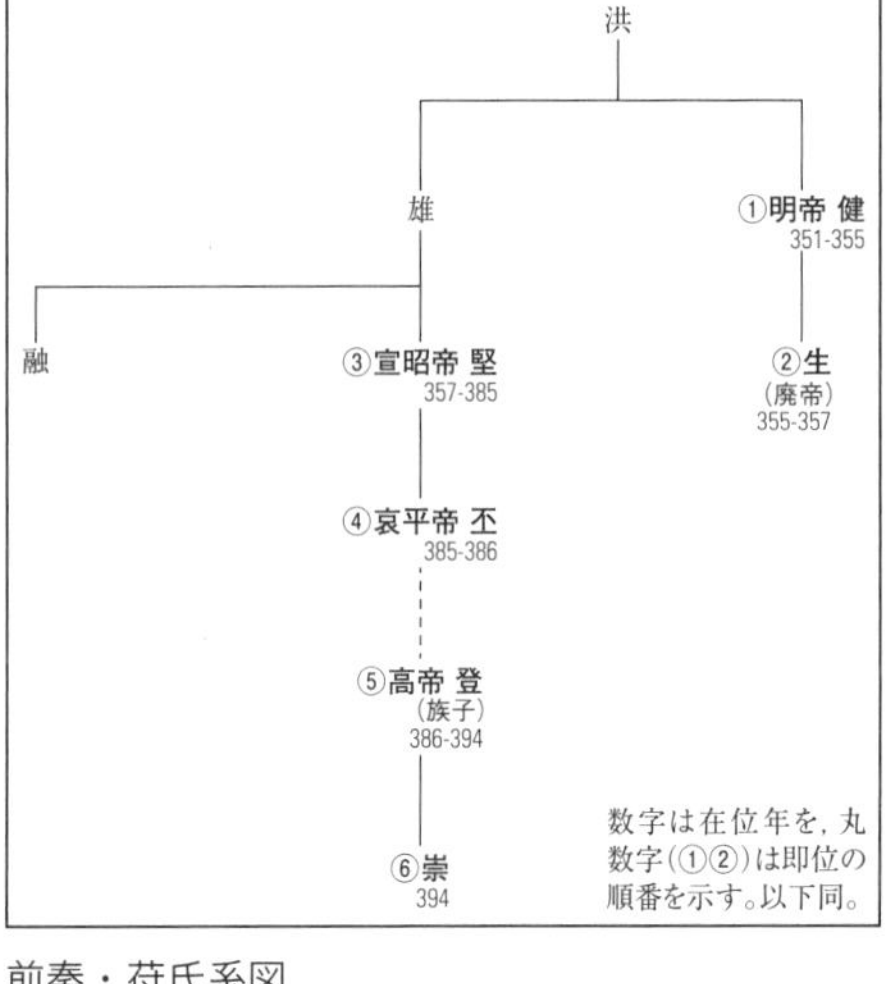

前秦・苻氏系図

苻堅の墓と伝えられる墳墓

を正当化し、自らを賢君にみせるためのつくり話であると暴露している。ただし、そうであるとしても、苻堅がそれとは正反対の君主像を自らに課していたことは間違いない。

華北の統一

苻堅はあえて皇帝には即位せず、大秦天王に即位した。苻堅はこの後足掛け二九年におよぶ在位のあいだ、ついに皇帝を称することなく天王として君臨し続ける。天王は後趙の石勒や石虎が天王を称して以来、五胡十六国時代にしばしば用いられた特徴的な君主号である。中国では始皇帝が皇帝を名乗って以来、清朝にいたるまで皇帝がほとんど唯一の君主号であった。そのなかで天王が用いられたことは非常に珍しい。この天王号の意味については、またのちに取り上げることとして、先に淝水の戦いにいたるまでの苻堅の足取りを追うことにしよう。

苻堅は即位するとすぐに王猛を抜擢した。王猛は漢人で、現在の河南省北部あたりに生まれた人である。家は貧しくかごを売って暮らしを立てるほどであったが、博学でとくに兵書を好んだ。若い時には鄴にも遊学したが、世俗に従わず山にこもり隠遁生活をしながら明君にめぐり会うのを待っていた。桓温が関中に侵攻した際には、桓温から仕官の招きを受けたが応じず、苻堅と出会うやすぐさま意気投合した。

この時彼らが具体的に何を話したのかは伝わっていない。ただし、のちに苻堅は王猛の功績を称えるなかで自分たちの出会いを振り返り、二人は出会うや瞬時に認め合い、自分は王猛を臥龍（諸葛亮）とみなし、王猛は隠遁の志を棄て千載一遇の同志となったといっている。このように苻堅は自分と王猛を

劉備と諸葛亮になぞらえていた。諸葛亮が劉備に授けた「天下三分の計」は、いったん天下を三分して蜀を確保したのち、時を待って再び天下を統一するという構想である。おそらく二人は天下統一という目的で結ばれた同志であったのであろう。

苻堅は即位すると王猛を中書侍郎という秘書官の職に就けた。その二年後には王猛を一年のうちに五回も昇進させて司隷校尉とする。司隷校尉は皇族や中央の官僚を取り締まる高位の監察官である。王猛はまだこの時三六歳であり、苻氏一族や旧臣からは強い不満の声があがったが、苻堅はこれを厳しく弾圧し、激しく逆らう者はたとえ元勲の旧臣であっても斬刑に処した。王猛は皇族でも民衆に害をなす者は逮捕して処刑し、死体を市場に晒すことをはばからなかった。また数十日のあいだに富や特権を頼んで不法をなす者二十数人を処刑するというキャンペーンをおこなうこともあった。これにより百官は粛然とし、豪族は息を潜め、治安は回復し、風俗は改まると、苻堅は「今ようやく天下に法があり、天子が尊いものであることを知った」といった。

また苻堅と王猛は前秦を儒教国家へとつくりかえようとした。苻堅は高官の子弟に儒学を教授するための太学を起こし、月に一度は自ら出向いて学生の勉強ぶりをみた。そればかりか自ら出題して成績優秀者を抜擢することもあった。また皇太子や百官の子弟を率いて孔子を祀る釈奠の礼をおこなったりもした。王猛が亡くなると、苻堅は王猛の遺志を継ぐためとして、老荘や図讖（神秘的な予言）の学を禁じたり、宮殿を守る兵士や後宮の女官にまで教師をつけて儒学の学習を課したりするなどした。こうした厳格な法治主義や儒教の振興は、前秦の王権を氏族の首長から、より公共的な権力へと転換させるためのものであった。

ただし、当時の前秦を取り巻く環境は厳しいものがあった。後趙が滅びた後強盛を誇るようになったのは前燕である。前燕の興りは、西晋から鮮卑都督に任命されていた遼東地域の鮮卑の慕容廆が、西晋末の混乱のなかで鮮卑大単于を自称して自立したことにある。その後慕容廆は東晋から遼東公の爵位を受けた。三三七年には慕容皝が自ら燕王に即位し、三四一年には東晋から正式に認められて燕王に冊封された。しかし、子の慕容儁の時に石虎が死んで後趙が内乱に陥ると、すでに高句麗を服属させるなど東北地方の強国となっていた前燕は南進を始め、三五二年に冉閔をとらえて鄴を陥落させた。慕容儁はこの年皇帝に即位して東晋から自立した。

苻堅が天王に即位した三五七年は、慕容儁が後趙の都であった鄴に遷都した年である。慕容儁は三六〇年に死んで子の慕容暐が立つがまだ十一歳と幼く、慕容儁の弟の慕容恪や慕容垂、慕容皝の弟の慕容評が輔佐した(二〇七頁系図参照)。慕容恪は三六四年から南進政策を主導し東晋の黄河以南の地をつぎつぎと略取し、三六五年には東晋から洛陽を奪った。こうして前燕が強大となるなかで、三六七年には各地の守備にあたっていた苻生の弟たちがいっせいに反乱を起こして分裂状態となり、苻堅の前秦は亡国の危機に陥った。

しかし、慕容恪の死後、実権を一人で掌握した慕容評は南進政策を優先してあえて前秦を攻撃しなかった。そうするうちに、三六九年には東晋の桓温が大規模な反撃の軍を起こし、破竹の勢いで前燕領内に侵攻した。黄河流域にまで迫った東晋軍に恐れをなした慕容評は、東北への退却を考えるほどに追い込まれ、洛陽の割譲を条件に前秦に援軍を要請した。桓温が前秦軍の出動を知って退却を始めたところを慕容垂が追撃して大破し、前燕は危機を脱した。しかし、慕容垂の声望を妬む慕容評は、皇太后の可

足渾氏と結託して慕容垂を殺そうとした。それを察知した慕容垂は一族を引きつれ洛陽から苻堅のもとに亡命した。さらに前燕から洛陽割譲の約束を反故にされた苻堅は、王猛に軍を率いさせて前燕への侵攻を始め、三七〇年には自ら軍を率いて前燕の都の鄴を攻め落とした。

前燕の併合によって苻堅は前趙や後趙にもまさる版図を手に入れた。この時の前燕にはおよそ一千万人の人口があった。苻堅は降伏した慕容暐を鮮卑四万戸とともに長安に徙民し、官爵を授けるなどして寛大に処遇した。とくに慕容垂を重用し軍を率いさせた。ここから苻堅は天下統一に向かって一気に駒を進める。

三七一年には仇池国(前仇池)を攻めて滅ぼした。仇池国は氐族の楊氏の国であった。東晋に臣従しており、東晋は援軍を差し向けたが仇池を救うことはできず、楊氏は前秦に降伏した。仇池が降伏すると、吐谷渾は恐れて前秦に使者を使わし馬五千匹、金銀五百斤を送った。仇池と吐谷渾は東晋と西域を結ぶルートを提供しており、仇池を滅ぼし吐谷渾を臣従させたことは前秦にとって東晋と前涼の連絡を絶つ意味があった。三七三年には剣閣から蜀に侵攻して成都に入城し、東晋から四川を奪った。

三七五年には王猛が五十一歳で亡くなるが、翌年苻堅は一三万騎から成る軍隊を送って前涼を平定する。この時おおいに活躍したのが姚萇である。苻堅はまた一族の苻洛に元の前燕の兵士を率いさせ鮮卑の拓跋氏の代国を攻め滅ぼした。代国の興りは三一〇年(異説あり)に拓跋猗盧が西晋から大単于・代公に封ぜられたことにある。こうして前秦は三七六年には華北の統一をはたし、天下統一を前に残すは東晋のみとなった。

天下統一の企て

三七八年二月、苻堅は子の苻丕を総大将とする一〇万の大軍で長江中流の要衝襄陽を攻めさせた。この時、慕容暐や慕容垂も将軍として起用された。しかし、苻丕らは年を越えても襄陽を陥落させることができなかった。人々の団結が強く、前秦の投降の呼びかけに応ずる者がなかったからである。城内の女性たちでつくった防御施設「夫人城」はそのシンボルであった。苻堅の怒りにふれた苻丕らは犠牲を省みない戦いで襄陽を陥落させたが、東晋との戦いは、多民族から成り劣勢に立つともろい華北の諸政権との戦いとはまったく違うことを思い知らされることになった。

一方、前秦では三八〇年に代国征伐に功績のあった幽州刺史の苻洛が反乱を起こした。これに鎮北大将軍の苻重が加わり一時は旧前燕地域を巻き込んで一〇万の軍勢にふくれあがった。苻堅は苻融らを派遣して鎮圧に成功するが、前秦のもろさを露呈する事件となった。ここにいたって苻堅は「わが族類」たる氐族の紐帯に頼らざるをえず、関中や西部の氐族一五万戸を徴発して全国各地の要衝に三二〇〇戸ずつ配置することとした。苻堅は涙を流して彼らを見送ったが、別離の嘆きは巷にあふれ、識者はすでに騒乱の兆しをみたという。

三八二年の春には大司農の苻陽と員外散騎侍郎の王皮が謀反のかどで逮捕された。王皮は王猛の子である。王皮は父が宰相の位にまで就いたのに恩賞が少なく家が富豪とならなかったことに恨みをいだいていた。苻堅はあえて恩賞を受け取らなかった亡き父王猛の志が子に伝わらなかったことを嘆いた。

この年十月、苻堅はついに東晋討伐を決意し、群臣を太極殿に集めて意見を募った。この時前秦が動員できる兵力は九七万。ただし、その主力は鮮卑や羯、羌など多民族から成る混成軍であった。一方、

東晋は三七二年に桓温による簒奪の危機を迎えたものの、翌年桓温が病死してからは謝安を中心とした安定した政治がおこなわれていた。そこでこれまで苻堅の征服戦争を支えてきた将軍たちもこぞって反対し、賛成したのは慕容垂と姚萇のみであった。弟の苻融は万一征服が失敗したときの権威の失墜が帝国の崩壊に結びつくことを恐れた。

しかし、天下統一への歩みをとめれば、そこで自らの権威が失墜してしまうことを苻堅は知っていた。自ら出征しない方が良いと説く僧侶の釈道安に苻堅はつぎのように述べている。

「土地が狭く、人が足らないからするのではない、天下を統一して人々を救うためにするのだ。朕のこの行いは義挙なのだ。故郷を失った人々を元の土地に返してやらねばならない。人々を苦難から救い才能ある者を取り立てるためであって、己のために武力を用いるのではない」

苻堅は天下を元の状態に戻すこと、つまりは漢帝国の秩序の回復をめざしていたのである。

苻堅は氏族のことを「わが族類」と呼んでおり明らかに民族意識というべきものをもっていた。しかし、苻堅が背負っていたのは「民族の自立」といったようなものではなく、より普遍的な立場からする天下の救済であった。実際に苻堅がしばしば思いを馳せていたのは漢の皇帝であった。苻堅は人々に自分と漢の皇帝をかさね合わせるようにもしむけた。例えば、大宛国が朝貢品として汗血馬を贈ってきたことがあった。しかし、苻堅は外国からの献上品を受け取らなかった前漢の文帝に倣い、さらに群臣にこのことを詩にするよう命じた。そこで苻堅の徳が文帝に等しいことを頌えて詩を献上するものが四百人以上にのぼったという。苻堅が建てた三つの年号「永興」「甘露」「建元」はいずれもが漢で用いられた年号である。なかでも苻堅がもっとも長く用いた「建元」（三六五～三八五年）は前漢の武帝が最初に

建てたとされる年号であった。

太学の振興も漢代における儒教の隆盛を取り戻そうとしたものである。苻堅がこれにおいて追慕したのは前漢の武帝と後漢の光武帝である。太学は後漢が滅んで以降、儒教の衰退とともに衰え、魏晋期に何度も復興がはかられたがついに漢代の隆盛を取り戻すことはなかった。かわって流行したのは知識人のサロンにおける清談であり、老荘思想であった。苻堅はこの太学を漢代のレベルに復興し、はては老荘の学を禁じてまで儒教一尊の状況に戻そうとしたのである。

このように苻堅がめざしていたものは漢帝国の復興であった。およそ四百年続いた漢帝国の平和と安定を取り戻すには中国の統一が不可欠である。ただし、漢の統一はたんに外面的なものだけであったのではない。儒教による内面的な統一があった。天下統一が外面的な漢の秩序の復興であるとすれば、儒教の振興は内面的な漢の秩序の復興である。苻堅が儒教の振興にとりわけ熱心であったことと天下統一への強いこだわりは、ともに失われた「漢の平和」を回復するためであった。

それにしても、氐族の苻堅が漢帝国の復興を自らの使命とし、それに突き進んだのはなぜなのであろうか。そのことを考えるためにも「漢の平和」とはいったいいかなるものであったのかをみておこう。

2　漢帝国の平和——淝水以前

「漢人」の形成

今日の民族にあたる言葉を苻堅の時代には「族類」といった。本来この言葉は一族親類といった意味であったが、魏晋時代には異民族を指して「わが族類に非ず」などというようになった。「漢」とか「漢人」という言葉が一種の民族呼称として使われ始めるのもこの頃である。しかし、これすらも固定した概念ではなく、晋の時代であればむしろ「晋人」という方が多かった。これは今日でいう「中国人」のようなもので民族名とはいえない。

もっとも、漢代以前からある種の民族意識は存在していた。すでに殷の甲骨文には羌や鬼方、土方などといった異民族らしき勢力を指す呼称がみえており、周代から春秋時代にかけては自らのことを「諸夏」「華夏」などと呼ぶようになる。そして元は都やその周辺など狭い範囲を指していた「中国」が、全国を指す言葉として用いられるようになっていく。ただし、諸夏同士の連帯意識はさほど強固なものではなかった。『春秋公羊伝』という書物には「春秋、その国を内にして諸夏を外にし、諸夏を内にして夷狄を外にす」とある。この意味は自国を中心にみるときと夷狄に対するときでは諸夏の位置づけが異なるということで、諸夏であっても自国を中心としてみれば夷狄と同様に外とみなされたのである。また雲夢睡虎地秦簡という秦代の出土文書のなかの法律文書には、秦人の子を「夏子」と呼んで秦に服属する諸国の出身者と区別している例がある。

華夏族の連帯意識の基盤となっていたのは言語や習慣の同一性であった。ゆえに夷狄が華夏にはいることも、またその逆もありえることであった。性悪説を唱えたことで知られる戦国末の思想家の荀子は、「楚に居りてはすなわち楚たり、越に居りてはすなわち越たり、夏に居りてはすなわち夏たり。これ天性に非ざるなり、積靡の然らしむるなり」(儒效篇)と述べている。この意味は楚に住めば楚人となり、越に住めば越人となり、夏(中国)に住めば夏人となるのであって、これは天性によるのではなく、学習や外的な影響によってそうなるのだということである。

むしろ儒教の考えでは、夷狄に文化をおよぼして華夏に同化させることこそ優れた王者の能力とされた。荀子の性悪説とは、このように生まれによるのではなく、学習によって礼義を身につけることにより、後天的に善となることを強調したものであり、そこには民族を超えた普遍的な連帯への道が開かれていた。それゆえ荀子はまた儒教には天下を一家のごとくする力があるといっている。

荀子の門下からは秦の始皇帝のもとで宰相となった李斯が出ており、始皇帝が崇敬した法家思想の韓非子も荀子のもとで学んだことがあった。李斯は始皇帝に勧めて焚書をおこなわせたが、その主要な目的は他国の歴史書や文学書を焼くことであった。つまりすべての人がただ秦の民という属性のみをもって皇帝に仕える一君万民の法治国家がめざされたのである。一方で、この体制に服属しない匈奴や羌の人々は長城の外に追いはらおうとした。

こうした秦のやり方は中国の内部からも反発を招き、漢はおもに東方の旧六国の地域で皇帝による直接的な支配をやめて、封建制すなわち王を介した間接的な支配を復活する。漢と封建諸国は別の国で紀年も異なっていた。漢の直轄地の郡県では皇帝の在位年に基づいて某帝某年と数えられたが、封建諸国

のなかではそれぞれの王の在位年に基づいて某王某年とされた。このときの「漢人」とは漢が直轄する郡県に属する人しか意味しなかった。しかし、呉楚七国の乱をへて、武帝の時代には封建諸国の規模は縮小し、形骸化が進んだ。また武帝は匈奴を攻撃し、南越や衛氏朝鮮を滅ぼし、中国と西域を結ぶ河西回廊といわれる地域にも郡県制を広げるなどして天下の統一を進めた。このような時に武帝が始めたのが元号で、封建諸国に元号を用いさせることで全国の紀年を統一したのである。

司馬遷の『史記』はまさにこの時代に生まれた歴史書であり、統一国家にふさわしい「中国人の通史」を書いたものであった。この時に司馬遷が採用した史書のスタイルを紀伝体という。紀は基本的に年代記であり、『史記』の場合は五帝・夏・殷・周・秦・始皇帝・項羽・高祖(劉邦)……武帝というように、中国の歴史が一本の時系列に繋がれる。伝は列伝といい、中国の歴史のなかで活躍したさまざまな人物の伝記が並べられる。なぜ司馬遷が紀伝体というスタイルを選んだのかは定かではないが、一つには、個人を歴史の主役にすえることで、統一以前の歴史を各国史の寄せ集めにすることを避ける狙いがあったと思われる。

こうして武帝の時代には中国の内と外の区別が明確化し、中国の内にあって皇帝に仕える者を内臣、外にあって漢に服属する者を外臣とする、いわゆる内臣・外臣構造が完成する。この構造は印綬の制度においてもっとも顕著にあらわれる。印は印章、綬は印を身に帯びるための紐である。漢代にはこの印綬の材質や色を分けることによって諸侯や官僚の身分を表示したが、同じ王であっても外臣の王には内臣の王より一等低いランクの印綬が与えられる仕組みであった。ただし、内臣と外臣の区別は種族的なものではなく、中国の礼や法に服すれば外臣から内臣へと移ることもあったのである。

諸民族の内遷

前漢の武帝の攻撃により弱体化した匈奴は、呼韓邪単于(在位前五三頃〜前三一)の時に東西に分裂し、漢の援助を受けて匈奴を再統一した。以降およそ六〇年にわたり漢の優位において漢と匈奴の和親は保たれたが、新の王莽が匈奴の分裂をはかろうとしたために匈奴は中国との関係を絶った。

赤眉の乱で中国が混乱に陥ると漢と匈奴の形勢は一時逆転したが、匈奴でも旱魃をきっかけとした飢饉と疫病で人や家畜の大半を失うという災害にみまわれ、四八年には匈奴は南北に分裂した。南匈奴の単于は後漢に臣属し、北匈奴に対して漢の辺境を守る役割を担うようになる。北匈奴はしだいに衰退し、八五年には南からは南匈奴、東からは鮮卑、北からは丁零、西からは西域諸国のいっせい攻撃を受けて敗北し、さらには後漢の攻撃も受けてついにはモンゴル高原から姿を消した。

後漢は一〇七年に西域都護を廃止して西域経営から手を引いた。もともと漢が西域に進出する目的は匈奴を制することにあった。遊牧国家とオアシス都市はしばしば交易を通じた共存共栄の関係を生むからである。漢は西域諸国を傘下におさめることでこの関係を絶とうとしたのであるが、すでに匈奴が脅威でなくなった以上、莫大な負担と引きかえに西域の支配を続ける意味はなくなっていた。当然のことながら、膨大な兵力と軍費を投入して戦争を続けることは国力を疲弊させる。漢はしだいにこの負担に苦しむようになっていった。すでに王莽の時代のある将軍は、武帝の対外戦争を「下策」、始皇帝の長城建設を「無策」と評していた。これにかわり後漢では南匈奴に北匈奴を防がせるといった「夷を以て夷を伐つ」方策が主流になった。

北匈奴がいなくなったモンゴル高原には東部から鮮卑や烏桓が進出し、漢の辺境にも侵入を繰り返す

ようになった。河西回廊では羌族の活動が活発になった。後漢はこれに対しても「夷を以て夷を伐つ」方策を用いた。漢に服従する勢力には、率衆王（そつしゅうおう）・帰義侯（きぎこう）・邑君（ゆうくん）・邑長（ゆうちょう）などの官爵を与えて内属させるかわりに、度遼（とりょう）将軍や使匈奴中郎将・護羌校尉・護烏桓校尉といった異民族統御官、または辺郡におかれた属国都尉といった軍官に彼らを率いさせ、例えば匈奴を率いて鮮卑を討たせたり、羌族を率いて氏族を討たせたりすることをおこなった。もちろん、場合によってはその逆もありえた。

かくして漢の内地にはしだいに匈奴や鮮卑、氐、羌、烏桓、丁零などといった諸民族が移り住むようになっていった。例えば九四年には造頭（ぞうとう）なる酋長らに率いられた羌族が一度に五〇万人以上も内属し、皇帝は造頭に邑君長の職と印綬を与えている。このほかに戦争の捕虜などが奴隷として売られ、荘園で

「漢匈奴破虜長」印（前漢）

「晋帰義氐王」金印（西晋）

耕作に従事させられたり、武力として用いられたりする場合もあった。とりわけ両漢交替期の混乱と洛陽への遷都により関中の人口は激減しており、その穴を埋めるために西方の羌族や氐族が多く徙民された。

二世紀にはいると各地で羌族の反乱が頻発するようになり、後漢政府は莫大な戦費に苦しむようになる。一六九年には破羌将軍の段熲が厳しい弾圧で関中の羌族の反乱を平定するが、北方では檀石槐が鮮卑をまとめ新たな漢の脅威となっていた。一八四年に起こった黄巾の乱をへて群雄割拠の時代にはいると、各地の勢力は諸族を味方につけようとした。魏・蜀・呉の対立はますますこれを促した。広くみれば、魏が卑弥呼を「親魏倭王」に冊封したのもこの動きの一環である。当時魏は倭を呉の背後に位置する国と思っていたからである。

西晋は二八〇年に中国を再統一するが、三〇〇年に始まる八王の乱で再び内戦状態に陥ると、諸王やそれと結んだ地方の長官たちは諸族を味方につけて戦いを制しようとした。匈奴の劉淵は八王の一人である成都王司馬穎のもとで南匈奴をまとめる監五部軍事となり、皇太弟の属官としての太弟屯騎校尉、輔国将軍、冠軍将軍などの晋朝の軍官を歴任し、北単于・参丞相軍事となった。そしてついに三〇四年に自立して「漢」を建国した（漢はのちに国号を「趙」と改める。石氏の「後趙」と区別して「前趙」と呼ばれる）。三一一年にこの漢によって都の洛陽が攻め落とされる（永嘉の乱）のに前後して、西晋は鮮卑を味方につけようと拓跋猗盧を代公とし、ついで代王に冊封した。

内と外の天下観

以上のように、中国とりわけ華北では後漢以来およそ三世紀の時間をかけて徐々に漢人と異民族の混住が進み、双方の支えなくては存立しえない社会となっていた。

西晋の末(三一六年)、漢の皇帝劉聡の将軍劉曜が長安を攻めて西晋の最後の皇帝愍帝をとらえると、今日の山西省中部一帯をおさめていた并州刺史の劉琨は、華北の漢人・異民族の長官一八〇人の署名を集め、建康にいた西晋の皇族の司馬睿(東晋の元帝)に皇帝の位に就くよう勧める上奏文を送った。そのおもな署名者には幽州刺史・左賢王・渤海公の段匹磾、単于・広寧公の段辰、鮮卑大都督の慕容廆など鮮卑の領袖が名を連ねていた。上表文のなかで劉琨は「華夷の情」として司馬睿に寄せる期待を書いている。ちなみに、苻堅が東晋征伐の可否を臣下にはかった際にもある臣下は、東晋は元帝が「夏夷の情」に推されて建てた国であるから簡単には倒せないといって反対している。中国が漢人と異民族の双方に支えられて成り立つことはすでに常識となっていた。

また右の段匹磾の官爵をみると、幽州刺史とは現在の北京あたりを中心とする河北省北部一帯をおさめる州の長官であり、左賢王はもともと匈奴の王号で単于につぐ位、渤海公は現在の河北省にあった渤海(勃海)郡に封土を与えられた公爵の意味である。幽州刺史と渤海公は本来であれば内臣に与えられる官爵であり、左賢王という外臣の称号をもつ者が、それらを兼任するかたちをとっていたのである。

このように西晋の終わり頃には内外の区別は溶解し、夏と夷がともに中国を支えるという認識も生まれ始めていた。その一方で、夷狄を「人面獣心」と呼ぶような差別は存在し、それはこの時代になってもまったく変わらなかった。ただし、その差別は今日にいう「民族」のような不可変のものに対する差

別ではなく、あくまで内と外の区別として認識されるものであった。後漢の班固は『漢書』匈奴伝でこの差別をつぎのように述べている。

是を以て『春秋』は諸夏を内とし夷狄を外とす。夷狄の人、貪にして利を好み、被髪左衽（髪を結わず左前の襟）にして人面獣心なり。それ中国と章服（衣服）を殊にし、習俗を異にし、飲食は同じからず、言語は通ぜず、北垂寒露の野に辟居し（北辺の荒野に住み）、草を逐い畜に随い、射猟もて生と為す。隔つるに山谷を以てし、雍ぐに沙幕（沙漠）を以てするは、天地の外と内とを絶つ所以なり。

班固の夷狄に対する差別は厳しいが、ここで班固があげている夷狄の人間性以外の特徴は、言語や習俗、生業といったもので、いずれも中国にはいって時をへれば変わりうるものである。また人間性ですら変更できないものではない。礼義を学ぶことで矯正できることは、先に引用した荀子の言葉にあるとおりである。このように差別を含みつつも境界をまたぐことができるのが内と外の天下観であった。漢を建てた劉淵は、匈奴の出自であったが劉姓を名乗り、経書をそらんじ『史記』『漢書』・諸子百家の書でみないものはないという教養人であった。後趙の石虎も経学にはすこぶる熱心であった。荀堅についてはもはや繰り返す必要はなかろう。「夏に居りてはすなわち夏たり」と説いた荀子は続けて、おのおの「習俗を慎み、おおいに学習すれば君子となることができる」と述べている。苻堅らはまさに荀子のいうままに努力して君子となろうとした人たちであった。

ここで苻堅に関する一つのエピソードを紹介しよう。三七六年に代国を滅ぼした時のことである。『晋書』によれば、代王の拓跋什翼犍を捕虜とした苻堅は、夷狄の習俗を改めさせようと彼を長安の太

学に入れて礼を学ばせた。ある日苻堅は太学を訪れ、什翼犍を呼び寄せて問うた。

「中国は学問によって性を養いながら人は長寿である。一方、北方は牛や羊を食べながらかえって人の寿命が短いのはどうしてか？」

また問うた。

「学問は身についたか？」

什翼犍は前者の質問には答えられなかったが、後者の質問には、

「もし身につけなければ、陛下が私に学ばせていることは無駄になります」

と答え、苻堅を喜ばせたという。このように苻堅は、自意識としては野蛮を文明化する義務を負った中華の君主であった。出自を問わないのが普遍性をもつ文明の特徴であるが、苻堅はむしろ異民族の出自ゆえに強い文明化の使命感を負っていたのかもしれない。

じつは苻堅が太学に入れたのは什翼犍ではなく、その末子の窟咄（くつとつ）であったらしい。窟咄とともにもう一人、什翼犍の孫の珪（けい）も長安に連行された。ただし、珪は早くに北方に帰るのを許され、苻堅の帝国が崩壊するやただちに代国を復興した。これに対して匈奴の劉顕らは窟咄を迎え入れて争いとなり、珪は一時モンゴル高原への避難をよぎなくされるものの、すぐに戻って窟咄を破った。それから一〇年ほどして珪は北魏を建国し、初代皇帝の道武帝（どうぶてい）となる。

こうして苻堅が窟咄にかけた期待は水の泡となったが、右のエピソードからは苻堅が儒教に何を期待していたかがうかがえる。じつは苻堅が窟咄を太学に入れたのも後漢の光武帝が匈奴の子弟を太学に入れた故事に倣うものであった。漢は天下を統一したのち、さまざまな人々を儒教を通じて「漢人」にま

とめ上げた。苻堅も同様に天下を統一し、礼儀によって教化すれば再び人々を一つの「秦人」にまとめることができると考えていたのであろう。このように苻堅がめざしたのは天下の人々が文明化され、家族のごとく一体となった中国であった。

天王と皇帝

苻堅の理想は以上のとおりであるが、実際のところはその理想は天下の統一を待って実現するほかないものであった。なぜなら、戦乱の時代を生き抜くには「族類」の紐帯は極めて大切なものであって、苻堅も危機においてはそれに依存するほかなかったのである。その紐帯を維持するにはむしろ漢人に同化させない方が良いのであって、そのために五胡の政権ではしばしば夏と夷を別々に統治する体制がとられた。初め苻洪が大単于・三秦王を併称し、苻健が天王・大単于を併称したのもこのためである。

すでに述べたように天王は、この時代にしばしば用いられる特徴的な君主号で、その地位はほとんど皇帝と同じであった。例えば、苻堅は天王に即位すると、母を皇太后とし、妻を皇后とし、子を皇太子としている。これらはいずれも皇帝の家族にのみ許される称号であり、天王の権威は皇帝と同等であったことがわかる。一つの国に皇帝と天王が並び立つこともなく、天王はつねに最高位の君主号であった。

その一方で、苻健がそうであったように天王から皇帝へ即位することもしばしばみられ、天王が皇帝より一段劣る称号であったことは明らかである。問題はこの差がどこにあるかであるが、『資治通鑑（しじつがん）』によれば、苻健は皇帝に即位する際に「単于は百蛮を統一するための称号であり、天子がかねるべきも

のではない」といって太子に大単于の職を授けている。このことからすれば、天王と皇帝の重要な違いは、単于号を併称できるかどうかにあったといえる。

実際に天王と大単于を併称した例は、四〇七年に天王・大単于に即位した夏の赫連勃勃(かくれんぼつぼつ)の場合にもみられる。一方で、皇帝と大単于を併称した事例は一例もない。後趙の石勒は初め大単于・趙王を称していたが、天王を称して皇帝の行事を務めるにあたっては子に大単于を授けている。石虎は大趙天王となった時に大単于を併称したかどうかは不明であるが、のちに「太子の宣を大単于として天子の旌旗(せいき)を立てた」とあるから、天子を称するまでは大単于を併称していた可能性が高い。これらはいずれも大単于の号を去らなければ、皇帝(天子)となれなかったことを示している。

すでに述べたように漢代の天下観は内外の構造をもっており、夏は内、夷は外におかれる。皇帝はこの天下の一元的な中心であり、もとより漢代の皇帝が皇帝以外の称号をかねることなどない。ちなみに、高祖や世宗といった廟号や文帝や武帝といった諡(おくりな)は、いずれも死後に贈られるものであって、生前の皇帝は唯一神と同様に固有名詞をもたない唯一無二の存在であった。

五胡の君主が天王号を用いたのは、こうした天下観と皇帝観を受け入れる一方で、それに対する不都合も感じていたからであろう。石虎は皇帝への即位を勧める臣下に対して「皇帝は盛徳の号なり」といって辞退している。後趙は胡人を「国人」として漢人に同化させない政策をとっていた。夏夷の対等な関係の上に立とうとするとき、一元的な支配者である皇帝であるよりも大単于との併称を許容する天王である方がふさわしかったのであろう。ただし、それは依然として皇帝の理想の下位におかれたものので、いまだ完全に夏夷の対等な関係を肯定するものではなかったのである。

苻堅の場合、即位の当初皇帝から天王へと降号したのは、前燕や東晋との正面対決を避けるためであったかもしれない。しかし、前燕を滅ぼして以降も天王の地位にとどまったのは天下統一を目前の目標にすえていたからであろう。それは華北を統一してもなお彼の帝国が未完の状態にあることを示していたのである。

3 中国の多元化——淝水以後

南北の対立

五胡十六国時代は中国史のなかでも極めて特徴的な分裂の時代である。秦漢帝国の成立以降、華北がここまで分裂した時代はほかにない。五胡十六国時代は淝水の戦いを境にして前半と後半に分かれる。一見すると、この時代は一貫して分裂の時代であり、苻堅の統一はごく一時の特殊な現象であるかのようである(一七七頁表参照)。しかし、良くみると、前半は前趙、後趙、前秦といった国が、短命ではあるけれど、陝西、山西、河北といった中国の中心部に比較的大きな国を築いていた。

すでに述べたとおり、前趙は匈奴の劉淵が築いた国で最初の国号は漢であった。劉淵を継いだ劉聡は三一一年六月に洛陽を攻め落として懐帝をとらえた(永嘉の乱)。ついで三一三年一月に懐帝を殺すと、西晋側は長安で愍帝を立てた。劉聡は三一六年に長安も攻め落として愍帝をとらえ、翌年十二月には愍帝を殺す。ここで西晋は滅び、江南の建康で元帝が立って東晋が始まる。一方、漢では劉曜が即位して

三一九年に国号を趙（ちょう）（前趙）と改め、水徳を称した。これは木・火・土・金・水の五行の順行に基づいて王朝の正統を示すもので、前漢末以降定着し、漢は火徳、魏は土徳、晋は金徳にあたる。水徳を称するのは西晋を継承する国であると表明したことを意味する。魏晋期にはすでに社会の変化に合わせてさまざまな制度の改革がおこなわれており、これらの制度を取り入れる必要があったからであろう。

漢が趙と国号を改めたのと同じ年に、漢の将軍であった石勒（せきろく）が趙王を称して自立した。これを後趙という。石勒もまた水徳を称した。ここに二つの趙が東西に分かれて争うことになったが、三二九年に後趙が前趙を滅ぼしたことで、この戦いは一〇年で終わり、石勒は三三〇年に大趙天王、ついで皇帝に即

五胡十六国時代前期の中国

五胡十六国時代中期の中国

五胡十六国時代後期の中国

位する。

後趙は三三四年に石虎が立って襄国から鄴に遷都し、最盛期を迎える。石虎は治世のほとんどを大趙天王のままおさめた。しかし、三四九年に石虎が死ぬと後継者をめぐって内紛が起こり、漢人の冉閔が立って魏を建国する。鄴で二〇万人の虐殺が起こったのはこの時である。

そこで苻健は三五一年に天王・大単于となり、翌年の一月に皇帝に即位した。前秦は後趙の水徳を継いで木徳を称した。また同年前燕の慕容儁も冉閔の魏を滅ぼして皇帝に即位する。ここに新たに華北では前燕の皇帝と前秦の皇帝・天王が覇を争う状況となり、それから一八年後に苻堅が前燕を滅ぼし、華北の覇者となるのである。

以上のように西晋の滅亡から淝水の戦いまでの六七年間をみると、華北で複数の天王・皇帝国家が並存した期間はわずかに前燕と前秦が対峙した一八年ほどだけであった。また前趙の皇帝の劉曜と後趙の王の石勒が対峙した期間が一〇年間あったが、それ以外の四〇年近くは基本的に北の天王・皇帝が南の東晋皇帝と対峙する構図であったのである。すなわち、五胡十六国時代前半には、華北内部における東西対立を含みつつも、基本的な対立構造は南北対立であり、華北でも一人の天王・皇帝に収斂していく傾向があったといえよう。

東晋王朝の衰退

ところが、淝水の戦い以降、この状況は一変する。五胡十六国時代後半の諸国の興亡を追っていくことはあまりに煩瑣になるのでやめるが、いま後秦の姚萇が苻堅を殺して皇帝となった三八六年をみる

と、皇帝を称していた国は後秦以外に苻丕の前秦と後燕そして西燕がある。つぎに北魏の拓跋珪(道武帝)が皇帝に即位した三九八年をみると、皇帝を称していた国は北魏以外に後秦と後燕があり、天王を称していた国に後涼がある。また赫連勃勃が大夏天王・大単于となった四〇七年をみると、皇帝を称していた国は北魏と南燕があり、天王を称していた国は夏以外に後秦と後燕(同年に北燕)がある。このように苻堅の帝国の崩壊の後は天王・皇帝を称する国だけでも常時四、五の国が並存する状況が生まれたのである。

ではこうした状況を生み出した原因は何であろうか。それにはもちろん淝水の敗北による前秦の崩壊があるが、それとともに東晋の弱体化も重要な要因とみなければならない。今日われわれは便宜上西晋・東晋と呼んで区別するが、実際にはただ一つの晋という王朝があるだけであり、観念的には東晋は西晋の天下のすべてを受け継いでいた。初め元帝が建康で即位した時の東晋政府は極めて弱体であったが、劉琨が一八〇人の署名を連ねて勧進をおこなっているように、華北にはまだ多くの晋朝の勢力が残存していた。これらの多くは短期間のうちに後趙によって掃蕩(そうとう)されるが、なお慕容氏の前燕、張氏の前涼、楊氏の仇池国などが東晋を宗主国としていた。

ところが、後趙崩壊後の前燕の自立と苻堅による華北の統一は、東晋から華北に対する影響力のいっさいを奪ってしまった。加えて長年にわたる前燕・前秦との戦争で東晋の国力は著しく衰えていた。謝安は淝水の戦いの後すぐに北伐を願い出るが、実行に移すことなく三八五年に亡くなった。孝武帝は弟の司馬道子に政治を任せて宮中に引きこもって酒色にふけるようになり、最後は宮中で不審な死を遂げる。司馬道子は孝武帝の子の安帝を立てて摂政となるが、あいついで将軍にクーデターを起こされるな

ど政治は混乱していった。そうしたなか三九九年には孫恩が民衆を率いて蜂起し、反乱は現在の江蘇省・浙江省一帯に拡大する。四〇三年には長江中流の軍団を統率する桓玄(桓温の子)が建康に進軍して帝位を奪い「楚」を建国する。こうして東晋はいったん滅びるが、かろうじて孫恩の乱の平定で功績をあげた軍人の劉裕(詳しくは五章参照)が桓玄を討ち東晋は復活する。東晋軍が劉裕に率いられて北伐を再開したのは四〇九年のことである。劉裕は四一〇年に慕容氏の南燕を滅ぼし、四一七年には姚氏の後秦を滅ぼした。この功績をもって劉裕は四二〇年に宋を建国し、東晋は滅ぶ。

五胡十六国時代後半の諸国の建国は淝水の戦いの直後から始まり、もっとも遅いものでも四〇七年の夏と北燕である。つまり前秦が崩壊するとともに、東晋の力が弱り華北に対する影響力を失っていた時代に華北の建国運動がもっとも活発化したといえる。前秦の崩壊と東晋の衰退、淝水の戦いをきっかけとしたこの二つの帝国の後退により、華北にはまた新たな展開が生まれることになるのである。

帝国の解体

五胡十六国時代後半の建国運動は、初め苻堅の統一戦争の過程で前秦に取り込まれていった諸勢力が反転して前秦から自立するというかたちをとってあらわれる。真っ先に自立したのは前燕から亡命した慕容垂(三二六〜三九六)である。三八四年に滎陽(河南省鄭州市)で燕王に即位した慕容垂は、「燕元」の年号を建てると、北上して苻丕が守る鄴を攻めた。この時慕容垂は苻堅を「陛下」、自らを「臣」と呼ぶ上奏文を送り、苻丕を傷つける意思がないことを示すとともに、鄴に入城したのちは前秦の東藩とならんことを請うた。慕容垂は苻堅の存命中は燕王の地位にとどまり、苻堅が姚萇に殺されたのちの三八

五徳	王朝
木	周
火	漢
土	魏
金	晋
水	趙

五徳と王朝の関係

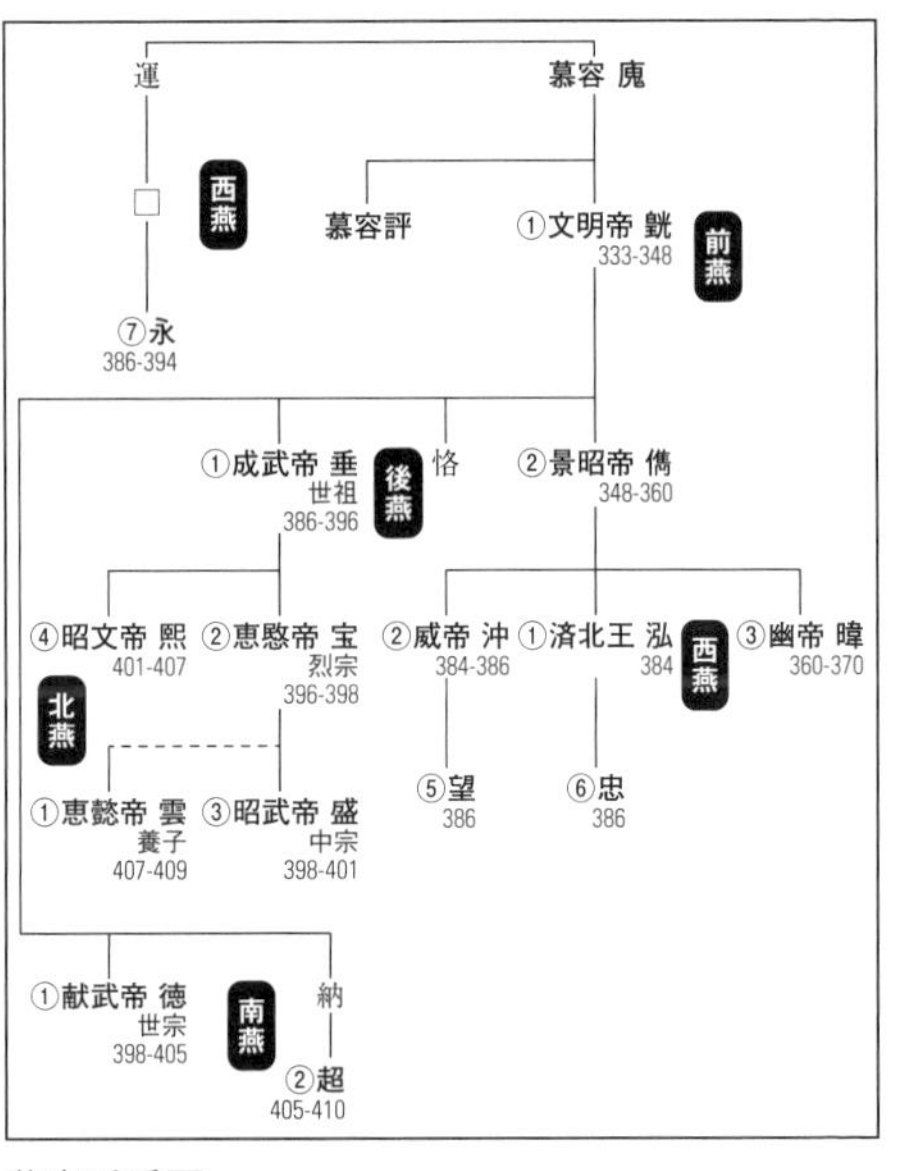

慕容氏系図

六年に中山(河北省定州市)で皇帝に即位した。

またこれとは別に慕容暐の弟で前秦に仕えていた慕容泓と慕容沖も自立して「燕興」の年号を建てた。慕容垂の燕を後燕といい、慕容泓らの燕を西燕という。慕容泓の死後、皇帝に即位した慕容沖は長安を攻め、ついには苻堅を長安から逃亡させた(この後苻堅は姚萇に殺される)。慕容沖はすでに東に後燕があることから長安にとどまろうとしたが、東への帰還を望む配下の鮮卑に恨まれて暗殺された。後継者に率いられた鮮卑の四〇万人の軍団は長安を棄てて東へ向かい、ついには後燕に吸収された。

慕容垂や慕容泓らが掲げた「燕元」や「燕興」という年号はともに前燕の復興を掲げるものである。前燕はもともと東晋のもとの一王国であり、後趙が滅びたのち慕容儁が初めて皇帝を称した。ただし、その際に五行に基

づく王朝の正統が議論され(二〇三頁参照)、はじめ晋の金徳を継ぎ水徳としたが、異論多く、のちに撤回して木徳とした。ここでの木徳は後趙の水徳を受け継ぐとともに、慕容氏が興った東方の地を意味した。木徳は方位においては東方を意味するからである。つまり、この時の木徳には中原王朝としての正統と東方の王国としての自己認識が二重に合わされていた。この矛盾は時に政治的な対立の原因となり、慕容暐が跡を継いだ時にも慕容恪や慕容評と対立する大臣が東土への帰還を求めることがあった。三六五年に東晋から洛陽を奪って初めて慕容暐は、あらためて木徳の定義を後趙の水徳を継ぐ木徳の意味に定め直した。これには慕容恪や慕容評がとった南進政策を固める意味があったと思われる。ここにいたって慕容氏は、ようやく完全なる中華の正統を表明するのであり、もともと中華の正統を受け継ぐ意識は弱かったのである。このように自らを中華の正統に位置づけないまま独自の「天下」の中心であろうとする動きは、その後の朝鮮や日本でより明確なものになっていく。

このほか淝水の戦いの直後に自立したものに後秦の姚萇と西秦の乞伏国仁がいる。姚萇は淝水の戦いの際には四川の守備を任されていたが、苻堅が淝水で敗戦すると長安に戻り、初めは苻堅に従って慕容泓と戦った。しかし、戦況が不利となると苻堅による誅殺を恐れて西へ逃亡し、そこで地域の豪族に推されて大単于・万年秦王となった。姚萇は西燕が去った後の長安城にはいって皇帝に即位し、「建初」の年号を建て、大秦を国号とした。姚萇は前秦の木徳を継いで火徳を称した。すなわち、西晋(金)→後趙(水)→前秦(木)と続く中原王朝の正統を継ごうとしたのである。

乞伏氏は隴西(甘粛省東部)の鮮卑で西晋の時代から徐々に勢力を拡大し、前趙の時代には苑川(甘粛省楡中県)を中心に独立国を築いていた。のちに乞伏氏は苻堅に降伏し、乞伏国仁は苻堅に仕えた。淝水

の戦いでは前将軍として先鋒を任されたが、叔父が隴西で反乱を起こすとその討伐に差し向けられた。しかし、淝水での敗戦が伝わるとそのまま隴西にとどまり苻堅が死ぬと大単于を称して自立し、前秦から苑川王に冊封された。

以上のように、後秦は長安に拠り前秦を継ぐ正統王朝たろうとしたが、西秦がめざしたのは故国の復興であった。乞伏国仁は自立にあたって「私には徳は乏しいが、何世代にもわたって培ってきた繫がりがある」と述べている。前秦崩壊後の諸民族の自立はまずはこうした固有の紐帯をみつめなおすことから始まったのである。

赫連勃勃の改姓

五胡十六国時代における最後の建国者となったのは、四〇七年六月に夏を建てた赫連勃勃と同年七月に北燕を建国した高雲である。

南匈奴につらなる赫連勃勃は漢を建てた劉淵と同族であり、元は劉を姓としていた。苻堅は代国を滅ぼした後、代国を東西の二部に分け、勃勃の父の劉衛辰を西単于としておさめさせた。しかし、劉衛辰は三九一年に代国を復興した拓跋珪に敗れ部下に殺されてしまう。幼い勃勃はかろうじて難をまぬがれ、後秦の姚興(姚萇の子)のもとに逃れた。勃勃が成長すると姚興は北魏を防ぐため勃勃に軍を与えてオルドスに送り出した。しかし、姚興が北魏との和親に転ずると、勃勃は四〇七年に天王・大単于を称して自立し、大夏を国号とした。勃勃は後秦と争いながらしだいに勢力を広げ、四一三年には統万城を築いて都とした。同年勃勃は姓を劉氏から赫連氏に改める。

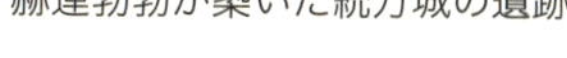
赫連勃勃が築いた統万城の遺跡

四一七年に劉裕が後秦を滅ぼすと、勃勃は翌年長安に侵攻して皇帝に即位した。ただし、北魏の侵攻に備えて長安には遷都せず、都は統万城にすえおいた。こうして夏は当時の華北において北魏と並ぶ強国となったが、四二五年に勃勃が亡くなると北魏の太武帝の侵攻を受け統万城を奪われた。勃勃の子に率いられた残存勢力は西へと移動し、四三一年には乞伏氏の西秦を滅ぼすなどしたが、最後は北魏に滅ぼされた。

高雲は元高句麗の人であり、後燕の慕容宝に仕えて養子となり、慕容の姓を名乗っていた。慕容宝は慕容垂の子である。慕容垂が建てた後燕は一時強勢を誇ったが、慕容宝の時に北魏の道武帝の侵攻に遭って翌年には都の中山が落とされた。その後しだいに領土を失い、慕容熙の時には遼西地域のみを保持する小国となっていた。四〇七年に漢人の将軍の馮跋がクーデターを起こして慕容熙を殺害し慕容雲を推戴した。

慕容雲は姓を慕容氏から高氏に戻して天王に即位し、大燕の国号を建てた。しかし、四〇九年に高雲は侍臣に殺され、馮跋が天王に即位して高雲の大燕を受け継ぐ。これを北燕という。北燕は馮跋、馮弘の二代続いたが、四三八年に北魏の太武帝に滅ぼされた。

期せずしてともに四〇七年に天王として即位した赫連勃勃と高雲は、いずれも自身の姓を改めたという共通点をもっている。高氏は高句麗の王族の姓であるが、赫連は造語である。その意味について勃勃は「帝王は天の子であり、徽赫として天に連なる」としている。徽赫とは明らかの意味である。しかし、白鳥庫吉によれば、「赫連」はもともと匈奴の言葉で「天」を意味する「祁連」と同音で、匈奴語の「天」の発音を漢字で綴ったものである。つまり「赫連」は匈奴の言葉で「天」を意味するものであった。そうすると、劉姓はもともと漢の皇帝の姓であったから、勃勃の改姓はかなり大きなアイデンティティの変更をともなうものであったことになる。

勃勃が姓を劉氏から赫連氏に変えたことは、彼が国号を大夏としたこととも関連している。大夏を国号としたのは勃勃が自らを禹の子孫と位置づけていたからである。禹は伝説の夏王朝の始祖であり、『史記』や『漢書』では匈奴は夏王の末裔の淳維に由来するとされている。このように匈奴が夏王の末裔であるという考え方は中国で広く共有されたものであったが、勃勃がここであえて禹を持ち出したことには帝王戎夷説が関係しているとみるべきであろう。

帝王戎夷説の起源は定かではないが、古くは孟子が、舜は東夷の人で、周の文王は西夷の人であるといい、前漢初期の陸賈の『新語』には「周の文王は東夷に生まれ、夏の大禹は西羌から出た」とある。舜や禹、文王はいずれも儒教の聖王であり、彼らが異民族の出身であるということは、儒教に民族を超

えた普遍性があることをいうための例として用いられたものである。しかし、前漢後期の桓寛の『塩鉄論』ではこれが都人の地方人に対する差別を批判するレトリックとして用いられている（国疾篇）。そして五胡十六国時代になると異民族の側に用いられるようになって、劉淵は漢王として立つ際に『新語』の言葉を引いて夷狄の出身でも中国の帝王となりうる根拠として用い、前燕の慕容廆もこれを引用して漢人に自らが中国の帝王たりうることを説いている。このように帝王戎夷説は種族主義の差別を批判するレトリックとして広く流布していたものであったが、勃勃はそこからさらに一歩踏み込んで、戎夷たる自らこそ本来の禹の継承者であることを大夏の国号に示したのである。勃勃が建てた「龍昇」「鳳翔」「昌武」「真興」といった年号がいずれも中国史上に前例のないものであることも自らに独自の正統性を付与していたことを示している。劉氏から赫連氏への改姓はこうした勃勃の自意識を姓の上にあらわすものであった。

天との繋がり

勃勃は皇帝に即位した年、禹の子孫としての誇りと自らが打ち立てた功績を漢文の碑に刻み、統万城の南に建てた。その碑石はおそらく北魏によって破壊されたのであろう、残念ながら今日には伝わっていないが、『晋書』には一三四〇字から成る碑の文章が残されている。

勃勃の碑が統万城に建てられたのと同じ頃、高句麗では広開土王碑が建てられている。今日も中国吉林省集安市に建つその碑は、六メートルを超える巨石の四面に千八百字近い文字を刻んだ東アジア最大級の碑である。墓域に立てられた碑である点は勃勃の碑とは異なるが、碑文には広開土王が倭の侵略を

撃退して百済や新羅を朝貢国としたことが刻まれており、頌徳碑としての性格をもつ点では勃勃の碑と共通している。碑の冒頭には開国神話が記され、始祖の鄒牟王が天から降臨した天帝の子であること、天帝の権威を借りて奇跡を起こしたこと、最後は龍に乗って天に昇ったことなどが誇らしげに記されている。北燕の慕容雲が高姓に復したのも、こうした高句麗における天孫意識の高揚を受けたものであろう。慕容雲が高氏に復すると、広開土王はすぐさま高雲を宗族に加え、高雲もこれに応じて関係を結んだ。

勃勃の場合も姓を赫連としたように天との繋がりを強く意識していた。もともと匈奴の単于は自らを「天地が生む所、月日がおく所の匈奴大単于」と称していた。勃勃は自分と天との繋がりを「係天為子」とか「係天之尊」などといっており、「係」には縦に繋がる意味があることからすると、彼にも天孫の意識があった可能性が高い。

儒教の観念では天命は有徳者にくだり、徳を失えば天命も去る。であるから帝王といえどもひたすら礼の実践と徳政に努めなければならない。天は人に対して絶対公平であり、有徳者のみを助けるというのが文明としての中国のあり方である。苻堅が僧順道を送って高句麗に仏像と経文をもたらしたとされる三七二年、高句麗は前秦に朝貢するとともに太学を建てて子弟の教育を始めている。苻堅の儒教に対する熱意をみれば、おそらくこれは偶然ではないだろう。ただし、儒教は中国の文化である以上、儒教の学習を通じて文明化することは、現実には中国に同化していくことにほかならない。しかし、このような文明化をめざした苻堅の帝国は崩壊した。五胡十六国時代後半の建国運動はこの明らかな事実から出発して、中国とは異なる自らのあり方もまた天が賦与したものとする自覚を高めることになったのである。

4 中華世界の再統合──北魏から隋へ

北魏史の見方

五胡十六国時代に終止符を打ったのは北魏である。北魏の興りは代国にあり、いったん苻堅によって滅ぼされたのち三八六年に拓跋珪が復興した。この時、代王を魏王と改称した。これが北魏の始まりである。初め拓跋珪は後燕の慕容垂の援助を得て北方で勢力を拡大したが、のちに関係を絶ち後燕の辺境を侵すようになった。三九五年に後燕は大軍を送って北魏を討とうとしたが、内モンゴル自治区南部の参合陂で魏軍に大敗した。三九六年に慕容垂が死ぬと、拓跋珪はすぐに反撃に転じて後燕の都の中山を攻め落とした。三九八年に拓跋珪は平城に都を定め、皇帝(道武帝)に即位した。拓跋氏が皇帝を称したのはこれが最初である。その後明元帝の時代をへて太武帝(在位四二三〜四五二)の時代にはいり、四三一年には夏を滅亡に追い込み、四三六年には馮氏の北燕を滅ぼし、そして四三九年には北涼を滅ぼして華北を統一した。これ以降隋が天下を統一するまでの時代を南北朝時代と呼ぶ。

北魏がついに華北の統一をはたすことができた理由について明確な答えを出すことは難しい。かつてはその答えは道武帝がおこなった部族解散にあるとされてきた。北魏の歴史を記した『魏書』には、道武帝が代国を復興した時に部族の解体がおこなわれ、部族民は解体されて一般民と同じになったと記されている。これによる部族制の解体が皇帝の中央集権力を高め、北魏をそれまでの五胡諸国とは違う国につくりかえたと考えられてきたのである。しかし今日では、部族解散は一度におこなわれたのではな

く、代国・北魏が華北を統一する過程で、そのつど征服した諸国家・諸勢力の部族を解体しつつ徐々に都の周辺や辺境に徙民しておこなわれたという考え方が有力である。そうなると、それはほとんど五胡の諸政権がおこなってきた徙民政策と変わらないことになり、この点において五胡政権と北魏のあいだに明確な差異があったとは考えにくくなっている。

加えて、『魏書』にも多くの問題があることが明らかになっている。山西省北部で発見された「文成帝南巡碑」には五世紀半ばに皇帝の巡行に付き従った多くの随行員の名前と官爵が刻まれていた。そこには多くの鮮卑に由来するとみられる官職が並んでおり、『魏書』からは復元できない北魏独特の皇

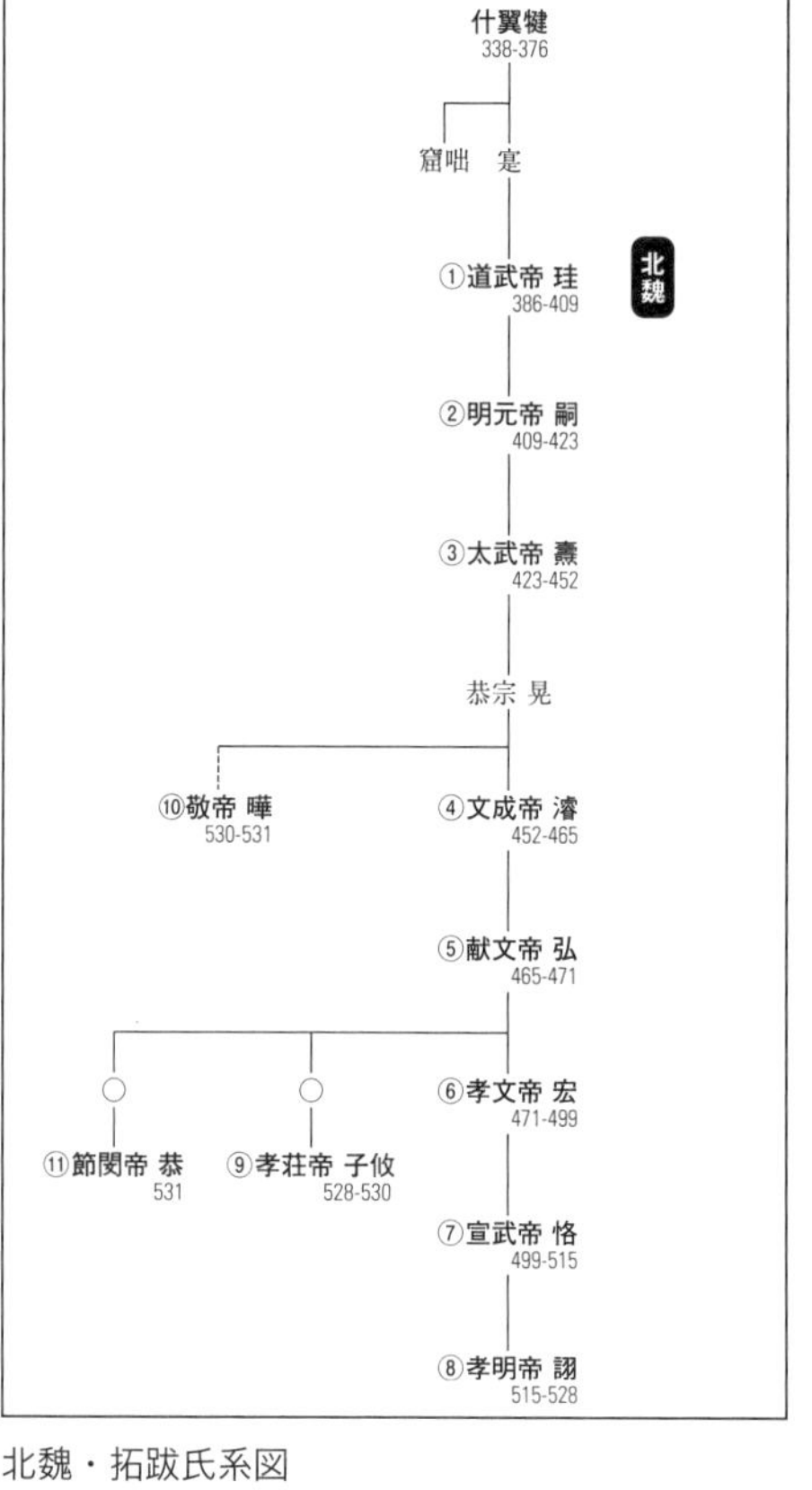

北魏・拓跋氏系図

帝近侍集団の姿が浮かびあがった。

『魏書』は五五〇年に東魏から北斉への禅譲革命がおこなわれた直後に、北斉皇帝の高洋が漢人の魏収に命じて編纂させた歴史書である。東魏は北魏を受け継ぐ元氏(拓跋氏)の王朝であるが、高洋は渤海の高氏という漢人名族の出身である。じつは渤海の高氏というのは捏造で本当は鮮卑と考えられるが、建前上はこの禅譲革命は鮮卑人皇帝から漢人皇帝へのバトンタッチであった。そしてそれは当時の漢人貴族たちの強い支持によって実現したものであったのである。『魏書』はこの革命を歴史的に正当化するためのものであったから、北魏の歴史も中華王朝としての発展の側面に重点をおいて書かれた。遊牧的な側面も書かれたが、それは徐々に漢文化に取ってかわられるべきものとして書かれたのであり、北魏という国の性格を公平に叙述しようとしたものではなかった。『魏書』が道武帝の部族解散を画期的なものとしたのもこうした叙述の態度から出たものと考えられる。

ではいかにして北魏は統一を可能にしたのであろうか。もちろんその答えはここですぐに出せるものではない。ただし、多元化した社会の統合は、必ずしも強力な中央集権力によってのみはたされるとは限らない。むしろそれらをかかえ込む包容力の側面にも目を向ける必要がある。

皇帝可汗

北魏の都の平城は今日の山西省大同市にある。町の北にはいまも明代の長城や烽火台の跡が残っており、ここが遊牧と農耕の境界地帯であることを教えてくれる。平城は三九八年に道武帝が都と定めてから、四九四年に孝文帝が洛陽に遷都するまでほぼ百年間北魏が都とした都市である。ちなみに、洛陽

に遷都してから北魏が東西に分裂するまでは約四〇年であり、北魏という王朝の三分の二以上は平城に都をおいていたのである。

平城時代の北魏皇帝は頻繁に行幸や遠征をおこなったので、つねに同じというわけではないが、ほぼ毎年繰り返される季節行動があった。四月に平城の西郊で天を祭り、五月・六月になると陰山やオルドスに出かけて夏を過ごし、九月・十月の頃に平城に戻り白登山に登って祖先や天を祭るというものである。なお、北魏の皇帝にこうした行動パターンがあることは『魏書』に書かれた皇帝の行動を追っていけば明らかになるが、かえって当時の南朝側の記録に北魏にこの習慣があることがはっきりと書かれている。

これらはいずれも遊牧文化と深いかかわりがある。中国では天は都の南郊で冬至か正月に祭る。ちなみに、今日の北京の天壇公園は清朝の南郊祭祀の場所である。一方、夏と秋に天を祭るのは匈奴以来の遊牧世界の祭祀であり、天を祭る際には祭壇をつくってその周囲を群馬で駆けまわった。北魏でもまったくこれと同じ方法で祭祀をしていたことがやはり南朝側の記録に残されている。西郊で天を祭るのは西を向いて天を祭る拓跋氏の習慣による。陰山は今日のフフホトやパオトウの北に連なる山脈で、そこを越えればモンゴル高原である。オルドスは黄河の湾曲部であるがまた遊牧に適した場所であった。これらの地にいたのは主として高車と呼ばれるトルコ系遊牧民の人々である。高車は部族解散の対象にならなかったと『魏書』に書いてあり、部族の族長に率いられて遊牧生活をしていた。

北魏の皇帝がほぼ毎年これらの地域に出向くのは、彼らから牛や馬や羊といった家畜の貢納を受け取るためである。もともと陰山の北は柔然が支配した土地であった。しかし、太武帝の時に柔然を北に

追いはらい、かわりに高車をおいて遊牧をさせた。北魏は草原を柔然から守るかわりに高車から家畜の貢納を受け取ったのである。これらの地域には郡県制を敷かず、六鎮と呼ばれる軍事拠点のみをおいて支配した。

こうして受け取った家畜はいったん平城の北にある鹿苑という皇帝の専用牧場に集められた。九月・十月の頃に祖先や天を祭る白登山はこの鹿苑をみおろす場所にある。北魏の皇帝はここに集められた家畜を臣下に分け与えたり、計口受田という方法で人々に土地を分配する際に耕作用の畜力として与えたりした。鹿苑の家畜は皇帝の権威を高めたり、北魏の農業生産力を増したりするうえで重要な役割をはたしたのである。

このように北魏の皇帝は農業世界と遊牧世界の境界を行き来する存在であった。じつはその時彼らは二つの顔を使い分けていた可能性がある。

カーンもしくはカガンは漢字では汗あるいは可汗と書き、とくにモンゴル帝国がこれを広めて以来、アジア各地で広く使われた君主号である。その由来は北アジアにあり、すでに柔然がこの称号を用いていたことは知られていたが、北魏が用いていたかどうかが問題となっていた。この問題を解決したのは一九八〇年に内モンゴル自治区東北部のオロチョン自治旗にある嘎仙洞と呼ばれる洞窟の壁で発見された刻文である。この刻文は北魏の太武帝が四四三年に祖先の故地を祀るため、同地にあった烏洛侯国に使者を派遣して刻ませたもので、そこには「皇祖先可寒」「皇妣先可敦」とあり、北魏が「可寒(可汗)」や「可敦」の称号を用いていたことが明らかになった。可敦は可汗の妃の称号である。

詳しいことは省略するが、可汗は代国時代から拓跋氏が用いてきた称号である。そのことはいくつか

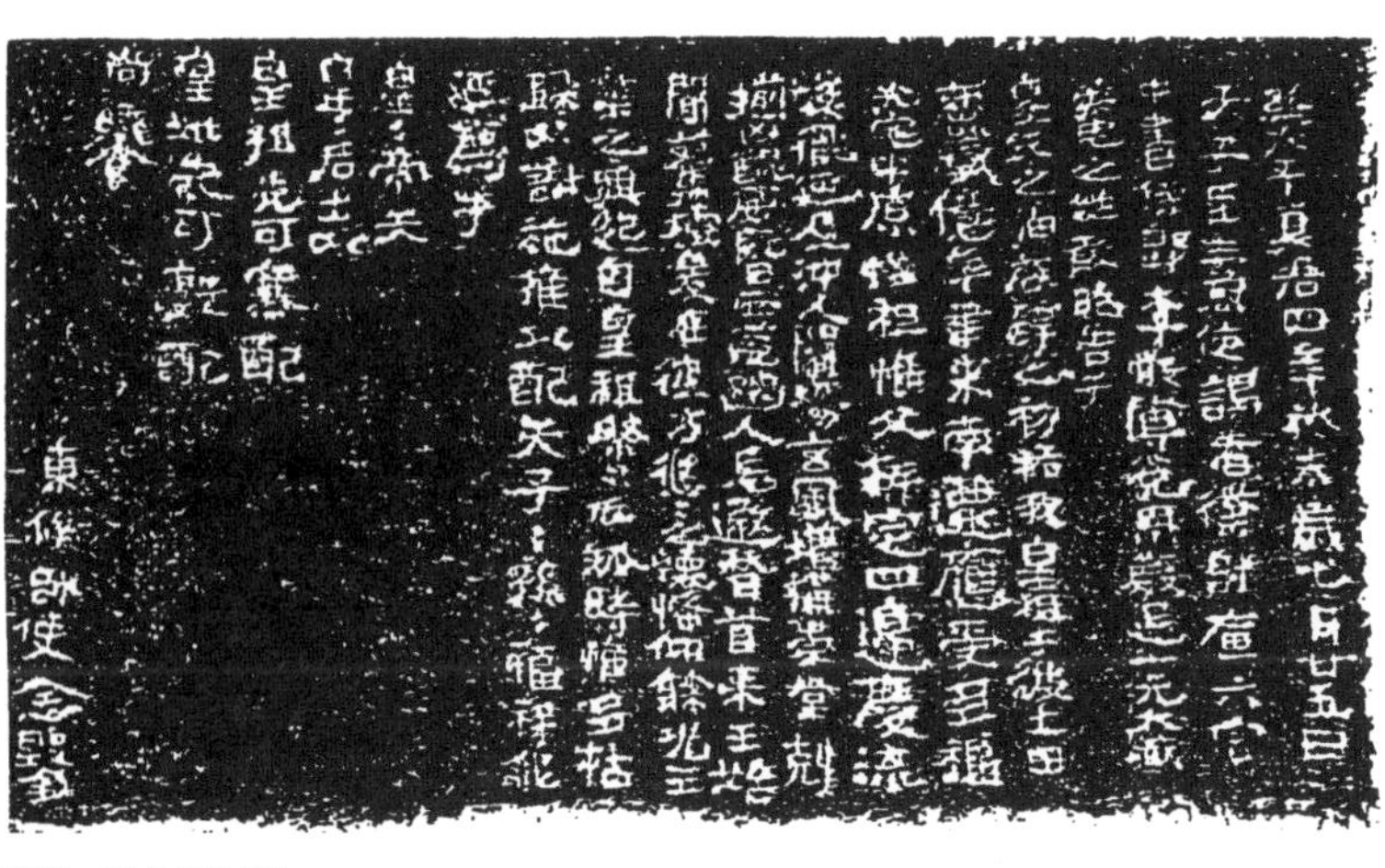
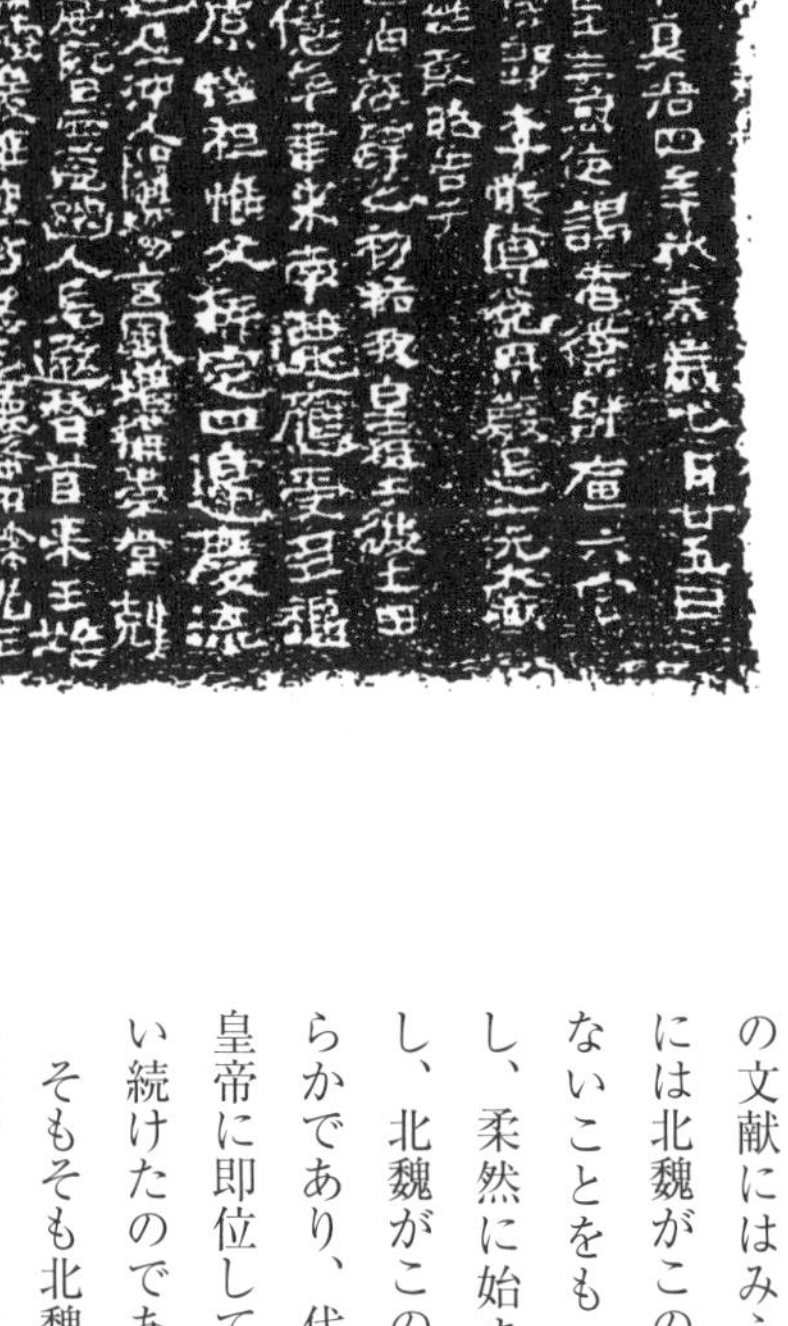

北魏・嘎仙洞石刻

の文献にはみえていたが、白鳥庫吉は、『魏書』には北魏がこの称号を用いたことがまったくみえないことをもって北魏に始まるという説を否定し、柔然に始まるという説を唱えていた。しかし、北魏がこの称号を用いていたことはもはや明らかであり、代国時代から用いていたこの称号を皇帝に即位してからも北方の諸民族に対しては用い続けたのである。

そもそも北魏は「大魏」と「大代」という二つの国号をもつ国であった。その使い分けはいまだ十分には解明されていないが、北魏の皇帝がしばしば遊牧と農耕の境界をまたぐ存在であったこと、ゆえに代国時代以来の伝統を色濃く受け継ぐ王朝であったことがこうした二面性を生み出した原因であろう。皇帝と可汗という二つの顔を使い分け、夏と夷にまたがる帝国を築いていたのが北魏なのであった。

北魏の皇帝の多面的な性格を示すもう一つの特徴に仏教とのかかわりがある。仏教は後漢時代に中国に伝わり、魏晋時代には各地に広まって外国人僧侶だけでなく中国人僧侶も活躍し始めていた。ただし、中国の皇帝権力と仏教のあいだにはつねに一定の緊張関係が存在していた。一つには中国人からみれば仏教は夷狄の宗教であるということ、もう一つには僧侶は仏のみに仕え王者には敬礼しないという仏教の超俗主義が中国の君臣秩序にそぐわないとみなされていたことがあった。

五胡十六国時代は仏教の中国社会への浸透に重要な意味をもった時代である。なかでも後趙の石虎は、西域出身の僧侶仏図澄を「大和尚」として崇敬し、仏教の民間への布教を認めた最初の君主とされる。この時臣下からは「天子諸夏のまさに祠奉すべきところに非ず」とする諫言があったが、石虎はこれに対し、自分の出自は辺境にあり中華に君臨していても祭祀は「本俗」に従うべきであるから仏を祭るのだ、と答えている。

この開きなおりとも受け取れる石虎の回答は、決して詭弁ではないであろう。石虎は匈奴の一種である羯族の出身であるが、一説によれば、羯族は当時の山西省一帯にいた雑多な異民族の総称であり、石氏は西胡の一種で、石姓はソグディアナの石国(タシケント)に由来するという。実際彼らは中国にはいってもなお火葬の習慣を保持していた。そうであるとすれば、石虎にとって仏教はなじみの深いものであったはずである。仏図澄は石勒や石虎があまりに残虐なのをみて改心させようと彼らに仕えたと伝えられるが、石氏にはもともと仏教を受け入れる素地があったのであろう。

ただし、その石虎にしても、君主として自ら振興に努めたのはもっぱら儒教であった。仏図澄の門徒

は一万人、建てた寺院は八九三カ所におよんだとされるが、仏典の翻訳事業はおこなっていない。儒教の伝統のある中国で教えを広めようとすれば、経典は極めて重要な意味をもつ。おそらく石虎が仏図澄に期待したのは、都の周辺に徙民した羌胡の教化であったのだろう。

後趙の後に皇帝に立った前燕の慕容儁や前秦の苻堅にも自ら率先して仏教を広めようとする態度はみられない。仏教の振興が本格的にはかられるのは、やはり前秦帝国が崩壊した後である。後秦の姚興は、先に苻堅の将軍によって西域から連れ出され、涼州に留まっていた鳩摩羅什を招いて八百人以上の僧侶とともに経典の校訂や翻訳をおこなわせた。姚興は自ら率先して布教に努め、国民の九割が仏教を信仰するようになったという。また涼州は前涼の時代から仏教が盛んな地域であったが、北涼の沮渠蒙遜が仏教を厚く信奉したため、どの聚落にも仏塔や寺院が築かれるようになった。西域に対する玄関口である敦煌には石窟寺院として著名な莫高窟があるが、現存する最古の石窟は北涼時代のものである。

拓跋氏はもともと仏教を知らず、初めに仏教にふれたのは曹魏や西晋、後趙など中国との交流を介してであった。道武帝は三九八年に平城に遷都すると、初めて詔をくだして五級浮図(五重の塔)を中心として各種の伽藍をもつ寺院をつくらせた。僧侶のなかには道武帝による布教を期待し、道武帝を「当今の如来」として敬礼する者もいた。続く明元帝や太武帝も仏教に対しては寛容な姿勢をとった。

おりしも中原では道士の寇謙之がのちに新天師道と呼ばれる体系的な道教を生み出していた。太武帝のブレーンであった漢人官僚の崔浩は寇謙之の道教を信奉し、太武帝に勧めて寇謙之を招き平城に天師道場を建てて道教を布教させた。太武帝は華北を統一すると寇謙之から授かった「太平真君」を名乗ってこれを年号とした。

崔浩は仏教がもたらす害悪を繰り返し太武帝に説いていたが、そうしたなか、四四五年に関中を中心に蓋呉の乱と呼ばれる大規模な反乱が起こった。北魏に対する反抗心が仏教を介して結びつくのを警戒した太武帝は、長安の僧侶を殺害して仏像を破壊し、王公以下民間で僧侶を養うことを禁じた。太武帝はさらに詔をくだし、「胡神」を敬う仏教は中国の社会秩序を乱すものとみなして天下の仏像仏典をすべて焼毀し、還俗しない僧侶は処刑する命令をくだした。

ただし、この命令で実際に犠牲となった僧侶は少なかった。太武帝のかわりに内政を統括していた皇太子の拓跋晃は仏教に寛容であり、故意に太武帝の詔の発布を遅らせて僧侶に逃亡の時間を与えたからである。さらには寇謙之も仏教の弾圧に反対であった。寇謙之の道教ではブッダは「西胡の得道者」と位置づけられており、その教えは根源的には同じとみなされていたからである。崔浩が太武帝の信頼を失い、四五〇年に国史の編纂に関する筆禍事件で誅殺されると、禁令もゆるんで弾圧は都の平城で形式的におこなわれるだけとなった。

四五二年に太武帝がなくなると、跡を継いだ文成帝は正式に僧侶の得度を認め、壊された寺院を修復させた。そして罽賓国のクシャトリアの出身である師賢を全国の僧侶を束ねる道人統の職につけた。また文成帝が自分の姿に似せた石の仏像を彫らせると、顔と足のほくろと同じ場所に黒い石があらわれた。そこで文成帝は道武帝から自身まで仏教と縁のある五人の皇帝のために五体の釈迦像をつくり、道武帝が建てた五級大寺におさめさせた。師賢にかわって道人統となった北涼出身の僧侶曇曜は、文成帝に進言して平城の西の武州塞の岸壁に五つの石窟を開き、それぞれに大仏を彫りだした。もっとも高いものは七〇尺(約一七メートル)にも達した。これを曇曜五窟といい、今日の雲崗石窟の第一六窟から

雲崗石窟第20窟

第二〇窟がそれにあたる。曇曜はまたインドの僧らと新しい経典の翻訳もおこなっており、いくつかの経典は今日にも伝わっている。

太武帝の廃仏は中国史上の大事件であるが、本来拓跋氏は仏教に寛容であり、その有用性をよく理解していた。しかもそれは石虎のように仏教の信仰を「本俗」としていたからではなかった。拓跋氏が仏教を重んじた理由は、その目が広くユーラシア世界に向いていたからである。北魏の太武帝は北燕と北涼を滅ぼして以降も柔然や仇池、吐谷渾(とよくこん)、鄯善(ぜんぜん)(かつての楼蘭)、焉耆(えんき)、亀茲(きじ)(クチャ)へ軍を進めるなど、おもに草原や河西回廊、シルクロードの確保に傾注していた。漢と異なるのは、漢が匈奴を制するために西域へと進出していったのに対して、北魏は自らが草原の支配者であろうとした点である。一方、南朝に対しては四五〇年九月に大挙して宋を討つが、これは同年七月に宋の文帝が

興した北伐に応酬したものである。北魏が本格的に南朝の征服に乗り出すのは、これからさらに半世紀ほどものちに孝文帝が洛陽に遷都してからのことである。

太武帝による華北の統一は、苻堅のように中国の統一という目的に向かっておこなわれたものではなく、むしろ柔然と争いつつ北アジアの覇権を確立するためのものであった。漢人官僚の崔浩は、太武帝を仏教から引き離すことで純粋な中国皇帝たらしめようとしたが、むしろ反対に皇帝を仏教に近づける結果に終わった。仏教は北魏のもとで広く華北の社会に浸透し、胡漢のともに信仰する宗教となっていくのである。

統一から統合へ

北魏が華北を統一してから隋が天下を統一するまでさらに一五〇年の歳月がある。すでに述べたように再び天下の統一をめざしたのは北魏の孝文帝であった。孝文帝は四九四年に洛陽に遷都するとともに大胆な中国化政策をとって征服王朝からの転身をはかった。南朝の宋の滅亡を天下統一の好機とみたからである。ところが、新しく起こった斉の抵抗に跳ね返され、孝文帝は無念の死を遂げる。

詳しくは五章に譲るが、南朝では斉にかわって梁が興り、武帝(在位五〇二～五四九)のもとで半世紀にわたる繁栄を謳歌する。北魏でもしだいに統一の気運は衰え、都では貴族文化が栄えるようになった。前漢の長安城の人口は一六万人程度であったと考えられるが、北魏の洛陽の人口は約五五万、梁の建康は百万人を超えたともいわれる。当時の洛陽と建康は、第一に中国史上かつてない人口密集都市であり、第二に多くの外国の使節や商人、僧侶が訪れる国際都市であり、第三に無数の寺院が建ち並ぶ仏

225

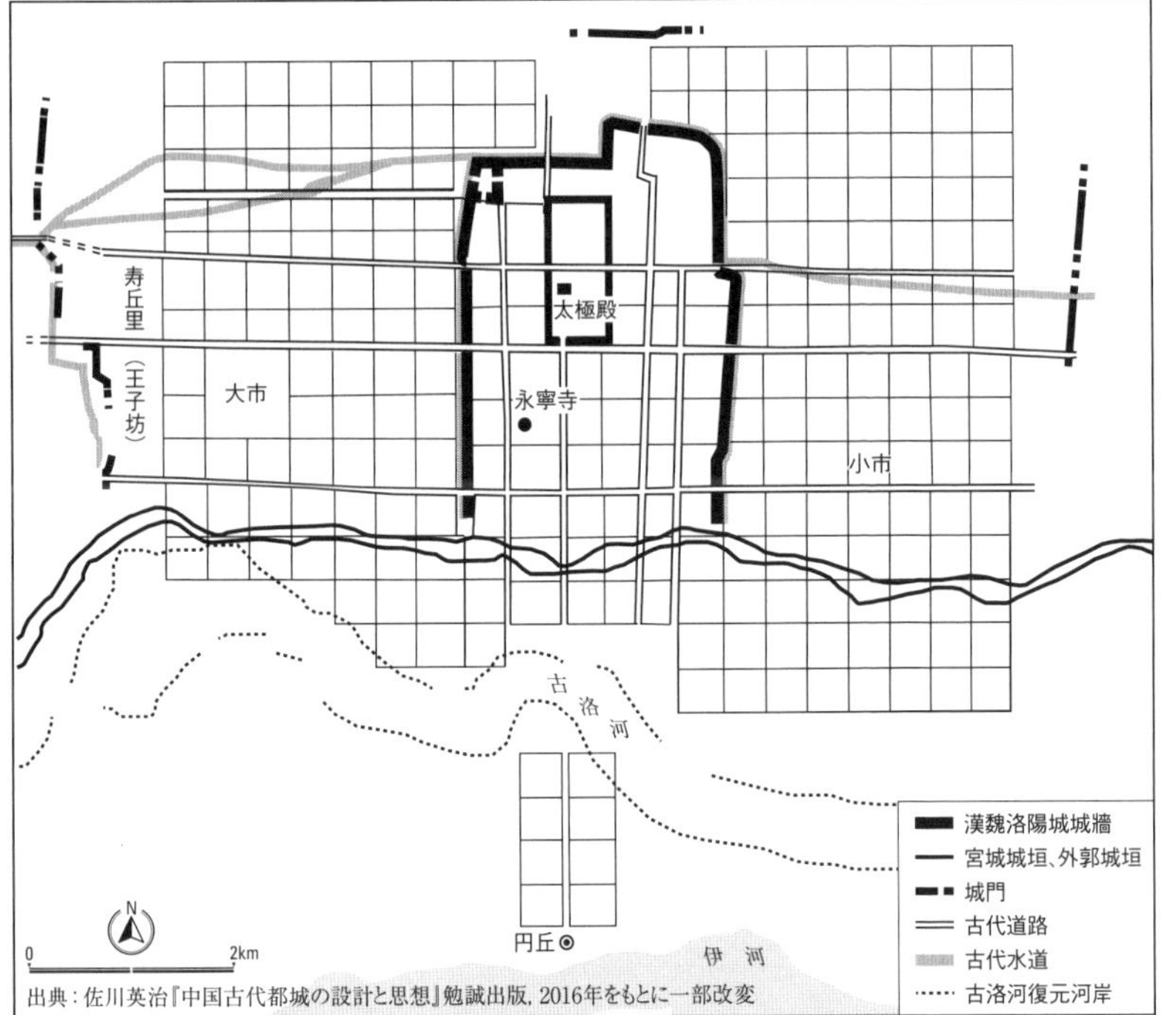

出典：佐川英治『中国古代都城の設計と思想』勉誠出版, 2016年をもとに一部改変

北魏・洛陽城平面図

教都市であった。これらの点で洛陽と建康は多元的世界にあらわれた新しいタイプの都市であり、その特徴はみな唐の長安城へと受け継がれる。

一方、六鎮がおかれていた地域からは、また新しい力が湧き起こっていた。この力は五二三年の六鎮の乱をきっかけに北魏を東西に分裂させ、さらにその余波は五四八年の侯景の乱となって梁を滅亡に向かわせた。東魏を受け継いだ北斉の高氏、西魏を受け継いだ北周の宇文氏、そして北周を受け継いだ隋の楊氏と唐の李氏は、みなこの六鎮に出自する人々である。とりわけ宇文氏と楊氏と李氏はみな武川鎮(内蒙古自治区武川県)の出身で近い姻戚関係にあり、ハイブリッドな家系をもつ者たちであった。

五八九年、隋は南朝の陳を滅ぼして天下を再統一する。ただし、この「統一」は中国に視野を限ってみたときの統一にすぎない。もはや隋は中国を統一するだけの王朝ではなかった。柔然にかわって北アジアの覇者となった突厥は、やがて内紛から東西に分裂するが、東突厥の可汗(のちの啓民可汗)は隋に庇護を求めて臣属し、隋の文帝を「大隋聖人莫縁可汗」の称号で呼んだ。「莫縁」とは突厥語で富裕を意味する美称である。また唐の太宗が東突厥を滅ぼしてから、唐の皇帝は諸族の君長から「天可汗」の称号で呼ばれ、自らも「皇帝天可汗」を称したのである。

隋の天下はさらに仏教的な世界にも広がっていた。北周は武帝(在位五六〇〜五七八)の時代に仏教と道教を弾圧したが、隋の文帝は梁の武帝や陳の皇帝に倣い、「菩薩戒弟子皇帝」を称して仏教の布教に努めた。文帝は都の大興城(唐の長安城)に大興善寺を築いて国内外の高僧を招き、全国各地に舎利塔を建立した。一説には文帝が新たにつくった仏像は大小合わせて一〇万六五八〇体、修復した仏像は一五〇万八九四〇余体にのぼったという。このために倭(日本)の遣隋使が隋の煬帝に差し出した国書には文

帝のことを「海西の菩薩天子」と呼んでいた。このように皇帝が菩薩戒を授かり、仏教の信者となることは唐の皇帝へも受け継がれていく。一方、中国へ朝貢する側からみれば、こうして「可汗」とか「菩薩」として皇帝を崇拝することは一方的な中国への同化を避けながら中国との関係を築くことであった。

漢帝国が崩壊して隋唐帝国にいたるまでの時代に広がった人々の世界との繋がり、そしてそのなかで生まれた人々の自覚から歴史をみるならば、歴史の分水嶺は漢が滅亡した三世紀初めでも、また隋が天下を統一した六世紀末でもなく、淝水の戦いがおこなわれた四世紀の終わりにある。漢帝国の秩序の復興をめざした前秦の崩壊と東晋の衰退とともに、皇帝の一元的支配のもとでの夏夷の統一をめざす時代は終わり、中国と周辺世界とがお互いのあり方を許容しながら多元的な世界の統合を模索する新しい時代へとはいったのである。

COLUMN

四世紀中国の「移民排斥論」

関中はもともと土地が肥沃で物産も豊か、灌漑が整い収穫も多い土地です。民衆が褒め称え、帝王が都とした場所であり、いまだかつて戎狄に住まわせてよい土地だという話は聞いたことがありません。民族が異なれば心も異なり、戎狄の振る舞いは中華と同じではありません。ところが、人口の減少を補うために彼らを移住させ、また役人も庶民も彼らをないがしろにしてもてあそんだので、怨恨の情は骨髄にまでしみわたりました。やがて人が増えると大胆になり、貪欲な性格に憤怒の情を加え、隙をみては暴虐をなすようになりました。国内にいるので防ぎようもなく、無防備の人を襲い、田畑の収穫を奪っています。ゆえに彼らはやりたい放題、いつ被害に遭うかは予測がつきません。こうなることは必然であり、すでにもう現実となっております。

（『晋書』巻五六江統伝）

三世紀の末、西晋がまだかろうじて統一を保っていた時代、陝西省一帯では匈奴と氐、羌が連合して大規模な反乱を起こした。これに危機感を覚えた江統（?〜三一〇）は「徙戎論」（戎を徙すの論）を著して恵帝に奏上した。その主旨は中国人と異民族の共存は不可能であり、移民たちに移動中の食糧を支給して元の土地に帰らせよというものである。しかし、恵帝はこの提案を採用せず、まもなく西晋では八王の乱が起こる。三〇四年には匈奴の劉淵が漢を建国し、三一一年の永嘉の乱で西晋は壊滅状態となる。江統の予見はあたかも正しかったかのようである。しかし、西晋の時代、すでに関中の人口百万の約半

分は移民が占めるようになっていた。江統はいう。秦の始皇帝は暴君の面もあるが、万里の長城を築いて匈奴を北に追いはらったことは正しかった。前漢が滅びると関中は荒廃して人口が激減し、後漢の時に将軍の馬援(ばえん)(前一四〜後四九)が帰順した羌を関中においた。それから羌は中国人と雑居するようになり、しだいに人口を増やして華人を苦しめるようになった。鄧騭(とうしつ)は羌と戦って大敗を喫し(一〇八年)、朱寵(しゅちょう)は羌の侵攻を洛陽の近くで防ぐ(一一一年)までになった。その後、馬賢(ばけん)や段熲(だんけい)といった将軍の活躍でしばらく小康状態を保ったが、朝廷の対策には一貫性がなかった。漢末になると関中は再び混乱に陥り、魏と蜀はそれぞれ戎狄を味方につけて戦った。魏の武帝(曹操)は夏侯淵(かこうえん)を派遣して敵対する氐族を討ち、離散した部落を関中に移して蜀を防がせた。しかし、これは当座の措置というべきで、長期の利益になるものではない。今まさにその弊害を受けているのだ、と。

江統が自ら歴史を振り返るとおり、関中への異民族の移住は漢代以来の長い時間をかけて進み、しばしば中国側の勝手な都合でおこなわれた。江統はすでに周囲の人々と議論を戦わせていたのであろう、この論文中には江統の提案を非現実的とする人の意見が載せられている。江統はそれにも反論を加えているが、そもそも関中に移民が増えた原因は人口の減少にあった。そうして人口の半分を占めるまでになった移民を強制送還した後に、はたして社会や経済は成り立つであろうか。江統の提案は単純明快であるけれども実現の見込みに乏しく、事態の解決に役立たないものであった。このの ち社会再建の課題は、五胡十六国北朝の時代を通じて、むしろ移民の側の人々の主導で取り組まれることになるのである。

五章　江南開発と南朝中心の世界秩序の構築

藤井律之

1　中華の辺境から王者の都へ

華北から華南へ

四章では、「五胡」と称される非漢族が、小規模・短命ながらも中国内にさまざまな国をつくり、そのなかから、拓跋鮮卑（たくばつせんぴ）を中心とした北魏が登場して「五胡」の諸国家を糾合し、さらに北魏の系譜に連なる隋唐帝国が分裂時代を収束させたことにより、中国は多元的な価値観を模索し許容する時代にはいったことが述べられた。

しかしながら、四章で取り上げられたのは、もっぱら中国北部、すなわち華北における事象であり、本章では同時期の中国南部、華南に目を向けたい。

近代的な東洋史学の草創期を担った桑原隲蔵（くわばらじつぞう）は、「歴史上より観たる南北支那」という論文のなかで、人口や文化などの指標を用いて、中国史の進展とともに、華南が華北を凌駕していったことを論じた。ただ、華南が華北を凌駕したとはいっても、必ずしも華南が自発的に発展したわけではなく、華北の人々が大量に押し寄せてきたことが大きな契機となっている。中国史上において、北から南への巨大な人の流れは何度か生じているが、その特筆すべきものの一つが、前章においてもふれられた四世紀初め

に勃発した永嘉の乱によるものである。

永嘉の乱は、当時中国内地に移住していた匈奴をはじめとした非漢族が中国王朝（当時は晋〈西晋〉）の支配を否定して蜂起したもので、その結果、西晋による統一が瓦解し、華北には「五胡」を中核とする小国家が乱立することとなった。いわゆる五胡十六国である。こうした華北の動乱から逃れるべく、多数の人々が華南へと逃れたが、そのなかでも主要な目的地は、江南と呼ばれる地域であった。

江南とは読んで字のごとく、長江の南を指す言葉であり、古くは長江中流域南岸一帯を指す用例もあったが、現在では、長江下流域の南岸一帯を指し（じつのところ、現代においても江南については狭義と広義の定義があるのだが、ここでは立ち入らない）、本章でも現在の定義に従う。その江南が目的地とされたのは、そこに晋の皇族が亡命政権の首都をおいていたからであるが、その江南を中心として、華南は大きな発展の階段をのぼってゆくことになる。

永嘉の乱は、このように、中国史上における大事件である。ただ、その影に隠れがちなのが、その約八〇年後の三八三年に起きた淝水の戦いである。前章で詳論されたように、淝水の戦いとは、江南に首都をおく東晋と、華北を糾合した前秦とのあいだでおこなわれた、天下分け目の決戦であり、前秦が敗北して華北統一が瓦解したため、五胡十六国時代の前期と後期とを分ける指標として認識されることが一般的である。

しかし、多分に風が吹けば桶屋が儲かる式の論法であるが、淝水で前秦が敗北しなければ、代（北魏）の再興はありえず、その系譜に連なる隋唐帝国も成立しなかった。その意味において、淝水の戦いは、秦漢という旧来の帝国秩序が崩壊して、隋唐という新しい帝国秩序の再編に向かう大きな転換点の一つ

であったといいうるのであり、その意義は四章において十分に論じられている。

それに対して、勝利した側の東晋、さらにその後継王朝にはいったい何がもたらされたのであろうか。本章で取り扱うのは、永嘉の乱によって成立し、また淝水の戦いで勝利をおさめた東晋と、その後継王朝である。まずそれら諸王朝の推移について簡単に説明しておこう。

漢帝国は、途中、王莽による簒奪期があったものの、前後あわせて四百年のあいだ統一帝国として存続した。しかし、後漢は一八四年に勃発した宗教反乱である黄巾の乱によって動揺し、各地に群雄が割拠するようになった。そのなかから頭角をあらわしたのが曹操であり、その子・曹丕は後漢の献帝から禅譲を受けて後漢を滅ぼして魏(曹魏)の皇帝となった。周知のとおり、魏は天下を統一しておらず、華南のうち四川盆地一帯には劉備の蜀(蜀漢)、長江中下流域には孫権の呉があった。いわゆる三国鼎立である。魏は蜀の平定には成功したが、呉の平定、すなわち天下の再統一は、魏からの禅譲を受けた西晋によって達成された。ただ、この統一はつかのまのことで、永嘉の乱によって西晋が滅びると、前述したように、西晋の皇族が江南に亡命政権である東晋を建国した。対する華北が前秦によるつかのまの統一を除いて分裂状態にあったのに対し、内乱を除けば、東晋とその後継王朝は分裂することなくその領土は継承されていった。というのも、東晋は宋(南宋・劉宋)に、宋は斉(南斉・蕭斉)に、斉は梁(蕭梁)へと、あくまで形式上ではあるが、禅譲によって王朝交替しているからである。なお、宋代に華北が北魏によって統一され、これ以降、中国は南北朝時代にはいる。

梁はその末期に侯景の乱(五四八年)や西魏による江陵陥落(五五四年)という外的要因によって皇帝が死にいたるという大混乱に陥り、五五三年には四川盆地一帯が奪取されもしたが、それでもなお禅譲に

よって陳へと交替した。この陳は南朝最後の王朝にあたり、北周の禅譲を受けた隋によって滅ぼされ、北朝系の王朝によって中国の再統一が達成される(各王朝の存続期間と華北の諸王朝との対応関係については、四章一七七頁の表を参照)。

後述するように、東晋・宋・斉・梁・陳の首都を造営したのは呉であり、そのため、これら六つの王朝を、六朝(りくちょう)とまとめることがあるが、呉と東晋とのあいだには連続性はない。

さて、後漢の滅亡により、さまざまな制度が弛緩し、また崩壊した。つかのまの統一を達成した西晋は、それらの再構築に着手し、律令制のように成果をあげ、後世に強い影響をおよぼしたものもあるが、西晋を滅ぼした永嘉の乱は、後漢末の動乱を上回る混乱を中国にもたらし、漢帝国が築いた統一秩序は完全に失われた。

漢帝国の終焉は、制度のみならず思想にも強い影響を与えた。前漢中期に官学化した儒教は、諸子抑圧策ともあいまって独尊状態となり、後漢時代にはなかば宗教化したが、老荘思想と土着信仰とが融合した道教にその座を脅かされた。さらには、外来宗教である仏教によっても、中国の思想は強い衝撃を受けることとなる。

永嘉の乱によって生じた華北から華南への巨大な人の流れ、後漢の滅亡による諸制度の崩壊、仏教という外来新宗教の衝撃、そして、淝水の戦いによって再度生じた華北の分裂に対して、江南に都をおいた東晋以降の諸王朝がどう向き合ったのか、論じてみたい。

太伯の出奔

本論にはいる前に、三国時代にいたるまでの江南地域について概観しておく。現在の江南を代表する都市は上海である。上海は江南どころか、現代中国をも代表する都市であるが、古代における江南は、中華世界の外縁に位置していた。そのことを伝えるのがつぎのエピソードである。

春秋時代の江南には、呉という国があった。もちろん孫権の呉ではなく、呉越同舟の呉である。呉の開祖は周の文王の伯父にあたる太伯であるが、彼は父・古公亶父が太伯の弟である季歴に周を相続させたいという意思を察すると、南方へと出奔し、断髪してその体にイレズミを施すことによって不退の意を示した。その行為を義とした現地の人々が太伯を推戴して建国したのが呉である、という。この開国説話は、呉の正統性を周に附会して説明するための虚構にすぎないが、重要なのは、断髪と体へのイレズミによって周の継承は不可能となったのに、江南での建国は可能であった、という点である。

のちに、「自分の身体は、頭髪皮膚にいたるまで両親から授かったものであるから、これをみだりに傷つけないようにすることが孝行の第一歩である(身体髪膚、受之父母。不敢毀傷、孝之始也)」として『孝経』において理念化されるように、断髪やイレズミは古代中華世界における一般的な習俗ではなく、古代江南を含む南方世界のものとされていたのである。

そうした経緯によって建国されたと主張する呉が、中華世界に参入したのは、春秋時代末期、呉の夫差が中原の諸侯によって構成される覇者体制に乗り込んでからである。呉はその直後、仇敵の越に滅ぼされ、その越も楚によってほぼ壊滅する。最終的には楚が秦に併呑されたことによって、江南は秦という中国最初の統一帝国の一部となったのである。

秦漢時代における開発

中国の統一を達成した始皇帝は、五度にわたって帝国領内を巡幸してまわったが、江南もその訪問対象であった。越王勾践が呉王夫差に敗れて逃げ込んだ先であり、「会稽の恥」の舞台となった会稽山を始皇帝が訪れた際の刻石に、「皇帝は家の内外をふさぎ隔てて、淫逸を禁止し、それによって男女のあいだがらは清潔・誠実なものとなった（防隔内外、禁止淫泆、男女絜誠）」と記し、江南の風習をみだらなものとみなして、それを矯正したことを宣言する。秦とても春秋時代には西方の夷狄として蔑視されてきた歴史をもつが、その彼らからみても江南の習俗は排除すべきものだったのである。それよりも彼の気に障ったのが、「王者都邑の気」を発していた都市・金陵であった。始皇帝はその都市を秣陵という蔑称に改めて気をまぎらわせたが、その秣陵こそが、六朝（呉・東晋・宋・南斉・梁・陳）の首都となり、また南京として現在まで発展をかさねてゆくことになるのである。

江南地域が転機を迎えるのは後漢にはいってからである。漢代におこなわれた人口調査の数字がいくつか残されているが、そのうち最大のものが、『漢書』地理志に記載されている、紀元後二年の、五九五九万四九七八人というものである。これが当時漢が把握できた中国の総人口であったが、後漢になると減少していて、『続漢書』郡国志は、一四〇年の人口を四九一五万二二二〇人としている。

このように総人口数では前漢から後漢にかけて減少してはいるのだが、華北と華南の人口比が五対一から二対一となるほど、南方への人口移動が活発化していた。とくに人口の増加が顕著だったのは長沙郡（二三万五八二五人→一〇五万九三七二人）と豫章郡（三五万一九六五人→一六六万八九〇六人）で、両郡とも長江以南にあり、前者は荊州、後者は、秣陵を擁する丹陽郡と同じ揚州に属する。揚州の人口も、

前述の調査によれば増加していて、三二〇万六二一四人から四三三万八五三八人となっており、かつ長江北岸の郡の人口が減っていながらも、総合的には人口増を達成している。

長江流域は、もともと火耕水耨（かこうすいどう）と呼ばれる粗放農業をおこなっていた地域であったが、後漢にかけて人口が大きく増加してくると、貯水池を用いた灌漑などの水利事業が営まれるようになった。例えば、順帝永和年間（一三六～一四一年）に会稽太守となった馬臻（ばしん）は、鏡湖という巨大な貯水池をつくって田九千余頃（けい）（約四万千三百ヘクタール）を灌漑している。こうした開発によって、江南の生産量は増加し、一〇七年には、華北の飢饉を救うために、揚州五郡の租米が送られるようにまでなっているが、水利開発の規模は後代ほど大きくなく、稲作技術もまだ不安定であったという。

秣陵から建業へ

そうした秣陵周辺地域の有力豪族たちに支持されたのが、後漢末の群雄の一人である孫権である。彼は若くして非業の死を遂げた兄・孫策（そんさく）の跡を継ぎ、江南を基盤として独立勢力としての地歩を着実に固めていった。そして二一二年に拠点を秣陵に移して建業と改称したのである。曹丕の簒奪によって後漢が滅ぶと、孫権は二二九年に帝位に即いた。魏・蜀漢と並ぶ呉（孫呉）の成立である。この頃孫権は武昌を拠点としていたが、即位を機に再び建業に遷った。かくして、かつて中華の辺縁に位置していた江南は、分裂国家のものとはいえ帝都を擁するにいたったのである。

建業は江南平野に位置しており、孫呉政権の基盤を担う江南豪族は、江南平野の原野を開拓していくことになるが、開発が進んだ結果、南方の山岳地帯に居住する、山越と呼ばれる少数民族との衝突を招

くこととなる。また、江南の開発進展以外にも、曹操、続く曹魏が、孫呉の内部攪乱を目的として山越を扇動していたため、孫呉政権にとって山越対策は重要課題となった。呉は山越を攻撃して反抗する者を殺害し、また住民を平地に移住させて、兵士あるいは屯田民として耕地開発に従事させた。兵士とされた者の数だけでも十万人を超えるという呉の強硬策によって、山越は潰滅し、ほぼ無力となった。

このように、後漢時代に引き続き呉においても江南の開発は継続されたが、当時の農田造成技術の限界により、低湿地が避けられ、微高地が開発の対象とされていたと考えられている。

2　割れる中華、歪む中華

永嘉の乱と僑郡県の設置

三国のうち最後に誕生した呉は、三国のなかでもっとも遅く滅ぼされた。その時、魏・蜀の二国はすでになく、前述したように、呉の滅亡によって西晋による天下再統一が成し遂げられることとなった。しかし、その統一は、西晋の皇族間の権力争いである八王の乱を契機として暗雲が立ちこめ、彼らが中国内地に移住させられていた匈奴などの非漢族を尖兵として用いるようになると、非漢族は自身のアイデンティティを回復すべく、西晋の支配を否定して蜂起したのである。

これが先述した永嘉の乱であるが、これによって、西晋の首都洛陽(らくよう)が陥落し、中国の再統一がわずか三〇年程度で瓦解すると、華北には非漢族を中核とした小国家が乱立するようになり、後漢末以上の混

乱に陥った。八王の乱の頃、晋の行くすえを予期し、皇族間の争いから一歩離れて、自身の力を蓄えることに腐心していたのが、琅邪王司馬睿であった。司馬睿は、その幕僚の王導の勧めにより、長江を渡って、呉の都建業(当時避諱によって建康と改称)を拠点とすることとした。この後、司馬睿は愍帝によって丞相・都督中外諸軍事に任命され、愍帝の死を受けて帝位に即いた。これが東晋の成立である。

東晋初期の版図は長江中下流域に限られていたうえ、その権力基盤も不安定であった。例えば、長江中流域にて軍権を掌握していたのは、王導の従兄弟である王敦であったが、東晋が王導の一族を排除する姿勢をみせると反乱を起こして建康にいたった。その反乱の余波で建康の宮殿が火災に遭い、王導も幼帝を抱きかかえて右往左往するというありさまであったが、そうした東晋初期の反乱が鎮圧されると、東晋はようやく安定する。

こうした権力闘争以外に東晋がかかえていたのは、華北からの難民をどう処遇するか、という問題であった。華北から永嘉の乱以降の混乱を避け、多くの人々が東晋を頼って南下してきたが、彼らを江南土着の人々と同等に扱うことができなかった。東晋は彼らのために僑郡や僑県という架空の行政区画を設置し、また特別に正式な戸籍(黄籍)とは異なる仮の戸籍(白籍)に登記したのである。白籍に登記された人々は僑民と呼ばれた。僑という字は、現在においても華僑という単語のなかで用いられているが、「よそに仮住まいする」という意味である。このように、僑民が特別扱いされたのは、東晋の首都建康は、あくまで仮住まいであり、いずれは領土をすべて回復して本来の首都である洛陽に還御し、僑民たちも本籍地に帰る、というたてまえがあったからである。

しかし、東晋はしばしば北伐の軍を派遣するものの芳しい成果を得ることはできず、北伐は東晋政権

内の権力争いの道具へと変質してゆく。東晋は、皇族とともに華北から流寓してきた門閥貴族が、江南土着の豪族たちを抑え込むという構造になっており、高位高官は基本的にこうした北来貴族たちによって掌握されていた。華北の人間であっても遅れて江南に逃れてきた連中は、先に来ていた連中に抑え込まれる、という閉鎖的な体制であった。そうした東晋において台頭してきたのが、桓温なる人物である。

彼は西府という長江中流域に位置する軍鎮の長官に抜擢されると、長江を遡って、三四七年には四川盆地一帯を領有していた成漢を滅ぼした。東晋の領土拡張に成功したことにより、彼のプレゼンスは一気に増大した。このままでは、彼が東晋を牛耳るどころか簒奪すらしかねないという不安をいだいた門閥貴族は、桓温の対抗馬として殷浩を北伐させるも失敗、逆に桓温が北伐に成功して三五六年には洛陽を奪還したのである。

これに加えて桓温は二つの大きな行政改革をおこなっている。一つは「省官併職」と称する官職の削減で、門閥貴族が重視するポストを削減することによって、自身の発言力強化を目論んだ。もう一つは、土断(二七四頁コラム参照)という、臨時の戸籍である白籍に登記されていた華北からの僑民を、正規の戸籍である黄籍に登記して、華南の人間として扱う措置である。桓温以前においても土断はおこなわれていたが、三六四年に桓温が実施した土断(庚戌土断)によって東晋の徴税額を増加させることに成功した。この後も土断は東晋・南朝においてしばしばおこなわれることとなる。

桓温が、華北からの流民を華南に土着化させる土断を実施したことは、彼が天下の再統一ではなく、あくまで江南における政権の維持を第一に考えていたことを端的に示していよう。事実、洛陽奪還後、

桓温がめざしたのは北伐の継続ではなく、建康において東晋からの禅譲を受ける準備であった。桓温は簡文帝の死期が迫っていたことに乗じて、禅譲の準備を進めるが、桓温自身にも死期が迫っており、それを逆に利用され、桓温は野望をはたすことなく、三七三年に無念の死を遂げた。

淝水の戦いがもたらしたもの

ここで桓温による簒奪が成功していれば、以降の江南における諸政権の性格はこの時点で大きく変わっていたに違いない。しかし省官併職は、桓温による簒奪を阻止した謝安によって御破算にされ、北来の門閥貴族の権益は保護されることとなった。さらに、桓温没後の謝安には強い追い風が吹いた。当時、華北は前秦によって統一されており、その前秦が残る東晋の打倒をめざして、天王の苻堅自ら大軍を率いて南征してきたのである。東晋・前秦両軍は淝水で対峙するが、偽装退却によって東晋軍を淝水に引きずり込もうとする苻堅の作戦が失敗し、前秦軍は壊滅的打撃を受け、東晋が大勝利をおさめたのである。

淝水での勝利が東晋にもたらしたものは何であったか。

この時、東晋政府の首班が謝安であり、前線で戦っていたのが、その甥の謝玄であった。謝安は仕官前から声望が高く、また桓温の簒奪を阻止したことによって、非常に高く評価されるようになったが、淝水の戦いの勝利によって、謝氏一族の地位は不動のものとなり、皇族を除けば最高の名門である琅邪の王氏(王導の一族)と並んで「王謝」と称されるようになった。桓温の改革頓挫と淝水での勝利によって、東晋初期以来の、北来の門閥貴族による主導体制が再確認されたといえる。

劉裕北伐以前の東晋の版図

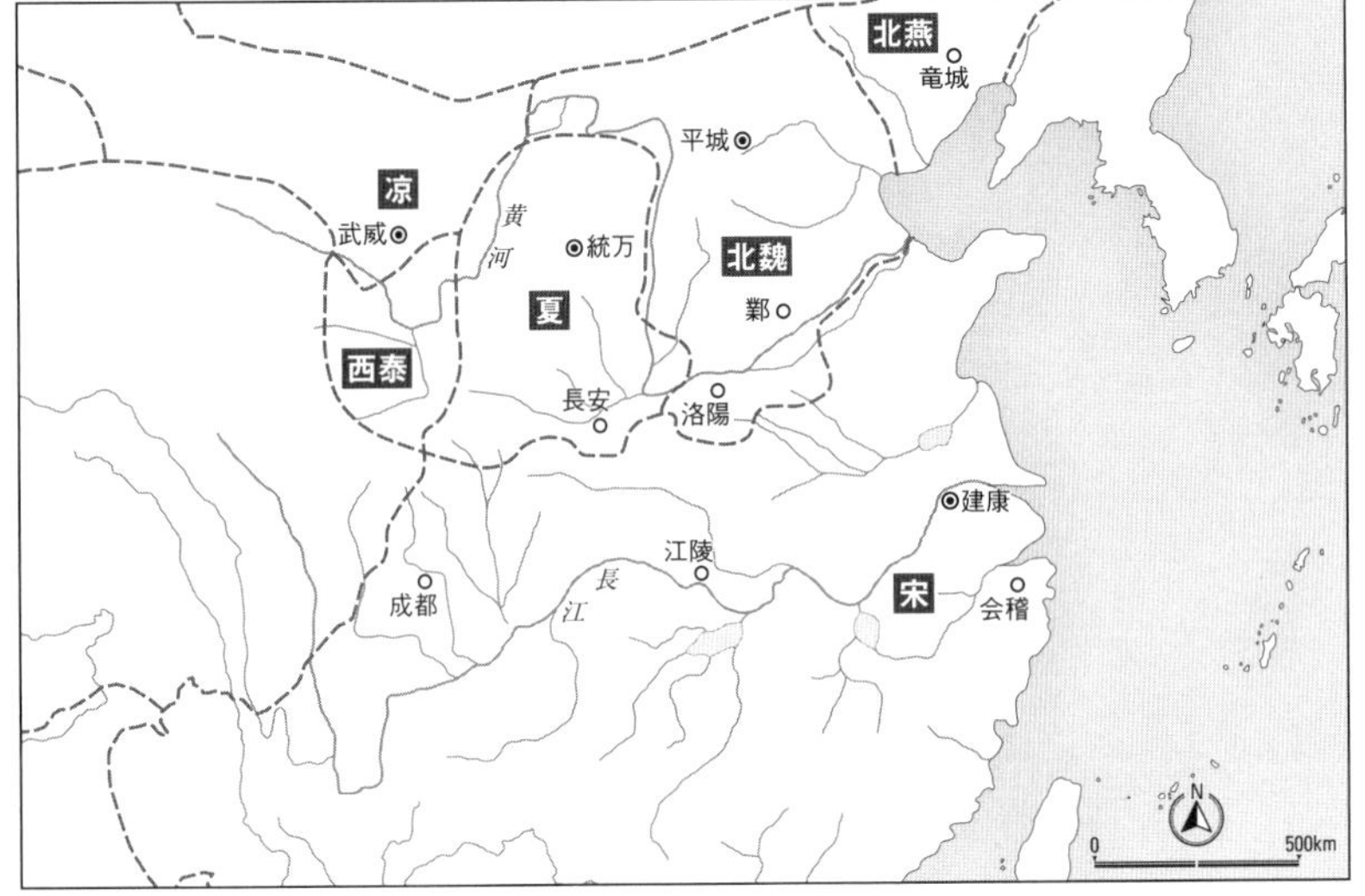

北魏・宋の版図(420年頃)

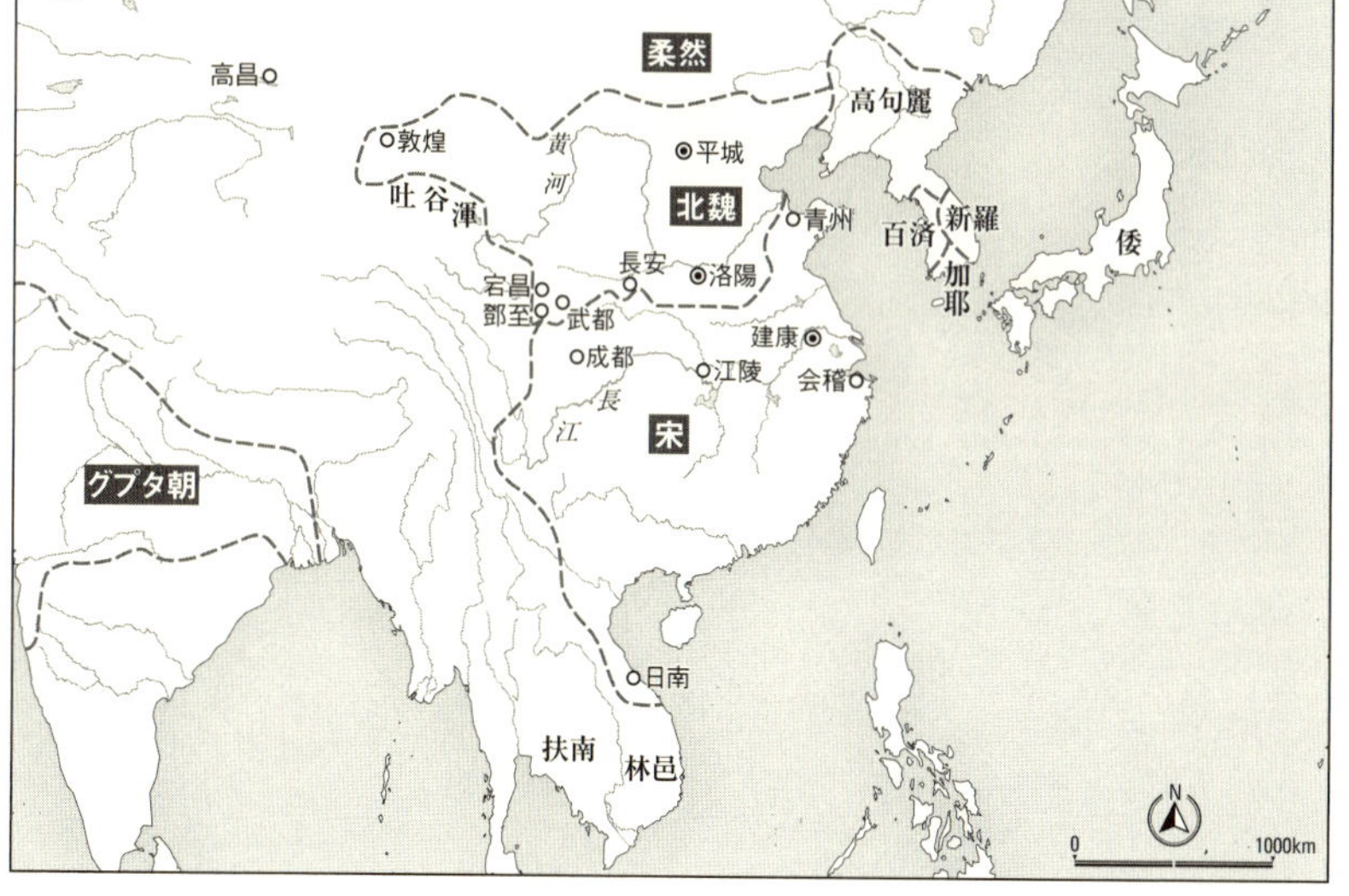

北魏・宋の版図(450年頃)

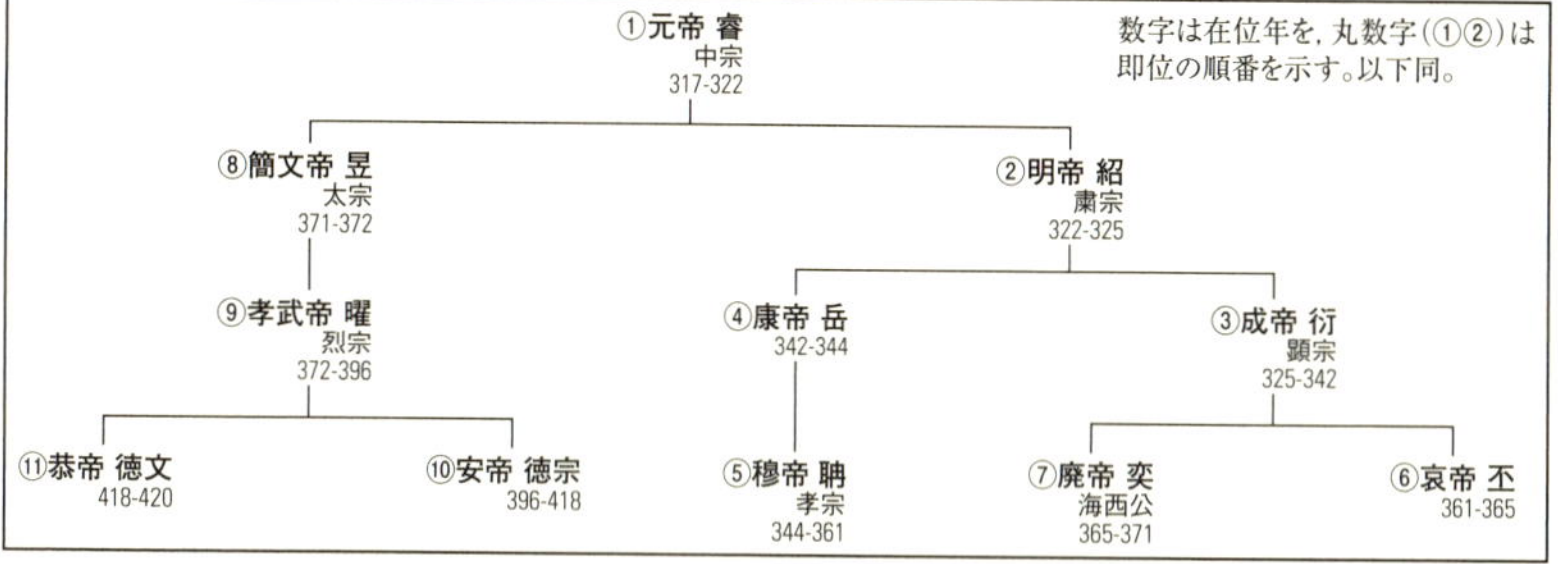

東晋・司馬氏系図

これは東晋内部への影響であるが、外部に対しては、華北における前秦の統一が崩れ、それに取ってかわる勢力がしばらく登場しなかったことにより、東晋はその領土のみならず、東アジア世界における存在感を大きく高めることに成功した。四章にて言及されているように、淝水の戦いの直後においては、東晋の勢力はいったん衰えるのであるが、安帝期(三九六～四一八年)に劉裕が台頭すると、桓温に倣って四〇九年に北伐を敢行し、淝水の戦いの後に華北に誕生した小国家をつぎつぎと滅ぼして、東晋の領土を拡大していくこととなる。北伐開始の翌年には南燕を滅ぼして山東半島を奪取し、さらに土断を実行して、四一六年には洛陽を、翌年には長安を奪還するという、桓温以上の功績をあげることに成功した。長安こそ夏の赫連勃勃によって奪われたが、東晋は黄河南岸から山東半島にかけて大きく勢力を伸ばすこととなった。二六六年に西晋に朝貢してから約一五〇年ぶりとなる四一三年に倭国が使者を派遣し、その後に、いわゆる倭の五王の朝貢へと続いたのは、劉裕による領土拡大の成果の一つといえる。

しかし、この内外二つの成果は、すぐに現実を突きつけられ、変質を迫られることになる。領土を拡大させた劉裕は、漢の劉氏の末裔と自称するが、寒門と呼ばれる低い家格出身の武人であり、劉裕自身は読み書きができなかったようである。寒門の人間には、通常の方法では朝廷での立身出世は望めないが、軍人として武功を立てることによって、高位の将軍となる道が残されており、劉裕はその出世街道を突き進んだのである。彼は桓温以上の抜群の功績により、東晋からの禅譲を受け、宋を建国したが、軍人皇帝である彼は、軍事権を他人に委譲することの危険性をよく理解しており、皇子たちを重要地区の地方長官に任命して兵権を与えたため、軍事権は門閥貴族の手から離れることとなった。

また、せっかく拡大できた領土を維持できた期間は長くなく、劉裕が獲得した領土は、宋代におい

て、劉裕北伐以前のそれと大差ないレベルにまで引き戻されてしまう。この東晋末から宋にかけての領土の急激な膨張と縮小は、宋はあくまで南方の政権にすぎないという自己認識をよぎなくされることとなるのである。

建康の再定義

江南を根拠地にする政権という点では共通するとはいえ、孫呉と東晋には根本的な違いがあった。呉は地方軍閥が皇帝を称したため、その正統性を主張するのに苦労することとなったが、東晋は亡命政権であり、正統性は保証されてはいたが、そのために天下の再統一と旧都への還御(かんぎょ)をたてまえとせざるをえなかった、という点である。僑郡県や僑民はその副産物だったわけだが、桓温にしても劉裕にしても旧都を奪還したにもかかわらず洛陽への還御はおこなわなかった。北伐が政権を掌握するための政治的手段と化していたからであったが、還御しなかったのは結果としては正解であった。

宋の第三代皇帝・文帝の治世を元嘉の治と称するが、そうした政治的安定が達成しえたのは、淝水の戦いの後、華北が以前にも増して混迷を深め、東晋に軍事的圧力を加えるどころではなかったからである。しかし、代を復興した北魏が後燕に勝利して華北の覇者となると、劉裕が拡大した領土は、しだいに北魏に削り取られていった。四章においても言及があるが、文帝は北魏に対して北伐をおこなうも失敗し、その反攻作戦として四五〇年には北魏の第三代皇帝である太武帝が自ら長駆して長江北岸にまで南征してくるほどで、宋の版図は黄河南岸から淮水流域にまで押し戻されてゆく。

さらに、そこに宋の内政問題が追い打ちをかけた。四五三年に文帝が皇太子に暗殺されたのである。

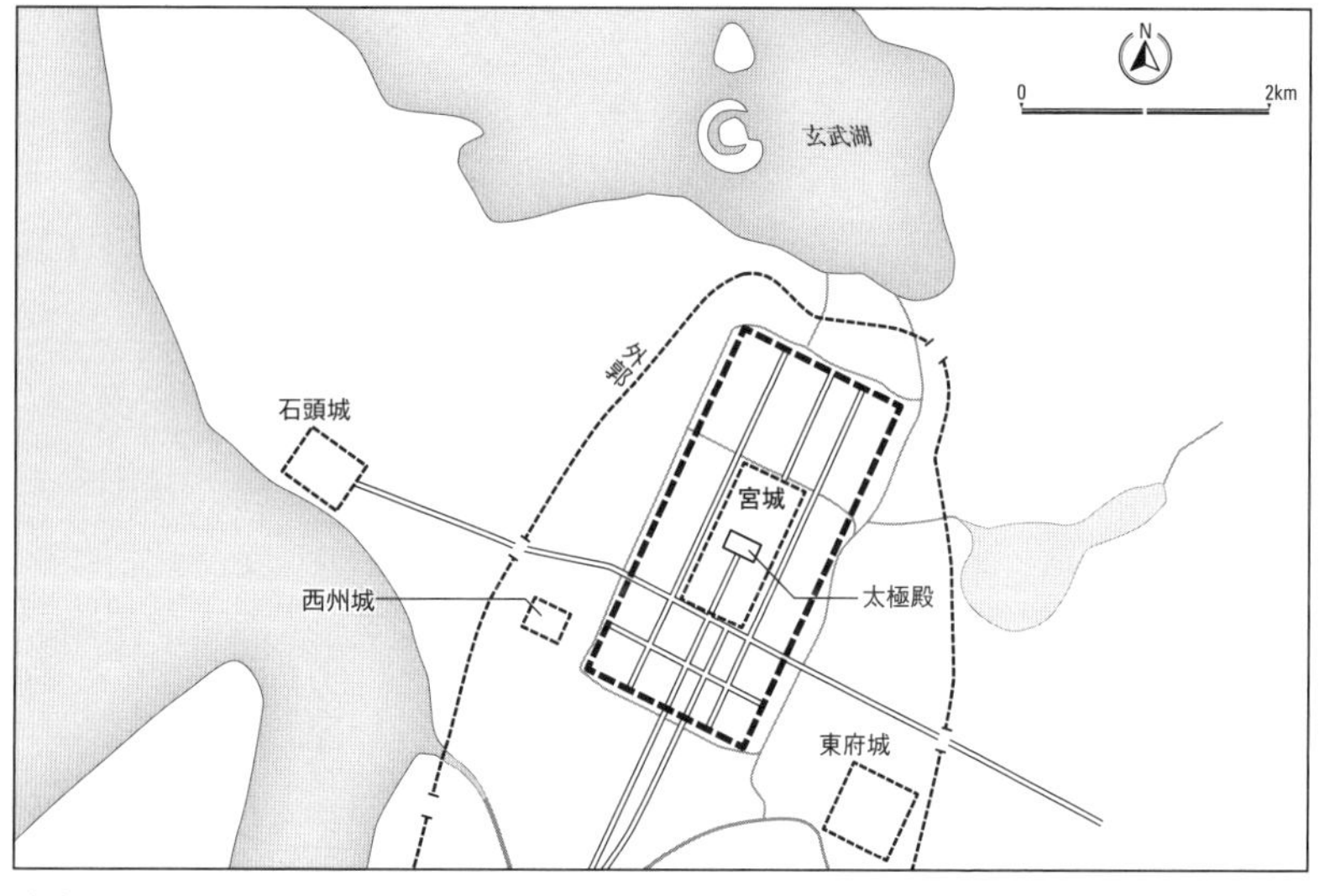

建康城とその周辺図

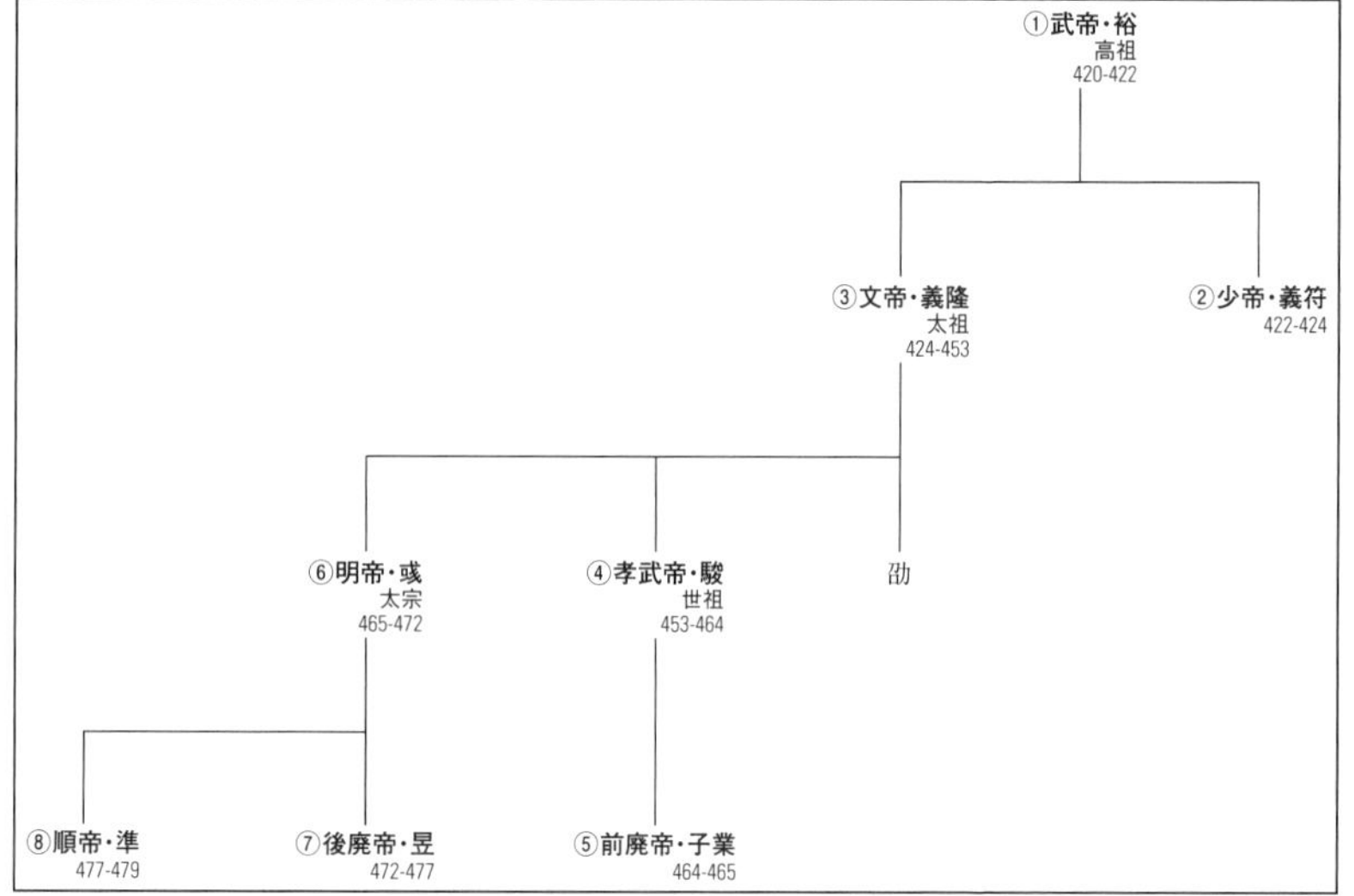

宋における劉氏系図

その皇太子を討伐し、弟の孝武帝が即位するが、これ以降、宋、さらに後継政権である南斉において、門閥貴族にかわって軍事権を手中におさめた皇族同志による殺し合いが常態化し、大規模な北伐をおこなうことは事実上不可能となったのである。

孝武帝は、こうした不安定な帝権を強化すべくさまざまな措置をとったが、その一つが建康の再定義であった。それまで、伝統的に天下の中心として観念されてきたのは洛陽であり、それは西晋の首都であった。そして、その周囲の郡は王畿、洛陽の所属する司州は神州とみなされていた。孝武帝はそれを改めて、四五九年に、建康が所属する揚州を王畿としたのである。

華北からの僑民たちが江南をはじめとした華南に土着化していった結果、東晋の終わり頃には、揚州を王畿または神州とする観念がすでに形成されていた。そうした風潮のもと、孝武帝は、北伐による領土回復が事実上不可能となった現実を容認し、かつ北伐を放棄しても自身を天下の主とする手立てとして、揚州に王畿を正式に設置して建康を天下の中心とした、と推測されている。換言すると、南北に裂けていた天下の片側を無視して、天下の中心を歪めて江南に設置したわけである。

しかし、この措置は、北の天下の放棄を宣言するにも等しい行為であった。王畿を江南においたとはいえ、孝武帝は華北に対してまだ色気をみせていた。孝武帝の没後、王畿は撤廃されるが、それは本来の天下の中心である洛陽の再奪取を目的としたものではなく、孝武帝の業績を否定するためだけの措置にすぎなかった。その後の劉彧（りゅういく）による前廃帝廃立と自身の即位（明帝）やその結果勃発した晋安王劉子勛（りゅうしくん）の乱など、皇族間での権力争いが激化した結果、宋は前にも増して内向きとなってゆき、明帝の末年には北魏と誼（よしみ）を通じるようになった。

さらには、簒奪を目論む蕭道成（のちの南斉・高帝）が台頭する後廃帝・順帝期ともなると、北魏と毎年修好の使者を派遣し合うようになった。つまり、北魏を事実上華北の支配者として容認する結果を招いてしまったのである。宋に続く後継政権も、後生大事にこの関係を保とうとした。例えば、梁の武帝の治世にあたる五二三年には、北魏を大混乱に陥れる六鎮の乱が勃発し、そこから台頭した爾朱氏と対立した北魏朝廷は、五二八年、皇帝・皇太后が黄河に沈められ、官僚たちが粛正されるという、前代未聞の事態となった。

武帝はこの好機に対して洛陽奪取に乗り出すでもなく、梁に亡命してきた北魏の皇族・元悦を北魏皇帝に擁立すべく送り出しただけで、元悦に対する支援もたいしておこなわなかった。宋の孝武帝以後の南朝政権は、本来取り戻すべきであったはずの、裂けた中華の残りについては、無関心になってしまっていたのであった。

南への影響拡大

淝水での勝利が前秦の華北統一を瓦解に追い込み、その後の華北の混乱に乗じて東晋は領土拡大に成功し、それが倭国の朝貢の呼び水となったことは先述した。

倭国は続く宋代にも遣使を続けた。いわゆる倭の五王である。ただ、前代の遣使と異なるのは、例えば卑弥呼が曹魏に遣使した際には、たんに親魏倭王の称号が与えられただけであったのに対し、倭王たちは自称するところの将軍号と都督の承認を求めてきた、という点である。将軍号は地位の高さ、都督は軍事力を行使しえる範囲を示すもので、王号だけでは他国王との地位の優劣が不明瞭なため、将軍号

と都督によって、他国王への優越を宋に承認させようとしたのである。しかし、宋は倭王の要求をのまず、将軍号にしても都督にしても要求からは若干ランクを落としたものを与えた。その理由は、北魏と領土を接し、同国への牽制を期待しえる高句麗を宋が重視していたからであった。このように、周辺国家の首長に、王爵のみならず、将軍と都督をも賜与するようになった点がこの時代の特徴であるが、こうした、官爵授与の対象となったのは、高句麗をはじめとする東北方面の諸国家、吐谷渾(とよくこん)(河南王)をはじめとする西北方面の諸国家、そして、南に位置する林邑(りんゆう)である。

林邑は現在のベトナム中部に位置する国で、孫呉・東晋とは衝突と交流とを繰り返してきた。宋においても同様の態度を示していたが、四四六年に文帝が檀和之(だんわし)を林邑に侵攻させて首都・典冲(てんちゅう)の陥落に成功した結果、林邑は宋に続く南斉からの将軍号と都督とを受け入れることとなった。林邑は東北や西北方面の周辺国とは異なり、宋によって軍事的に屈服させられた、という経緯から、林邑に与えられた将軍の位は倭国よりやや格下のものであった。すでに先行研究により、南朝が賜与した将軍号に基づく周辺国家の位置づけが整理されているが、それをあげるとつぎのようになる。

高句麗→吐谷渾→百済→倭→林邑・宕昌(とうしょう)→鄧至(とうし)→武都

宋は、このように南方に対しては強気に接したのだが、二世紀末から国家として独立していた林邑を屈服させたことは、その周辺地域の目を宋に向けさせるのに十分な効き目があった。幸運にも、当時の東南アジア島嶼部に形成された国々が、積極的に宋に朝貢してくるようになったのである。それらの国々は、西方のインド文明に強い影響を受けていたこともあって、南朝の皇帝は、神ならぬ仏のように崇め奉られることとなる。

こうした、東南アジア島嶼部からの朝貢国増加と、孝武帝による天下の中心の東南移転とのあいだには、直接の因果関係はない。しかし、これらはほぼ同時期のできごとであり、淝水の戦いの後で、急激に膨張しながらも結局は縮小してしまった領土の喪失分を、天下の中心を江南にずらし、また南海方面に影響力を拡大することによって取り返そうとするかのような現象が生じたのである。

3　江南の春

荘園の発達

秦漢帝国の出発点をどこに求めるかは、論者によって異なるであろうが、秦の富国強兵の出発点が、商鞅（しょうおう）による改革（商鞅変法）にあることは疑いあるまい。商鞅変法の内容は多岐にわたるが、その主眼は秦国の基盤を小規模の自営農民におき、彼らを国王が直接支配するという点にあった。そして、彼ら小農民は、軍功爵制によって所有しえる居住地・耕作地の面積が制限されたのである。

しかし、こうした軍功爵制が機能しえたのは、せいぜい前漢最初期までで、爵が軍功ではなく、国家の慶事にともなう恩典として、なかば自動的に受け取れるようになると、爵による土地所有制限は、なし崩しにその機能を失ったと思われる。前漢中期、武帝による対匈奴戦争が開始されると、財政は逼迫し、塩・鉄の専売などによる負担増加によって、小農民が土地を棄てて流亡するようになった。彼らのなかには別の農民の庇護のもと、小作農として生きることを選ぶ者もあった。結果、軍功爵制に拠らな

いかたちでの大土地所有者が登場し、その延長線上に、豪族が生まれるのである。ともかく、前漢中期には、商鞅変法以来の国是にほころびがみえ始めたのは確かである。

漢の復興を達成する光武帝とその功臣たちも、南陽を基盤とした豪族たちであり、光武帝は功臣を粛正せず、結果として彼らの権益が保護されることとなったため、後漢は大土地所有の制限をいかにおこなうかという課題を突きつけられることとなったが、成果をあげることはできなかった。江南にも張・朱・陸・顧という大姓（大豪族）が生まれ、彼らが孫呉政権を支えていたが、江南にそれまでとは比べものにならない変化が生じたのは、やはり永嘉の乱以降のことである。

後漢末における戦乱の頃から、華北の農民たちは、防御力の高い、「塢（う）」と呼ばれる建造物に避難することがあったが、こうした塢のリーダーを塢主と呼んだ。永嘉の乱以降になると、郷里を棄てて、多くの人々が南方へと逃れるが、そうした人々を引率したリーダーを行主（こうしゅ）と呼ぶ。東晋初期、行主に率いられて東晋をめざして南下してきた流民のうち、淮水と長江のあいだに集住した人々は、華北の五胡政権に対する備えとして重要な役割をはたした。さらに南下した流民は、長江下流の北岸の広陵・南岸の晋陵に多く居住した。とくに、晋陵はもと呉の屯田区の毗陵（びりょう）で、当時は人口が少なかったうえに農耕用のインフラが残されていたからである。

さらに南方の三呉地方に流入した人々は、旧来からの江南豪族の小作になったと考えられている。王謝のような、北来の門閥貴族は、江南豪族のテリトリーを避け、彼らの開発が比較的手薄であった会稽山の南側を開発し、そこに大規模な荘園を経営した。その代表例が謝霊運（しゃれいうん）（謝玄の孫）の荘園で、著名な詩人でもあった彼は、「山居賦」という作品のなかで、「田は岡に連なって畝が満ち、嶺は水を枕として

あぜ道に通じる(田連岡而盈疇、嶺枕水而通阡)」と、自身の広大な荘園の様子を活写している。

西晋時代には、占田制という土地制度が実施されていた。これは同時におこなわれた課田制と併称されることが多いが、その実態は良くわかってはいない。ただ、占田制は大土地所有の制限を目的としており、前漢以来の懸案解決をめざしたものであった。所有できる土地は、一般男子であれば七〇畝、女子であれば三〇畝(つまり、夫婦で一〇〇畝＝一頃。当時の一頃は約五ヘクタール)、身分によって所有できる土地は広くはなるが、官僚であっても五〇頃までしか所有できないたてまえであった。

しかし、同じ規定を引き継いだはずの東晋においては、渤海の刁氏のように一万頃もの田地を所有する者もあり、中国の古代帝国の出発点というべき、大土地所有に対する規制は、事実上なくなってしまったのである。

山林叢沢と流通経済

永嘉の乱によって江南の労働人口が大きく増加すると、山越が呉のたびかさなる攻撃によってほぼ壊滅させられていたこととあいまって、従来よりも大規模な開発が可能となった。呉における江南開発が低湿地を避ける傾向にあったことは前述したが、これは東晋以降の開発においても同様で、丘陵や山地と平野の中間地点や扇状地に、湖(人造湖だけではなく、天然の湖沼を改修したものも含む)や塘と呼ばれる灌漑施設が造営された。

こうした水利事業は公権力によるものがほとんどであり、流民などによって構成される私的隷属民による労働力は、山林叢沢の開発に向けられた。開発者のなかには、謝霊運のように湖を干拓して農地に

しようとした人物もいたが、山林叢沢からは、鳥獣や果樹などの自然資源が採取された。とはいえ、自然からの恵みを手をこまねいて待っていたわけではなく、原生林を焼き払って果樹を植林したり、堤防を築いて養魚池を造成するなどして、門閥貴族をはじめとする大土地所有者は、山林叢沢を切り開いて占有していったのである。

大土地所有の時と同じく、山林叢沢の占有を国家は規制しようとした。例えば、東晋の成帝期にあたる三三六年の規定では、山林叢沢を一丈(約五・八平方メートル)以上占有すれば、強盗として処理し、棄市(死刑)に処す、ということになっていたが、占有をとめられなかったどころか、宋の孝武帝の大明年間(四五七〜四六四年)には、官僚のランクを示す官品に従って占有面積を規定し、規定に違反した際には窃盗として処理されることになった(『宋書』羊希伝)。つまり、山林叢沢の占有が追認され、罰則規定も大幅に緩和されてしまったのである。

山林叢沢からの恵みは、果実や鳥獣・魚介にとどまらず、炭や紙といった加工品も含まれる。とくに加工品のなかでも注目すべきは青瓷(せいじ)である。もともと江南地方は陶器生産がさかんであったが、後漢末期頃から青瓷が登場した。南京周辺の六朝墓からは、副葬品として青瓷が大量に発掘されているが、日用品が多く、当時の日常生活において青瓷がさかんに用いられていたことがわかる。陶器作成には大量の土と燃料を必要とするが、その原料は山林叢沢から供給された。すなわち、この時期における山林叢沢の開発が青瓷の大量生産を支えていたわけである。

山林叢沢を囲い込む大土地所有者は、こうした産品を採取・貯蔵・加工・販売する施設として、屯(とん)・伝(でん)・邸(てい)・冶(や)と呼ばれる施設をおいて管理・流通させていたことがつとに指摘されている。江南の山林叢

沢からの品々は、水運によって建康に運ばれて消費されてその繁栄を支え、また流通経済を発展させたのである。

鉄銭の鋳造

南朝においては、山林叢沢からの産品をはじめとする商品に対しては、四％の交易税、一〇％の通行税、さらに市税が課せられた（『隋書』食貨志）。また、西陵の牛埭（船を牽引する牛を歩かせるための堤）では年間百万銭を徴収可能であると指摘されている（『南斉書』顧憲之伝）ように、南朝ではこうした税は銅銭で徴収されたが、それには理由があった。

東晋末に劉裕が拡大させた領土は、宋の文帝期に北魏の擡頭によって削り取られ、南朝は下り坂に向かうが、続く孝武帝の大明年間末期の旱害によって人口が半減したという。人口減は税収減に直結するわけで、宋に続く南斉では、その対策として徴収していた租布の半分を銭納させるようにした（こののち、揚州と南徐州では三分の一を銭納するように改められた）のだが、その銭納額を布の市場価格の約四倍に設定した。つまり、租布の半分を銭納するとはいっても、租布に換算すれば実質二・五倍になるわけで、半減した人口の税収を確保する目的であったと指摘されている。

これによって南朝の国家財政は銅銭に大きく傾斜することになったが、銅銭に対する政策は非常にお粗末なものであった。東晋では独自の貨幣を鋳造した形跡がなく、漢の五銖銭や、呉の銭、さらに東晋初期の人物である沈充が私鋳した沈郎銭などが混在して流通していたとされている。

山林叢沢の開発によって流通経済が発達してくると、銅銭不足のため、民間では古銭を削って銭を私

鋳する風潮が生じた。これに対して、宋の文帝は、四三〇年に、五銖銭よりやや軽い四銖銭を発行して銅銭需要に応えることにした。しかし、それでも銅銭不足は解決されることなく、宋は銅銭の質を下げて発行量を増やし、挙げ句のはてには一定の条件のもとに民間での私鋳を許可するまでにいたったのである。

悪銭を駆逐するためには、良銭を多く発行する必要があり、そのためには原料となる銅が必要となる。江南には銅山があり、呉楚七国の乱の首謀者である前漢の呉王・劉濞(りゅうび)は、領内の銅山経営によって巨万の富を築いたが、南北朝時代においては、当時の技術では採掘できない状態に枯渇していた。宋に続く南斉では、民間から銅を買い上げ、また蜀の銅山を採掘することによって銅不足を解消しようとしたが、銅山採掘は採算がとれないという理由によって取りやめられている。

こうした銅銭不足を銅の不足ではなく貨幣不足にすりかえて事態の収拾をはかったのが、梁の武帝である。武帝は五二三年に、大胆にも鉄銭を発行した。原料不足の心配がない、というのが鉄銭発行のおもな理由ではあったが、前漢時代における鉄の専売など遠い昔のことで、民間でも鉄を容易に入手できたため、私鋳がおおいに流行して物価騰貴を招き、鉄銭発行の一〇年後には、鉄銭はもはや枚数ではなく、鉄銭を束ねた貫で勘定されるありさまであったという(『隋書』食貨志)。

しかも、鉄銭発行にさいして、武帝は従来の銅銭を回収しなかったと考えられており、良質の銅銭を所有する者にとっては自身の富を増やす好機とはなったが、使いものにならない鉄銭を押しつけられた農民のなかには流亡をよぎなくされる者もあらわれた。こうした貨幣制度の混乱に対して、武帝は有効な対策を打ち出すどころか、現実から目を背け続けた。幸か不幸か、決定的な経済破綻が南朝に訪れる

より前に、侯景の乱によって建康が破壊され、その繁栄は失われた。

以上みてきたように、南朝に繁栄をもたらしたのは、大土地所有の進展、それにともなう山林をはじめとする自然資源の開発、加工品流通による貨幣使用である。そしてそれは最終的に私鋳の横行へと続く。しかし、これらの行為は秦漢帝国にあっては規制の対象となっていたものばかりである。

大土地所有が、商鞅が導入した軍功爵制の崩壊を意味することは先述した。自然資源については、『漢書』百官公卿表の少府の項に、少府の職掌は「山海池沢からの税をつかさどり、奉養にあてた(掌山海池澤之税、以給共養)」とあり、その奉養の対象とは、注に「これを禁銭と名づけ、私的費用にあてた(名曰禁錢、以給私養)」さらに「少府は天子を養うのである(少府以養天子也)」とあるように、皇帝であった。自然資源は皇帝個人の私財、つまり君主の家産であり、たてまえの上では勝手に手をつけることは許されないものであった。貨幣の私鋳については、前漢のごく初期に禁令がゆるめられていた時期がありはしたが、原則としては厳しく禁止されていた。こうした、江南を発展に導いた(そして混乱に陥れた)三種の行為がなされえたのは、秦漢帝国的秩序が崩壊していたからである。

しかしながら、南朝はその秩序の残骸を完全に払拭するまでにはいたらず、依存する部分もあった。例えば、南朝ではしばしば貨幣が鋳造されていたが、漢の基準通貨であった五銖銭の影響下にあった。また、南北朝時代を収束させた隋唐帝国においては、(たてまえの上では)大土地所有も制限され、私鋳も禁止された。東晋・南朝を支えた経済的発展とは、とどのつまり、半壁の天下において皇帝権力が縮小し、国家による統制がおよばなかったその空隙に生じたもの、といった方が正解なのであろう。しかし、この時積極的におこなわれた江南の開発は、隋唐以降にも引き継がれ、五代から宋にかけて、中国

全体に大きな実りをもたらすこととなる。

4 中国の外から見た南朝皇帝

古文尚書の「発見」

七世紀前半に成立した『隋書』の経籍志は、序文において中国の書物受難の歴史を伝え、牛弘はそれを「書の五厄」として整理している(『隋書』牛弘伝)。古代から隋にかけて、五度の災厄を蒙ったという意味であり、始皇帝による焚書を第一とする。第二は、王莽敗滅時における長安の炎上、第三は献帝遷都、第四は永嘉の乱、第五は西魏による江陵陥落となっていて、五厄のうち三つは、後漢末以降のことである。

中国における書物受難を語るうえではずすことができないのは、『書経』(たんに『書』、あるいは『尚書』とも称する)である。儒教の根幹を成す五経の一つであるが、上述の五厄のうち、二つの災厄によってその姿が大きく変わったものである。秦の焚書をやり過ごすため、済南の伏生(ふくせい)なる人物は、自身が所蔵する『書経』を自宅の壁のなかに隠した。秦が滅び、続く楚漢戦争が終わって、壁から取り出してみると、数十篇が失われて二九篇にまで減っていたというが、漢の文帝が、これを口述筆記させたことにより、『書経』は再び世におこなわれることとなった。この『書経』は当時通行していた字体で書かれていたため今文(きんぶん)尚書という。その後、漢の武帝の頃に、孔子の旧宅の壁中などから、古い字体で記され

た『書経』が発見された。これを古文尚書という。この今文・古文は前漢末の劉向によって校訂がなされ、結果、『書経』は五八篇にまで回復したのである。しかし、焚書を乗り越えたものの、永嘉の乱によって古文尚書は再び失われてしまう。

ただし、問題となるのはその後である。司馬睿が東晋を建国すると、豫章内史の任にあった梅賾なる人物が古文尚書を献上してきたのである。以後の『書経』のうち、古文由来の篇は、梅賾が献上したテキストから再出発することになるのだが、じつはこの古文尚書は、清の閻若璩が論証したように真っ赤な偽物なのであった。

このテキストをだれが偽造したのか、また梅賾がどういう経緯で入手したのか、もはや明らかにしえない。ただ、梅賾が古文尚書を献上してきたのは、豫章が揚州に所属し、建康に比較的近かったという地理的要因が大きかったに相違ない。しかし、中国を代表する古典が、非漢族に掌握されていたとはいえ、中原ではなく、江南の亡命政権に保存された、という事実は、東晋こそが正統な中華王朝であり、伝統的な中国文化の庇護者とみなされていたことを象徴するできごとであったといえよう。

北魏孝文帝の借書

永嘉の乱にて大きな損害を蒙ったものの、東晋・南朝において、書物の数は少しずつ回復していった。淝水の戦いにおいて前秦による華北支配が瓦解し、かわって東晋の版図は拡大して、それが倭の五王遣使の呼び水となったと考えられることについては先述した。その後、北魏の勢力拡大によって宋の版図が縮小するのと対応するかのように、倭の遣使はとだえてしまうのだが、倭国が南朝文化圏の影響

下にあったことが主張されている。

例えば、日本最古の図書目録である『日本国見在書目録』（藤原佐世撰、九世紀末成書）を、『隋書』経籍志などと比較してみると、同目録には梁代の典籍が少なからず含まれていると学界では考えられている。また、そうした梁の典籍は、百済を経由して、六世紀後半から七世紀初に日本にもたらされたとも推測されている。同時期には梁は滅亡しており、梁から日本への伝播が直接的なものではなかったことになるが、『日本国見在書目録』が編纂された九世紀末といえば、遣唐使が終焉を迎える時期、換言すれば、唐文化をさかんに取り入れようとしてきた時期であり、その頃においてもなお、梁の典籍（もちろん梁代の写本ではなく、それを祖本としたものであろう）が日本国内にて大事に保存されており、隋唐以前、すなわち南北朝の文化が日本におよぼした影響力の強さを読み取ることができる。日本で保存された南北朝の典籍は梁代のものが中心なのだから、日本は南朝学術の影響下にあったといえよう。

梅賾の逸話が示すように、東晋は非漢族の手に落ちた華北にかわって、伝統的中国文化の中心としてみなされるようになった。そうして、東晋・南朝のもとにて回復してきた書物や学術・文化は海外にも発信されていたわけである。

対する華北の諸政権も書物の回復に努めた。前秦の苻堅も淝水の戦いで敗れる前は、文教政策に熱心であったが、書物の回復量は東晋・南朝のそれには遠くおよばなかった。苻堅にも増して文教政策に力を入れたのが、北魏の孝文帝である。彼は四九三年に平城から洛陽に遷都し、胡語・胡服を（限定的とはいえ）禁止し、漢姓を名乗るなど、漢化政策を積極的に推し進めたことで知られるが、彼は、大胆にも、南斉の武帝に本を貸してほしいと頼んだのである（なお、この申し込みは洛陽への遷都以前のことであ

る)。

『隋書』経籍志によれば、この申し込みは成功し、北魏の図書は充実したというが、南斉の群臣のうち、本を貸すことに乗り気だったのは王融だけで、結局孝文帝の借書は実現しなかった、という『南斉書』の記述が正しいと考えるべきであろう。それでもなお、北魏あるいは東魏から南朝に派遣されてきた使者たちは書物を求め、さらには南北朝間に開かれた互市、さらには私貿易によって、北朝の人間は南朝から書物を得ようとしたのであった。

ただ、残念なことに、南の天下のもとに回復・充実していた書物は、南朝の繁栄と運命をともにした。梁末、侯景の乱によって建康が陥落すると、元帝は長江中流に位置する江陵に遷都した。しかし、衰勢を挽回することはかなわず、五五四年に江陵が西魏によって攻め落とされると、元帝はその蔵書を火中に投じた。これが書の五厄の最後にあたる。『隋書』経籍志によれば、元帝の蔵書は七万巻以上あったというが、これによって生じた書物の亡欠は相当数にのぼったという。

梁武帝の捨身

太平道の信者たちが引き起こした黄巾の乱が後漢滅亡の引き金となったことが象徴的に示すように、漢帝国の崩壊は、一尊状態にあった儒教的価値観の崩壊でもあった。相対的に地位を下げた儒教と対抗したのが、中国の土着信仰が宗教化した道教と、外来宗教である仏教である。儒教・道教・仏教の三教は互いに対立し合いながらも影響を与え合ったのが、魏晋南北朝時代であった。

しかしながら、仏教は外来宗教ということもあって、布教に対する抵抗は大きかった。その一つが東

晋時代におこなわれた致敬論争である。沙門すなわち僧侶は、王者すなわち皇帝に対して敬礼をすべきか否か、つまり仏法は王法に屈すべきか否か、という問題である。この時は、慧遠の尽力によって仏教教団の独立性が守られた。また、北朝では、北魏の太武帝・北周の武帝による廃仏も起きたが、仏教は着実に中国に浸透・定着しただけではなく、国家権力との融合さえはたすこととなる。

北朝仏教を代表するモニュメントとして、北魏が開鑿した雲崗石窟を第一にあげなければならない。四章においても言及があったように、雲崗に鎮座する巨大な磨崖石仏は北魏の皇帝を模したものである。すなわち、華北においては、皇帝＝如来であった。

対する南朝においても、仏教は貴族たちを中心に信仰され、経済的繁栄のもと、南朝四百八十寺と称されるように、さかんに仏寺が造営された。東晋・南朝の皇帝にも、個人的に仏教を信仰する者はあったが、それを政治の場にまで押し出してきたのは、梁の武帝である。梁の武帝は、その即位以前においては、道教の一派である茅山派を大成した陶弘景と交流があるなど、道教にも理解を示していたが、即位直後、五〇四年の灌仏において、道教信仰を捨てて仏教信仰に専念することを宣言し、さらには、五一九年には、慧約から菩薩戒を受けると、一層仏教信仰にのめり込み、菜食によって痩せ細るまでに戒律を厳守する生活を送るようになった。このせいで、武帝は皇帝菩薩と称されるようになったが、国家祭祀においても犠牲を用いることを禁止するなど、個人の信仰を政治に反映させるようになっていったのである。

武帝が仏教にのめり込んだのにはいくつかの理由があると思われるが、彼が長命でその治世が四八年にもおよび、しだいに政務に厭き疲れたことも大きかったのではないかと推測する。武帝は銅銭不足を

解消すべく鉄銭を発行させた人物であり、その貨幣政策が早々に破綻して、かわる有効策を打ち出すことができなかったことについては先述した。そうした武帝にとって仏教は救いを求めるよすがでもあったろう。

武帝の信仰はエスカレートし、捨身(しゃしん)と呼ばれるパフォーマンスをおこなうまでになった。武帝は、建康城北の同泰寺(どうたいじ)に赴くと、仏の奴(やっこ)になると宣言し、そのつど家臣たちが武帝の身柄を買い戻したのである。この捨身は五二七年をかわきりに、三度あるいは四度おこなわれたが、武帝がこうしたパフォーマンスに熱中できたのは、梁にとって最大の外敵であった北魏が、五二三年に勃発した六鎮の乱を契機として内乱状態となり、五三四年には東西両魏に分裂して、南方に圧力をかけるどころではなくなっていたからでもある。つまり、武帝の過剰な信仰は南北朝間の緊張緩和が生み出したものでもあった。

ただもう一つ重要なのは、捨身という行為がどこから影響を受けたか、という点である。捨身という行為は、仏教の故郷であるインドには当然存在したし、仏教が伝来して以降の中国においてもすでにおこなわれていた。その形式は、自身を鳥獣や飢えた民に施したり、焼身自殺して自己を法灯とするなど、文字通り身体を捨てる極端なものもあれば、自らを奴婢として売却して、三宝に供養する、という、武帝の捨身に類似するものもあった。

ただ、武帝の捨身が特異である点は、彼が帝位を捨てて仏の奴となった、という点であるが、これは武帝の独創ではなく、紀元前後のスリランカで、国王が王位を捨てて仏教教団に奉仕することがさかんにおこなわれており、それが武帝に影響を与えていたことが近年指摘されるようになった。

例えば、五回も王位を教団に布施したドゥッタガーマニーなる王は、自身をサンガダーサ（教団の奴

隷)と称し、またブッダダーサ(仏の奴隷)なる名の王もいたという。武帝の捨身は、『阿育王経』、すなわちアショーカ王の事蹟を模範としていることは、かねてから指摘されていたが、スリランカにおける国王の捨身もアショーカ王の布施故事の影響下にあり、アショーカ王からスリランカ諸王へ、そして武帝へという、インドから南海を経由して中国へと波及してきた捨身の様態が存在したことが明らかにされたのである。

こうした、海を経由しての仏教伝播は武帝以前から存在していて、孫呉期には天竺より康僧会が交阯を経由して建業にいたった。東晋の法顕も同様である。『仏国記』(『法顕伝』)によれば、彼は往路こそ陸路によってインドに赴いたが、復路はガンジス川河口から商船に乗って中国に帰国している。その途次、師子国、すなわちスリランカを経由し、同地の仏教教団について報告しているのだが、師子国もその際に東晋の情報を得て、中国への遣使につながったと推測されている。師子国の遣使は宋初になされているが、その後、文帝の林邑侵攻があり、東南アジア方面の国々から南朝への遣使ラッシュが生じることとなる。

日出づる処の大国聖主

こうした文化あるいは仏教の交流は、東晋・南朝にさまざまな国々の情報をもたらしたはずである。そうした情報をもとに作成されたと考えられるのが、「(梁)職貢図」である。同図は、元帝こと蕭繹が、まだ湘東王として荊州刺史に赴任していた時期(五二六~五三九年)につくられたものと考えられており、梁に朝貢してきた諸国の使者の姿を描き、題記を附したものである。原本は失われて、南唐の顧

職貢図に描かれた倭国使
中国国家博物館所蔵

徳謙による模本をはじめ、三種の模本が伝わっていた。それらに加えて、二〇一一年、葛嗣浵『愛日吟廬書画続録』に、張庚による模本「諸番職貢図巻」(番は蕃に同じ)がおさめられていることが発見されて話題となった。この張庚の模本は題記のみで図は含まないのだが、じつは、使臣図と題記がセットになっているのは中国国家博物館蔵本のみであるし、描かれている国も模本によってバラバラである。それでも、取り上げられている国々は、北は芮芮(蠕蠕、柔然ともいう)、西は波斯、南は天竺、東は高句麗・百済・斯羅(新羅)、さらに倭と、非常に幅広い。

「職貢図」は、『梁書』諸夷伝の原史料の一つと考えられており、非常に重要な史料ではあるが、問題もある。例えば、倭国からの使者の姿は、裸足で何ともみすぼらしい。梁は六世紀初めから中頃にかけての国であるが、

当時の日本は古墳時代後期、そろそろ飛鳥時代になろうかという時期であり、その時期の倭人の衣装とは考えにくい。さらにいえば、倭国は梁に遣使などしていないのである。「職貢図」は蕭繹と交流のあった裴子野の「方国使図」に依拠したと考えられているが、梁との直接の交流がなかった倭国の情報については、『三国志』の魏志倭人伝をはじめ、さまざまな史料をつぎはぎして作成されたと学界では考えられている。つまり、「職貢図」は必ずしも梁の周辺国について真実を伝えているわけではなく、過去のデータを現在に投影した部分もあり、また、梁に朝貢してきた国々というのも、梁の人間にとってそうであってほしいという理想や願望をある程度含んでいると考えた方が良さそうである。

しかし、それでも「職貢図」を等閑視できないのは、近年発見された張庚の模本の、胡蜜檀国の条において、梁の武帝が「揚州の天子、日出づる処の大国聖主(揚州天子、日出処大国聖主)」と称されていたからである(ただし、ほかの模本からこの文言の存在は推測されてはいた)。この称号から、倭国の多利思比孤が隋の煬帝に送った国書の「日出づる処の天子、書を日没する処の天子に致す(日出処天子致書日没処天子)」という文面を想起される方も多いであろう。胡蜜檀国は「滑のかたわらの小国(滑旁小国)」、滑、すなわちエフタル周辺の小国で、中央アジアに位置する。「日出処」とは、そうした国々からみて東方を指す言葉であり、さらにいえば、梁と対立する北魏の皇帝とて、神亀年間(五一八〜五二〇年)に波斯国から「大国の天子とは、天が生んだものであります。願わくば、日出づる処がつねに漢中の天子のものでありますように(大国天子、天之所生、願日出処常為漢中天子)」(『北史』西域伝)と称されているのであって、中国以西の国々からすれば、「日出処」の天子は南北に二人いるのであり、洛陽に都をおく北魏皇帝が「漢中天子」、すなわち中国中央の天子と呼ばれているのに比べれば、「揚州天子」は、揚州と

いうローカルな皇帝といった慇懃無礼な表現といえなくもないが、建康の位置する揚州が天下の中心である、という理論武装は、前述したように、いちおう宋の孝武帝によってなされてはいた。

ただ、注意したいのは、例の煬帝宛ての国書を運んできた倭国の使者が、「海西の菩薩天子が仏法を重ね興されたと聞いております（聞海西菩薩天子重興仏法）」と、海の向こうに菩薩天子がいるため使者を派遣してきたとも述べている点である。ここでいう菩薩天子とは、煬帝ではなく、その父の文帝を指していると考えられるが、その先例である皇帝菩薩としての梁の武帝の姿が倭国に知られていた可能性は排除できない。梁代における倭国からの朝貢はなかったにせよ、こうした、「日出処大国聖主」というタームや、皇帝菩薩としての武帝の姿が伝わっていたとすれば、先述した、百済を中継するネットワークによるものであろうし、「職貢図」において東南アジア諸国の情報が充実しているのは、捨身を中国に伝えた、海を経由しての仏教交流や、宋による林邑侵攻がもたらした南海方面への南朝の影響力拡大と決して無縁ではあるまい。

梁の武帝の治世においては、上奏文に仏教的な修辞を施したり、あるいは仏舎利を奉献するなど、仏教色をともなう使者が二一回訪れており、これは南北朝から唐末を見渡してももっとも多く、それは、捨身に代表される、武帝の仏教信仰が影響していることが指摘されている。そうした、仏教的な遣使をおこなった国々は、吐谷渾や百済以外には、于闐（ホータン）や波斯といった西域諸国、天竺や師子国といったインドの国々、扶南（ふなん）（現在のカンボジアからベトナム南部）や婆利（ばり）（バリ島か）といった東南アジアの国々である。西域諸国の使者は吐谷渾を経由して梁に到達したと思われるが、インドや東南アジアの国々は南海経由である。王者による捨身が、インドから海を越えてスリランカに伝播し、そこからさらに中国に到達し

て皇帝菩薩を生み、それと前後して、インドや東南アジアの国々が海を通じて南朝との仏教外交を展開したのである。それは仏教東漸という大きな潮の流れだけではなく、南朝による南方方面への軍事的圧力強化が加味されてできあがったものであり、それを下地として、日出づる処の大国聖主のもとにさまざまな国が朝貢してくるという梁の国際秩序が、一部現実とは異なる部分があるにせよ、「職貢図」として描かれるにいたったわけである。

北朝の位置づけ

しかしながら、その秩序は統一帝国時代における国際観念とは異なっていた。梁代の周辺国の情報は『梁書』諸夷伝に記されているが、同伝は、それらの国々を、海南・東夷・西北諸戎の三つに区分している。先にあげた、梁と仏教外交のあった国々をあてはめると、天竺や師子国、扶南や婆利が海南に、百済が東夷に、于闐や波斯、吐谷渾が西北諸戎に相当する。これはもとより、宋が将軍号と都督、王号を授与した国々が東北・西北・南に位置していたことを受けたものだが、伝統的な中華観念によれば、四夷という言葉が端的に示すように、中国の周辺国家は東西南北に位置するものであり、『梁書』諸夷伝の区分は特異なものである。これはあらためていうまでもなく、梁が伝統的な中華世界の東南に都をおいていたこと、さらにいえば、華北が北朝に支配されていたことによる。その北魏は『梁書』諸夷伝には含まれておらず、『宋書』『南斉書』では北魏を匈奴(あるいは匈奴に降った李陵(りりょう)の後裔)とみなすが、単独で伝を立てており、ほかの周辺国家には含めていない。それでは梁は北朝をどのようにみなしたのであろうか。

冠に貂蟬をつけている魯(虜)国使
伝唐閻立本王会図、台湾故宮博物院所蔵

「職貢図」には、魯国の使者が描かれている。この魯国がどこに該当するのか諸説あるが、別の模本では虜国と記されていること、さらにその別本では使臣が冠に貂蟬をつけていることに注目したい。南北朝間の修好の使者は、侍中や散騎常侍という官職を帯びるのだが、貂蟬はその侍中・散騎常侍の装飾品(この図では、貂尾が冠の左側についているので、侍中を描いたものと思われる)であることから、魯国＝虜国＝北魏(あるいは東魏)とする説がある。この解釈は適切であろう。つまり、「職貢図」において、北魏なり東魏なりが描かれてはいるのだが、国号の魏ではなく、虜という蔑称が用いられているのである。この蔑称は「職貢図」の創意ではなく、北魏が南朝を島夷、南朝が北魏を索(頭)虜(索頭とは弁髪の一種)と互いに蔑視し合ったという歴史的経緯に基づく。

南北朝間で修好の使者を派遣し合うようになると、その使者たちが面と向かって相手国を蔑称で呼ぶことはなかったであろうが、それぞれの国の記録においては蔑称が用い続けられた。北魏も、南朝からの来降者を洛陽の四夷館のうち金陵館に住まわせることになっていた(『洛陽伽藍記』)。これは南朝を夷狄とけなし、なおかつ建業・建康という名称すら認めないという北魏国内向けのアピールではあったが、前廃帝(節閔帝)は五三一年に、梁を「偽梁」と呼ぶことを禁止させている。これは、北魏最末期のことであり、梁の正統性を認めたというよりは、北魏国内が不安定な状況下において、梁を必要以上に刺激したくないという内部事情によるものと思われるが、いちおう北は南に対して一目おく姿勢を国内において公式に示したのである。それに対して、この禁令が出されたのと同時期に作成された梁の「職貢図」では、北魏を国号で呼ばずに、相も変わらず虜という蔑称で呼んでいたわけで、何ともいじましい限りである。

拓跋鮮卑を中核とする北魏には華北を抑えられ、それを駆逐することはもはや不可能と、軍事力では劣ってはいることを認めざるをえないが、書物や学術の質・量とも北魏を凌駕し、自分たちこそが伝統的な中国文化・正統性を継承しているのだ、という、南朝政権がいだいてきた相反する感情が、北魏を索虜と蔑視しながらもほかの夷狄とは一線を画せしめ、また修好はしながらも北魏皇帝からの借書の求めには応じない、という複雑な対応を生んだといえる。また、北魏による華北支配という現実を受け入れて江南を天下の中心にすえた結果、周辺国家を伝統的な東西南北の四方向ではなく、西北・東・南という三方向に設定しなければならなくなったが、仏教の中国流入という潮流に乗り、そしてそれを西域からだけではなく南海からも積極的に取り入れ、政治に反映させたことによって、梁の武帝は幅広い国

際関係を築くことができた。そして、そこで構築されたネットワークのもと、百済を通して、仏教のみならず梁の書籍や学術という果実を倭国は享受することができたのであった。

5　文化と経済の中心地へ

南朝文化の流行

最後に、漢帝国の統一秩序崩壊後、東晋・南朝にて育まれたものが、つぎの統一帝国である隋や唐、さらにのちの時代にどう継承されたか述べておきたい。

江南の繁栄が侯景の乱によって潰えたのちに生まれた王朝は陳であった。北周に四川方面を抑えられ、北斉からも強い圧力を受けていた小国ではあったが、三〇年の命脈を保った。その陳を滅ぼしたのは、北周から禅譲を受けた隋であった。北斉はすでに北周時代に滅ぼされていたから、陳の平定は、永嘉の乱以来の中国の再統一を意味していた。隋軍の総司令官となったのは晋王の楊広(ようこう)(のちの煬帝)である。煬帝は建康を徹底的に破壊しはしたが、江南の風景は彼の心をとらえた。

煬帝の事業の一つに、大運河の開鑿(かいさく)がある。これは新規に運河を開いたのではなく、従来利用されていた運河を補修した部分もあるが、杭州から、長江・淮水・黄河を経由して薊(けい)(現在の北京)にまで達する水路ができあがったのである。煬帝は、龍船に乗って、大運河を経由して南に行幸し、また高句麗遠征に失敗すると、長江北岸に位置する江都に引きこもり、そこで命を落としたのである。

隋に続く唐においても、江南で育まれた文化が重要な地位を占めた。太宗は書聖・王羲之の書蹟蒐集に血道をあげ、王羲之の代表作である蘭亭序をだまし取ったうえに、自分の墓のなかに副葬させることまでした。これはたんに太宗個人の嗜好にとどまらず、書をよくする家臣に模写させて王羲之の書蹟を広めさせている。王羲之は王導の従甥である。

学術・思想の方面においても唐は南朝の強い影響下にある。その代表が義疏学である。義疏学とは、仏教の影響を受けて南朝にて発達した経書の解説書のことであるが、その義疏形式を取り入れてつくられたのが、唐の国定儒教解説書というべき五経正義であり、南朝の学説も多く取り入れられている。例の梅賾の偽古文尚書も、ちゃっかり尚書正義のテキストに選ばれたのであった。また、文学方面においては、『文選』がおおいに流行した。唐代には『文選』がさかんに読まれ、日本にも将来されて流行したが、同書は梁の武帝の皇太子であった昭明太子が編纂させたものである。

隋唐帝国については、近年、その出自やソグド人の影響など、北や西からの影響について強調される傾向があるのだけれども、南北の統一者、そして南朝文化の継承者としての側面を有していたことをあらためて指摘しておきたい。これは、秦による天下統一との大きな差であって、始皇帝にとって江南文化とは矯正すべきものであって接受すべきものではなかった。しかし、隋唐帝国が南朝文化を積極的に取り込んだのは、江南こそが中華の伝統文化を保存し育んできたという歴史的経緯を無視することができなかったからである。

江浙熟すれば天下足る

文化にも増して、江南が唐に強い影響をおよぼしたのは経済である。先述した大運河の開鑿は、唐が煬帝を批判するためのスローガンとして用いられたが、南北統合を象徴するこの巨大インフラは江南の物資を華北へと伝える大動脈として機能するようになり、唐はその恩恵を蒙ったのである。

唐初においては、江南にて徴収された租米は、そのまま大運河経由で北に運ばれたわけではなく、布帛に折納されていた。しかし、唐の首都・長安は人口増加などにともなう慢性的な食糧難に苦しんでおり、安定的に食料を供給する必要に迫られていた。開元年間(七一三〜七四一年)に、裴耀卿(はいようけい)が大運河の再整備と漕運の効率化に成功し、江南の租米を大量に供給することが可能となったのである。

さらに、安史の乱(七五五〜七六三年)後、盧龍(ろりゅう)・天雄・成徳の三節度使(いわゆる河北三鎮)をはじめとする、中央政府に反抗的な反側藩鎮(はんそくはんちん)が税を中央に送らず、ほかの華北の藩鎮からの上納も不定期になってしまうと、唐は江南からの収入に大きく依拠するようになった。それと並行して、江南の開発も進展していった。隋唐以前の江南開発では避けられていた低湿地においても、八世紀以降になると、防潮堤の建設や、水路によって真水をそそいで脱塩することによって、可耕地が増加した。また、日照りなどに強い占城稲(チャンパとう)も北宋時代に江南に普及した。占城稲は収穫量が多いうえに早稲であったため、二毛作が可能となり、江南における米の収穫量は大幅に増加した。大運河を通して北に送られていた米の量は、裴耀卿の頃には年間二百万石であったが、北宋時代に江南から開封に送られた量は、六百万石にまで増加している。こうした江南における米の生産量をもとに、南宋時代には、「江浙(蘇湖、または蘇常とも)熟せば天下足る」と称されるにいたったのである。

このように、安史の乱以降、江南の経済的重要性は増していったが、それは中国国内のみにとどまるものではなく、またその主役も中国人とは限らなかった。その代表が張保皐(ちょうほこう)である。張保皐は、張宝高とも表記されるが、彼は本名を弓福(きゅうふく)(弓巴(きゅうは))という新羅人である。彼は九世紀前半において新羅・唐・日本のあいだで貿易をおこなって財を成し、また新羅の神武王の擁立にも功績があった人物で、山東半島の先端に位置する登州赤山浦には、彼が創建した寺院と新羅人の集落があった。新羅人の交易網はそこからさらに南にも拡大し、江南方面におよんだのである。

南の海からは、アラブやペルシア方面からムスリム商人が中国に進出してくる。彼らの活動によって、東南アジア諸国による朝貢貿易が不振となり、玄宗期以降の朝貢回数激減に繋がったと推測されている。そうしたムスリム海商の中国における拠点は広州であったが、彼らはそこから海沿いに北上して、福建や揚州にも来航した。

揚州は、唐代に「揚一益二」と称された大都市で、陳の滅亡によって破壊された建康にかわって重要な地位を占めた。前述した煬帝の離宮・江都がおかれていた場所でもある。揚州は長江北岸に位置するため、厳密には江南ではないのだけれども、長江と大運河の結節点に位置した上に、大型船舶の停泊が可能であったため、海への玄関口ともなった。前述の新羅やムスリムの商船が揚州に寄港し、また、多数の外国商人が居住した。かつて「職貢図」にて描かれたよりも広い地域からの人々が、朝貢という国家間の上下関係の確認のためではなく、商業活動という、より自由な活動をするための窓口となったのである。

そうした外国商人が取り扱った交易品の一つが、青瓷である。青瓷は前述したように、東晋・南朝における山林叢沢開発の成果として発展を遂げたが、唐代においても盛況を極め、その生産地は越州窯と総称された。越州窯産の青瓷は、中国国内で流通したのはもとより、日本では「秘色」と称して珍重され、さらには東南アジアや西アジアにも流通したのであった。

揚州は、唐末における破壊に加え、長江が運んできた土砂が堆積して江岸から離れてしまい、大型船の停泊が困難となったことなどによって、交易の中心としての機能を喪失し、その地位を江南の明州(寧波)や杭州に明け渡すこととなる。とくに後者は南宋の首都となったことにより、マルコ・ポーロによって、世界でもっとも富裕な都市と称されることになるのだが、そこにいたるまでに、中国は永嘉の乱に匹敵する、華北から華南への人の移動を必要とした。

永嘉の乱は、江南を開発する多大なマンパワーをもたらした。それでは南の側にとって、淝水の戦いの意義とはいったい何であったか。淝水の戦いに勝利したことによって、東晋は一時的に領土の拡大には成功するものの、天下の再統一をする余力などないことがあらためて示された。すなわち、淝水の戦いによって中国の南北分断が再確認されたのである。

中国の南北分断が固定化したことによって、華北から華南へと逃れてきた人々は、故郷に帰る契機を奪われ、定住を余儀なくされた。四～六世紀における江南の開発は、永嘉の乱による北から南への人々の流入だけでなく、三八三年の淝水の戦いの結果、流入した人々が定住するようになったことの帰結でもあったのである。

COLUMN

土断――難民の定住容認とその裏側

当時、民衆の居住地域が画一化されていなかったので、公(劉裕)は上表していった。

「……永嘉の乱によって民衆が流亡してより、淮水流域や、それより南の沿海部に寄寓することとなりました。朝廷には中原恢復の意思があり、民は望郷の念をいだいてはおりますが、北伐の計画をたてるいとまがありません。そのため民を落ち着けて安定した統治をおこなおうとしても、やはりそのいとまがありません。大司馬桓温の頃になって、民の基盤が定まらないのは統治に深刻な損害をおよぼすと考え、庚戌の年に土断して民の生業を一にいたしました。その当時、財が増え国が豊かになったのは、まことに土断によるものです。そこから現在にいたるまで年数が経過し、土断によって画一化された制度はしだいに弛緩してまいりました。……現在、僑民は世代をかさね、その墳墓は列を成しており、お上を慎しみ奉ずる誠実さをもつ彼らが、どうして国家による役務にあずからないままでよいでしょうか。請うらくは、庚戌土断の規定に準じて、僑民の人口の増えた場所の者が、しだいに役務にあずかるようになるのがはっきりと分かるようにしたいと存じます。しかるのちに彼らを仁義によって引率し、武威によって鼓舞し、長江を越えて黄河を跨ぎ、九州(中国全土)を安撫して旧領を恢復すれば、望郷の志は、はやくも当年中に実現いたすでしょう。……」

ここにおいて境界によって土断したが、ただ徐・兗・青の三州からの僑民で晋陵に居住する者は、土断の例に含まなかった。およそ流寓先の僑郡県の多くは合併・廃止された。

(『宋書』武帝紀中)

華北から華南に逃れた流民は、正式の戸籍である黄籍ではなく臨時の戸籍である白籍に登記され、架空の行政単位である僑郡・僑県に所属する僑民となった(僑とは仮住まいの意)。僑民は、東晋による天下再統一後、華北の本籍地に還るというたてまえがあったが、土断とは、僑民を黄籍に登録して現住地の住民とする措置である。

東晋以降、土断はたびたびおこなわれたが、著名なものは、桓温による庚戌土断(三六四年)と、劉裕による義熙土断(四一三年)で、ここにあげたのは後者に関する史料である。劉裕が土断を要求する理由として、華北を回復して僑民を本籍地に還すべきだが、その余裕がなく、永嘉の乱から一世紀が経過して、僑民が華南に土着化しつつあったことをあげる。また庚戌土断後に「画一化された制度はしだいに弛緩」したとあるが、両土断のあいだに淝水の戦い(三八三年)があり、前秦の覇権が瓦解した華北から流民が流入してきたからであろう。しかし土断後に「九州を安撫して旧領を恢復」するというのは、僑民を華北の本籍地に還すというたてまえと矛盾する。

劉裕は、庚戌土断により「財が増え国が豊かになった」と、その効用を正直に述べている。一部の税役が免除されている僑民を一般人と同様の課税対象とし、国家収入を増加させることこそが土断の真の目的であった。なお晋陵の僑民は義熙土断の対象外とされているが、彼らの祖先は、劉裕の祖先とともに晋陵に移入してきた人々であり、劉裕もかつて同地に居住していたからであった。よってこの例外措置は一種の恩典といえよう(異説もある)。

歴史の転換期 2

378年　失われた古代帝国の秩序

2018年 6 月20日　1 版 1 刷　印刷
2018年 6 月25日　1 版 1 刷　発行

編者———南川高志

発行者——野澤伸平

発行所——株式会社　山川出版社
〒101-0047　東京都千代田区内神田1-13-13
電話　03(3293)8131(営業)　8134(編集)
https://www.yamakawa.co.jp/
振替　00120-9-43993

印刷所——図書印刷株式会社

製本所——株式会社ブロケード

装幀———菊地信義

　ISBN978-4-634-44502-4

著者紹介

南川高志(みなみかわ　たかし)
1955年生まれ。京都大学大学院文学研究科博士後期課程研究指導認定退学、博士(文学)
専攻　古代ローマ史。京都大学大学院文学研究科教授

〈主要著書〉
『ローマ皇帝とその時代——元首政期ローマ帝国政治史の研究』(創文社、1995)
『ローマ五賢帝——「輝ける世紀」の虚像と実像』(講談社現代新書、1998、同学術文庫、2014)
『海のかなたのローマ帝国——古代ローマとブリテン島』(岩波書店、2003、増補新版、2015)
『新・ローマ帝国衰亡史』(岩波書店、2013)
『ユリアヌス　逸脱のローマ皇帝』(世界史リブレット人８)(山川出版社、2015)

加納　修(かのう　おさむ)
1970年生まれ。名古屋大学大学院文学研究科博士後期課程満期退学、博士(歴史学)
専攻　西洋中世史。名古屋大学大学院人文学研究科教授

〈主要著書〉
Entre texte et histoire. Études d'histoire médiévale offertes au professeur Shoichi Sato (編著)(Éditions de Boccard, 2015)
『大学で学ぶ西洋史［古代・中世］』(共著)(ミネルヴァ書房、2006)
『新・現代歴史学の名著』(共著)(中央公論新社、2010)
『フランス史研究入門』(共著)(山川出版社、2011)

南雲泰輔(なぐも　たいすけ)
京都大学大学院文学研究科博士後期課程修了、博士(文学)
専攻　後期ローマ・初期ビザンツ帝国史。山口大学人文学部講師

〈主要著書〉
『ローマ帝国の東西分裂』(岩波書店、2016)

佐川英治(さがわ　えいじ)
1967年生まれ。大阪市立大学大学院文学研究科博士課程修了、博士(文学)
専攻　中国古代史。東京大学大学院人文社会系研究科教授

〈主要著書〉
『中国古代都城の設計と思想——円丘祭祀の歴史的展開』(勉誠出版、2016)

藤井律之(ふじい　のりゆき)
1974年生まれ。京都大学大学院文学研究科博士後期課程研究指導認定退学、博士(文学)
専攻　中国古代中世史。京都大学人文科学研究所助教
〈主要著書〉
『魏晋南朝の遷官制度』(京都大学学術出版会、2013)

■主要参考文献

総論

岸本美緒「時代区分論」『岩波講座世界歴史　1』岩波書店 1998 年
谷川道雄編著『戦後日本の中国史論争』河合文化教育研究所 1993 年
南雲泰輔「英米学界における「古代末期」研究の展開」『西洋古代史研究』9 2009 年
南川高志「ヨーロッパ統合と古代ローマ帝国」紀平英作編『ヨーロッパ統合の理念と軌跡』京都大学学術出版会 2004 年
南川高志『新・ローマ帝国衰亡史』岩波書店 2013 年
南川高志編「フォーラム　ローマ帝国の『衰亡』とは何か」『西洋史学』234 2009 年
ウォード=パーキンズ, B.（南雲泰輔訳）『ローマ帝国の崩壊――文明が終わるということ』白水社 2014 年
ギアリ, P.（鈴木道也・小川知幸・長谷川宜之訳）『ネイションという神話』白水社 2008 年
ギボン, E.（中野好夫・朱牟田夏雄訳）『ローマ帝国衰亡史Ⅰ～Ⅵ』筑摩書房 1976～88 年
ギボン, E.（吉村忠典・後藤篤子訳）『図説　ローマ帝国衰亡史』東京書籍 2004 年
クラーク, G.（足立広明訳）『古代末期のローマ帝国』白水社 2015 年
チェインバーズ, M. 編（弓削達訳）『ローマ帝国の没落』創文社 1973 年
ブラウン, P.（宮島直機訳）『古代末期の世界』刀水書房 2002 年
ブラウン, P.（後藤篤子編訳）『古代から中世へ』山川出版社 2006 年
ブラウン, P.（足立広明訳）『古代末期の形成』慶応義塾大学出版会 2006 年
Heather, P., *The Fall of the Roman Empire. A New History of Rome and the Barbarians,* Oxford, 2006.
Minamikawa, T. (ed.), *New Approaches to the Later Roman Empire,* Kyoto, 2014.

1章　ローマ的世界秩序の崩壊

井上文則『軍人皇帝のローマ』講談社 2015 年
後藤篤子「古代末期のガリア社会」『岩波講座世界歴史 7』岩波書店 1998 年
後藤篤子「帝政後期ガリアに見るローマとゲルマンの共生」『歴史学研究』716 1998 年
佐藤彰一『ポスト・ローマ期フランク史の研究』岩波書店 2000 年
長友栄三郎『キリスト教ローマ帝国』創文社 1970 年
長友栄三郎『ゲルマンとローマ』創文社 1976 年
南雲泰輔『ローマ帝国の東西分裂』岩波書店 2016 年

南川高志『海のかなたのローマ帝国――ローマ帝国とブリテン島』(増補新版)岩波書店 2015年

南川高志『新・ローマ帝国衰亡史』岩波書店 2013年

南川高志『ユリアヌス　逸脱のローマ皇帝』山川出版社 2015年

南川高志編「フォーラム　ローマ帝国の『衰亡』とは何か」『西洋史学』234 2009年

弓削達『永遠のローマ』(講談社学術文庫)講談社 1991年

弓削達『ローマはなぜ滅んだか』講談社 1989年

アンミアヌス・マルケリヌス(山沢孝至訳)『ローマ帝政の歴史１』京都大学学術出版会 2017年

エッシェー, K., レベディンスキー, I. (新保良明訳)『アッティラ大王とフン族』講談社 2011年

ギアリ, P. (鈴木道也・小川知幸・長谷川宜之訳)『ネイションという神話』白水社 2008年

ギボン, E. (中野好夫・朱牟田夏雄訳)『ローマ帝国衰亡史Ⅰ～Ⅵ』筑摩書房 1976～88年

ギボン, E. (吉村忠典・後藤篤子訳)『図説　ローマ帝国衰亡史』東京書籍 2004年

クラーク, G. (足立広明訳)『古代末期のローマ帝国』白水社 2015年

クルセル, P. (尚樹啓太郎訳)『文学にあらわれたゲルマン大侵入』東海大学出版会 1974年

サルウェイ, P. 編(南川高志監訳　南川高志・佐野光宜・冨井眞・西村昌洋・南雲泰輔訳)『ローマ帝国時代のブリテン島』(オックスフォードブリテン諸島の歴史　第１巻)慶應義塾大学出版会 2011年

トゥールのグレゴリウス(兼岩正夫・臺幸夫訳註)『歴史十巻(フランク史)Ⅰ・Ⅱ』東海大学出版会 1975～77年

ブラウン, P. (宮島直機訳)『古代末期の世界』刀水書房 2002年

ブラウン, P. (後藤篤子編訳)『古代から中世へ』山川出版社 2006年

ブラウン, P. (足立広明訳)『古代末期の形成』慶応義塾大学出版会 2006年

Drinkwater, J., Elton, J.(eds.), *Fifth-Century Gaul: a Crisis of Identity?,* Cambridge, 1992.

Halsall, G., *Barbarian Migrations and the Roman West 376-568,* Cambridge, 2007.

Heather, H., *Goths and Romans 332-489,* Oxford, 1991.

Heather, H., *The Fall of the Roman Empire. A New History of Rome and the Barbarians,* Oxford, 2006.

Kelly, Ch., *Ruling the Later Roman Empire,* Cambridge MA/London, 2004.

Kelly, Ch., *Attila the Hun: Barbarian Terror and the Fall of the Roman Empire,* London, 2008.

Kulikowski, M., *Rome's Gothic Wars,* Cambridge, 2007.

Stickler, T., *Aëtius: Gestaltungsspielräume eines Heermeisters in ausgehenden Weströmischen Reich,* München, 2002.

２章　西ヨーロッパ世界の再編

勝田有恒・森征一・山内進編著『概説　西洋法制史』ミネルヴァ書房 2004年

久保正幡訳『サリカ法典』創文社 1977年

トゥールのグレゴリウス(兼岩正夫・臺幸夫訳註)『歴史十巻(フランク史)　Ⅰ・Ⅱ』東海大学出版会 1975～77年

佐藤彰一『歴史書を読む――『歴史十書』のテクスト科学』山川出版社 2004年

佐藤彰一『中世世界とは何か』岩波書店 2008年

佐藤彰一・池上俊一『西ヨーロッパ世界の形成』(世界の歴史10)中央公論社 1997年

タキトゥス(泉井久之助訳註)『ゲルマーニア』(岩波文庫)岩波書店 1979年

タキトゥス(國原吉之助訳)『同時代史』筑摩書房 1996年

バートレット, R.（竜嵜喜助訳)『中世の神判――火審・水審・決闘』尚学社 1993年

ミュソ＝グラール，ルネ(加納修訳)『クローヴィス』(白水社文庫クセジュ)白水社 2000年

ミリス，ルドー・J.R.（竹内信一訳)『異教的中世』新評論 2002年

リシェ，ピエール(岩村清太訳)『中世における教育・文化』東洋館出版社 1988年

リシェ，ピエール(岩村清太訳)『ヨーロッパ成立期の学校教育と教養』知泉書館 2002年

ル・ゴフ，ジャック(加納修訳)『もうひとつの中世のために――西洋における時間，労働，そして文化』白水社 2006年

ル・ジャン，レジーヌ(加納修訳)『メロヴィング朝』(白水社文庫クセジュ)白水社 2009年

Dumézil, B., *La reine Brunehaut,* Paris, 2009.

Dumézil, B., *Servir l'état barbare dans la Gaule franque. Du fonctionnariat antique à la noblesse médiévale IV*[e]*–IX*[e] *siècle,* Paris, 2013.

Effros, B., *Creating Community with Food and Drink in Merovingian Gaul,* London, 2002.

The Formularies of Angers and Marculf: Two Merovingian Legal Handbooks, translated with an introduction and notes by Rio, A., Liverpool, 2008.

Frye, D., Aegidius, Childeric, Odovacer, and Paul, *Nottingham Medieval Studies* 36, 1992.

Gregory of Tours, *Glory of the Martyrs,* translated with an introduction by Van Dam, R., Liverpool, 1988.

Heuclin, J., *Les Mérovingiens,* Paris, 2014.

Jussen, B., *Die Franken. Geschichte, Gesellschaft, Kultur,* München, 2014.

Kerneis, S., Le chaudron des parjures. Rome, les barbares et l'ordalie, in *La preuve en justice de l'Antiquité à nos jours,* Lemesle, B.(éd.), Rennes, 2003.

Querolus. Comédie latine anonyme. Le Grincheux (Comédie de la petite marmite), texte établi et traduit par Jacquemard-Le Saos C., Paris, 2003.

Rouche, M., *Clovis,* Paris, 1996.

Stoclet, A. J., Entre Esculape et Marie: Paris, la peste et le pouvoir aux premiers temps du Moyen Age, *Revue historique* 301, 1999.

Ubl, K., *Inzestverbot und Gesetzgebung. Die Konstruktion eines Verbrechens (300-1000),* Berlin, 2008.

Ubl, K., Im Bann der Traditionen. Zur Charakteristik der *Lex Salica,* in *Chlodwigs Welt. Organisation vom Herrschaft um 500,* Meier, M., Patzold, S. (hrsg.), Stuttgart 2014.

Van Dam, R., *Saints and Their Miracles in Late Antique Gaul,* Princeton, 1993.

３章　ビザンツ的世界秩序の形成

足立広明「古代末期地中海世界における人の移動と社会変容」『岩波講座世界歴史 19』岩波書店 1999 年

井上浩一『ビザンツ　文明の継承と変容』京都大学学術出版会 2009 年

鯖田豊之『水道の思想——都市と水の文化誌』(中公新書)中央公論社 1996 年

南雲泰輔『ローマ帝国の東西分裂』岩波書店 2016 年

南川高志『新・ローマ帝国衰亡史』岩波新書 2013 年

弓削達『永遠のローマ』(講談社学術文庫)講談社 1991 年

和田廣『史料が語るビザンツ世界』山川出版社 2009 年

オストロゴルスキー, G. (和田廣訳)『ビザンツ帝国史』恒文社 2001 年

ティンネフェルト, F. (弓削達訳)『初期ビザンツ社会——構造・矛盾・緊張』岩波書店 1984 年

ベック, H.G. (戸田聡訳)『ビザンツ世界論——ビザンツの千年』知泉書館 2014 年

Blockley, R.C., *East Roman Foreign Policy: Formation and Conduct from Diocletian to Anastasius,* Leeds, 1992.

Cameron, Al., Long, J., *Barbarians and Politics at the Court of Arcadius,* Berkeley/Los Angeles/Oxford, 1993.

Cameron, Av., Garnsey, P. (eds.), *The Cambridge Ancient History: The Late Empire, A.D. 337-425,* Vol.13, Cambridge, 1998.

Cameron, Av., Ward-Perkins, B., Whitby, M. (eds.), *The Cambridge Ancient History: Late Antiquity, Empire and Successors, A.D.425-600,* Vol.14, Cambridge, 2000.

Crow, J., Bardill, J., Bayliss, R., *The Water Supply of Byzantine Constantinople,* London, 2008.(コンスタンティノープル市水供給システムに関連する史料集を所収)

Dagron, G., *Naissance d'une capitale: Constantinople et ses institutions de 330 à 451,* Paris, 1974.

Holum, K., *Theodosian Empresses: Women and Imperial Dominion in Late Antiquity,* Berkeley/Los Angeles/London, 1982.

Jones, A.H.M., *The Later Roman Empire 284-602: A Social, Economic and Administrative Survey,* Oxford, 1964.

Kim, H., *The Huns, Rome and the Birth of Europe,* Cambridge, 2013.

Lee, A., *From Rome to Byzantium AD 363 to 565: The Transformation of Ancient Rome,* Edinburgh, 2013.

Lenski, N., *Failure of Empire: Valens and the Roman State in the Fourth Century A.D.,* Berkeley/Los Angeles/London, 2002.

Maas, M. (ed.), *The Cambridge Companion to the Age of Attila,* Cambridge, 2015.

Magdalino, P., Byzantium = Constantinople, James, L. (ed.), *A Companion to Byzantium,* Oxford, 2010.

Mango, C., *Le développement urbain de Constantinople 4-7 siècles,* Paris, 1985.

Mango, C., The Water Supply of Constantinople, Mango, C., Dagron, G. (eds.), *Constantinople and Its Hinterland: Papers from the Twenty-Seventh Spring Symposium of Byzantine Studies, Oxford, April 1993*, Aldershot, 1995.

Mango, C. (ed.), *The Oxford History of Byzantium,* Oxford, 2002.

Müller-Wiener, W., *Bildlexikon zur Topographie Istanbuls: Byzantion, Konstantinupolis, Istanbul bis zum Beginn d. 17. Jh.,* Tübingen, 1977.

Romey, K., Lifeline for Byzantium, *Archaeology* 56, 2003.

Russel, T., *Byzantium and the Bosporus: A Historical Study, from the Seventh Century BC until the Foundation of Constantinople,* Oxford, 2017.

Sarris, P., *Byzantium: A Very Short Introduction,* Oxford, 2015.

Seeck, O. (ed.), *Notitia Dignitatum,* Frankfurt am Main, 1876.(『コンスタンティノープル市要録』も所収。『要録』の英訳は, Matthews, J.F., The Notitia Urbis Constantinopolitanae, Grig. L., Kelly. G. (eds.), *Two Romes: Rome and Constantinople in Late Antiquity,* Oxford, 2012.)

Van Dam, R., *Rome and Constantinople: Rewriting Roman History during Late Antiquity,* Texas, 2010.

4章　漢帝国以後の多元的世界

市来弘志「中国における「淝水之戦論争」について」『研究年報』学習院大学文学部 42 1995年
内田昌功「東晋十六国における皇帝と天王」『史朋』41 2008年
太田稔「拓跋珪の「部族解散」政策について」『集刊東洋学』89 2003年
河上麻由子『古代アジア世界の対外交渉と仏教』山川出版社 2011年
川本芳昭『魏晋南北朝時代の民族問題』汲古書院 1998年
窪添慶文『墓誌を用いた北魏史研究』汲古書院 2017年
窪添慶文編『魏晋南北朝史のいま』勉誠出版 2017年
栗原朋信『秦漢史の研究』吉川弘文館 1960年
佐川英治「東魏北斉革命と『魏書』の編纂」『東洋史研究』64-1 2005年
白鳥庫吉『白鳥庫吉全集　塞外民族史研究』上・下 岩波書店 1970年
谷川道雄『増補　隋唐帝国形成史論』筑摩書房 1998年
谷川道雄「中国古典時代の終結と東アジア世界の成立」『研究論集』河合教育文化研究所 7 2009年
堀敏一『中国と古代東アジア世界』岩波書店 1993年
堀敏一『東アジア世界の形成――中国と周辺国家』汲古書院 2006年
町田隆吉「北魏太平真君四年拓跋燾石刻祝文をめぐって　―「可寒」・「可敦」の称号を中心として」『アジア諸民族における社会と文化――岡本敬二先生退官記念論集』国書刊行会 1984年
松下洋巳「五胡十六国の天王号について」『朝鮮半島に流入した諸文化要素の研究（２）』学習院大学東洋文化研究所 1999年
松下憲一『北魏胡族体制論』北海道大学出版会 2007年
三﨑良章『五胡十六国の基礎的研究』汲古書院 2006年（および『法制史研究』57 2007年の關尾史郎氏による同書の書評）
三﨑良章『新訂版　五胡十六国――中国史上の民族大移動』東方書店 2012年
蔣福亜『前秦史』北京師範学院出版社 1993年
唐長孺『唐長孺文集　魏晋南北朝史論叢』中華書局 2011年

5章　江南開発と南朝中心の世界秩序の構築

榎本淳一編『古代中国における学術と支配』同成社 2013年
大川富士夫『六朝江南の豪族社会』雄山閣出版 1987年
岡崎敬『中国の考古学　隋唐篇』同朋舎 1987年
岡崎文夫『魏晋南北朝通史』弘文堂書房 1932年

岡本隆司編『中国経済史』名古屋大学出版会 2013年
河上麻由子『古代アジア世界の対外交渉と仏教』山川出版社 2011年
川勝義雄『六朝貴族制社会の研究』岩波書店 1982年
桑原隲蔵「晋室の南渡と南方の開発」(『桑原隲蔵全集』第2巻)岩波書店 1968年
桑原隲蔵「歴史上より観たる南北支那」(『桑原隲蔵全集』第1巻)岩波書店 1968年
坂元義種『古代東アジアの日本と朝鮮』吉川弘文館 1978年
鈴木靖民・金子修一編『梁職貢図と東部ユーラシア世界』勉誠出版 2014年
妹尾達彦編『特集東アジアの都城と葬制』(都市と環境の歴史学　第3集)中央大学文学部東洋史学研究室 2015年
戸川貴行『東晋南朝における伝統の創造』汲古書院 2015年
中砂明徳『江南　中国文雅の源流』講談社 2002年
中村圭爾『六朝江南地域史研究』汲古書院 2006年
船山徹「六朝時代における菩薩戒の受容過程——劉宋・南斉期を中心に」『東方学報』67 1995年
船山徹「捨身の思想——六朝仏教史の一断面」『東方学報』74 2002年
森達也『中国青瓷の研究——編年と流通』汲古書院 2015年
森三樹三郎『梁の武帝——仏教王朝の悲劇』平楽寺書店 1956年
山崎覚士『中国五代国家論』思文閣出版 2010年
山本達郎編『岩波講座東南アジア史1　原始東南アジア世界』岩波書店 2001年
吉川忠夫『侯景の乱始末記　南朝貴族社会の命運』(中公新書)中央公論社 1974年
吉川忠夫『劉裕　江南の英雄宋の武帝』(中公文庫)中央公論社 1989年
吉川忠夫「北魏孝文帝借書攷」『東方学』96 1997年
吉川忠夫「島夷と索虜のあいだ——典籍の流傳を中心とした南北朝文化交流史」『東方学報』72 2000年
和田久徳「唐代における市舶司の設置」『和田博士古希記念東洋史論叢』講談社 1961年
渡辺信一郎『中国古代の財政と国家』汲古書院 2010年
羅宗真(中村圭爾・室山留美子訳)『古代江南の考古学　倭の五王時代の江南世界』白帝社 2005年
台湾三軍大学編『中国歴代戦争史5　両晋』中信出版社 2013年
台湾三軍大学編『中国歴代戦争史6　南北朝』中信出版社 2013年
唐長孺「南朝的屯・邸・別墅及山沢占領」『山居存稿』中華書局 1989年

本書のうちの南川と南雲の執筆部分は，日本学術振興会科学研究費基盤研究（B）「古代ギリシア・ローマ史における新しい『衰退論』構築に向けた統合的研究の試み」(南

川高志代表，研究課題番号 26284114）による研究成果の一部である。

本書のうちの加納執筆部分は，日本学術振興会科学研究費基盤研究（C）「メロヴィング朝フランク王国における隷属民に関する総合的研究」（加納修代表，研究課題番号 15K02937）による研究成果の一部である。

本書のうちの佐川執筆部分は，日本学術振興会科学研究費（挑戦的萌芽研究）「7世紀東アジア世界における文化的多様性とその淵源についての研究」（佐川英治代表，研究課題番号 16K13284）による研究成果の一部である。

本書のうちの藤井執筆部分は，日本学術振興会科学研究費基盤研究（B）「中国古代の軍事と民族——多民族社会の軍事統治」（宮宅潔代表，研究課題番号 25284133）による研究成果の一部である。

■図版出典・提供一覧

Martine Dalas, *Corpus des sceaux francais du moyen age*, t. II, Paris, 1991.	*79*
劉国祥・倪潤安「嘎仙洞遺址的発現及相関問題探討」『文物』2014年第11期	*219*
CPC フォト提供	*195，263，267*
ユニフォトプレス提供	*43，113，141*
市来弘志提供	*183*
佐川英治提供	*223*
南雲泰輔提供	*145，159*
吉田愛提供	*210*